MANFRED F.R. KETS DE VRIES

O EFEITO PORCO-ESPINHO

DVS EDITORA

www.dvseditora.com.br
SãoPaulo, 2013

MANFRED F.R. KETS DE VRIES

O EFEITO PORCO-ESPINHO

O *Coaching* Executivo e os Segredos de se Construir Equipes de Alto Desempenho

DVS EDITORA

www.dvseditora.com.br
SãoPaulo, 2013

O EFEITO PORCO-ESPINHO
O coaching executivo e os segredos de se construir equipes de alto desempenho
DVS Editora 2013 - Todos os direitos para a língua portuguesa reservados pela editora.

THE HEDGEHOG EFFECT
Executive coaching and the secrets of building high performance team
This edition first published in 2011
© 2011 John Wiley & Sons Ltd.

All Rights Reserved. Authorised translation from the English language edition published by John Wiley & Sons Limited. Responsibility for the accuracy of the translation rests solely with DVS Editora and is not the responsibility of John Wiley & Sons Limited. No part of this book may be reproduced in any form without the written permission of the original copyright holder, John Wiley & Sons Limited.

Nenhuma parte deste livro poderá ser reproduzida, armazenada em sistema de recuperação, ou transmitida por qualquer meio, seja na forma eletrônica, mecânica, fotocopiada, gravada ou qualquer outra, sem a autorização por escrito do autor.

Tradução: Sieben Gruppe
Diagramação: Konsept Design e Projetos

Dados Internacionais de Catalogação na Publicação (CIP)
(Câmara Brasileira do Livro, SP, Brasil)

Kets de Vries, Manfred F. R.
  O efeito porco-espinho : o coaching executivo e os segredos de se construir times de alto desempenho / Manfred F. R. Kets de Vries ; traduzido por Sieben Gruppe. --
São Paulo : DVS Editora, 2013.

Título original: The hedgehog effect : the secrets of building high performance teams.
ISBN 978-85-8589-036-3

1. Equipes no local de trabalho - Administração 2. Liderança 3. Mudança organizacional 4. Pessoal - Treinamento I. Título.

13-12680   CDD-658.4022

Índices para catálogo sistemático:

1. Executivos : Liderança : Administração executiva   658.4022

Para Sudhir Kakar
A vida se faz com os amigos que escolhemos. Como um companheiro de viagem em meio a imensidão desse planeta, Sudhir ajudou-me a criar um novo mundo para mim mesmo. Com o passar dos anos talvez tenhamos nos afastado fisicamente, mas jamais em nossos corações.

SUMÁRIO

Prefácio para a edição brasileira	IX
Prefácio	XIII
Sobre o autor	XXIX

PARTE UM: UMA INTRODUÇÃO À VIDA DE GRUPOS E TIMES — 1

Capítulo 1: Como um grupo se transforma em um time — 3

Capítulo 2: Nadando na "sopa" dos relacionamentos — 29

Capítulo 3: *Coaching* de liderança e times de alto desempenho — 63

PARTE DOIS: UMA PERSPECTIVA PSICODINÂMICA SOBRE INDIVÍDUOS E GRUPOS — 91

Capítulo 4: Compreendendo os indivíduos dentro dos grupos — 93

Capítulo 5: A vida secreta dos grupos — 129

Capítulo 6: Dentro de uma nuvem: o fenômeno do grupo-como-um-todo — 157

**PARTE TRÊS: CRIANDO ORGANIZAÇÕES
AUTENTIZÓTICAS**   183

Capítulo 7:   Rumo a mudanças sistêmicas nas organizações   185

Capítulo 8:   Atuando como um eficiente agente de mudanças   211

Capítulo 9:   O Zen do *coaching* de grupo   249

Capítulo 10:   Um *design* holístico para intervenções organizacionais   281

CONCLUSÃO   299

APÊNDICE: INSTRUMENTOS   305

PREFÁCIO PARA A EDIÇÃO BRASILEIRA

A ciência da administração e suas áreas correlatas já pesquisaram, mensuraram e demonstraram: as organizações capazes de oferecer a seus colaboradores um ambiente de trabalho excepcionalmente criativo, dinâmico e produtivo estão em vantagem competitiva, ou seja, dispõem de condições mais favoráveis para se manter lucrativas e sustentáveis. Ao longo de nossos mais de 20 anos de experiência em *coaching*, treinamento de lideranças e desenvolvimento de pessoas, nunca tivemos a oportunidade de ouvir sequer um empresário, acionista ou executivo discordar desse fato científico, que já se tornou axioma.

Sem exceção, no Brasil e em nossa vivência profissional no exterior, os líderes empresariais demonstram reconhecer o valor do capital humano para o sucesso de seus negócios. Mais do que isso, manifestam, conscientemente, o objetivo de promover o bem-estar físico e psicológico de seus colaboradores para que, satisfeitos, produzam mais e melhor. Esse raciocínio lógico, racional e sensato, porém, parece debater-se diante de adversários ocultos e poderosos, que dificultam o avanço efetivo de iniciativas implementadas para aprimorar a cultura e o clima organizacionais.

Nossa atuação no desenvolvimento de lideranças tem nos apontado cotidianamente as enormes dificuldades e obstáculos enfrentados pelas organizações em suas tentativas de estruturar e manter times de alto desempenho em contextos competitivos cada vez mais complexos. O alcance desse objetivo torna-se ainda mais desafiador à medida que se constata um paradoxo: as equipes são formadas para endereçar soluções à complexidade ambiental e organizacional; mas, na ausência de lideranças colaborativas, tornam-se um problema a mais para a administração eficiente dos negócios.

Por que no dia a dia das empresas é tão problemático formar e manter times de alto desempenho trabalhando em um ambiente estimulante e agradável?

Encontrar respostas para essa pergunta - tão constante no universo corporativo - foi uma das razões que nos levaram ao INSEAD e, mais especificamente, ao Centro de Liderança Global (IGLC), dirigido por Kets de Vries, que, aliás, nos deixou muito honradas com seu convite para fazermos a revisão técnica e o prefácio da edição desse seu livro no Brasil, O *Efeito Porco-Espinho*.

Reunindo seus saberes teóricos e práticos em economia, administração e psicanálise, Kets de Vries desenvolveu sua metodologia de *coaching* de liderança de grupos a partir de uma abordagem psicodinâmica. Nesse livro, ele nos conduz a um mergulho profundo e produtivo nos processos psíquicos subjacentes à consciência e à racionalidade, que também motivam nossos comportamentos - dos mais espontâneos e corriqueiros até as grandes decisões.

Pelo simples fato de ser um grupamento humano, toda empresa está igualmente sujeita às forças psíquicas inconscientes atuantes sob sua estrutura lógico-racional, nem sempre capaz de dominar os processos decisórios e a implementação de iniciativas. Cada um de nós, inclusive os líderes, age e decide motivado também por fatores inconscientes positivos e negativos, o que, no somatório dos comportamentos individuais, pode levar o time a desempenhar de modo eficiente ou ineficiente.

De acordo com Kets de Vries, a mudança do modelo mental exclusivamente lógico-racional é a primeira e fundamental etapa para a criação de uma empresa **autentizótica**, aquela em que os indivíduos apreciam o trabalho em conjunto porque é mais divertido, prazeroso e eficiente. Ou seja, torne-se uma organização com metavalores, que conta com líderes capazes de formar, desenvolver e manter em ação times com propósito, autodeterminação e alto desempenho. A constatação da premência dessa mudança, então, nos conduziu a um segundo questionamento:

Como realizar a mudança para que os novos comportamentos sejam incorporados à cultura da empresa e se tornem prática definitiva das equipes?

Nossa experiência com essa metodologia ao longo dos últimos oito anos comprova que a mudança eficaz e permanente é aquela enfrentada como um processo de transição e não como simples resultado de uma ação pontual. Aplicadas em sintonia com a cultura e a realidade das empresas brasileiras, nossas intervenções - individuais ou em grupo - para o desenvolvimento de lideranças resultam em benefícios concretos que se incorporam à cultura organizacional, assegurando a posterior autonomia dos gestores e de suas equipes. Ao final do processo, verificamos ganhos efetivos em quatro instâncias:

- A organização como um todo incorpora a prontidão para a mudança, alinhando líderes a objetivos estratégicos e valores, o que agiliza o processo decisório
- As equipes conquistam autodeterminação, consolidando a confiança mútua, reciprocidade de apoio e colaboração nos desafios
- Os gestores assimilam a compreensão e a prática do papel de líder colaborativo, o que promove comportamentos de engajamento e transparência
- Cada indivíduo integra a interface entre vida pessoal e profissional e se mantém disposto ao desenvolvimento e à mudança contínua

Observamos, mais recentemente, que os líderes empresariais brasileiros têm se mostrado cada vez mais abertos à abordagem psicodinâmica por razões bastante pragmáticas. Até agora, o modelo lógico-racional por si só não foi capaz de endereçar com efetividade as questões comportamentais relacionadas à liderança de times. Além disso, é crescente a urgência em contar com a vantagem competitiva proporcionada por equipes de alto desempenho no resultado dos negócios, enquanto já se revelou um fracasso a opção por soluções do tipo quick-fix para efetivar mudanças comportamentais.

Em *O Efeito Porco-Espinho*, Kets de Vries explica e detalha a sua metodologia de *coaching* de lideranças e a demonstra com exemplos reais de aplicabilidade. Com linguagem leve, agradável e até bem-humorada, o livro possibilita que todo profissional identifique como e por que as pessoas agem e reagem em grupo e como avançar no processo de mudança até a liderança colaborativa. Pelos resultados que já alcançamos – e mensuramos – com a prática desses conceitos no Brasil, temos convicção técnica de que esse livro lhe oferecerá ótimas contribuições – seja você um *coach*, consultor ou profissional focado no próprio desenvolvimento e alta performance.

Boa leitura!

Mônica Fix e *Toya Lorch*, *sócias-fundadoras da Kampas Coaching e Consultoria, possuem mestrado executivo em consulting and coaching for change e integram o time de executive coaches do INSEAD. Com longa vivência corporativa e como consultoras, desde 2005, aplicam em empresas brasileiras a metodologia de coaching de lideranças de Kets de Vries (www.kampas.com.br)*

PREFÁCIO

Um grupo bem comandado não se transforma em um campo de batalha para egos
— Lao Tzu

Unido somos fortes; divididos, enfraquecemos.
— Esopo

Quando teias de aranha se unem, elas são capazes de conter até os leões.
— Provérbio etíope

Uma comunidade é como um navio; todos devem estar preparados para assumir o leme.
— Henrik Ibsen

As organizações que admiramos – e também os lugares onde a maioria das pessoas gostaria de trabalhar – são conhecidas por oferecerem a seus funcionários um ambiente especial e/ou uma cultura corporativa, dentro dos quais os indivíduos se sentem bem e desempenham suas funções da melhor maneira possível. Chamo a essas empresas de **autentizóticas**[1]. Tais organizações possuem metavalores que dão aos membros organizacionais um senso de propósito e de autodeterminação. Ademais, dentro desses locais as pessoas se sentem competentes, experimentam uma sensação de pertencimento, têm voz ativa

---

[1] Do grego *authenteekos* (autêntica) e *zoteekos* (vital), em referência aos melhores lugares para se trabalhar.

dentro do grupo, exercem impacto sobre a organização em que trabalham e obtêm significado e prazer do trabalho que realizam. Na verdade, os colaboradores se sentem felizes e orgulhosos em trabalhar em ambientes tão excepcionalmente criativos, dinâmicos e produtivos. Por terem aprendido que equipes com um bom funcionamento tornam-se altamente eficientes, as pessoas apreciam a oportunidade de trabalharem em conjunto – isso sem mencionar o fato de que o trabalho individual se revela bem menos divertido! Empresas caracterizadas por uma cultura autentizótica não são apenas pontos de referência em termos de bem-estar físico e psicológico dos indivíduos no ambiente de trabalho, mas, com bastante frequência, são também lucrativas e sustentáveis.

> **Um ótimo local de trabalho é aquele em que as pessoas:**
> 1. **Encontram significado em seu trabalho**
> 2. **Confiam nos indivíduos para (ou com) os quais trabalham**
> 3. **Sentem-se orgulhosas pelo que realizam**
> 4. **Gostam dos indivíduos para (ou com) os quais trabalham**
>
> Os metavalores nas organizações autentizóticas são o divertimento, o amor (o que implica trabalhar como uma comunidade bem próxima de colegas) e o significado (lucro com propósito).
>
> **Você já trabalha em uma organização desse tipo?**

Acredito que uma vantagem competitiva que se apresenta nesse tipo de cultura organizacional é a habilidade de criar equipes de trabalho eficientes. As vantagens competitivas estão agora com as empresas que reúnem, de maneira rápida e eficiente, seus especialistas em pesquisa, manufatura, logística, gestão de talento, *marketing*, serviço de atendimento ao consumidor e vendas, para disponibilizar seus produtos e serviços no mercado. Organizações nos setores de serviços sociais, educação, saúde e governo também operam em ambientes complexos que enfrentam problemas similares e exigem inúmeras ações colaborativas. Em uma ampla variedade de empresas, o trabalho em equipe consegue garantir vantagens competitivas capazes de transformar oportunidades em sucessos.

Mas se as organizações autentizóticas parecem lugares tão desejáveis quando observadas de fora, e tão confortáveis do ponto de vista de seus colaboradores, por que será que um número tão pequeno de empresas se revela usuária dessa cultura? Por que será que as equipes de trabalho são, em geral, tão disfuncionais? Algumas respostas podem estar na própria natureza humana: em nossa capacidade de confiar uns nos outros somente até certo ponto – e talvez de não confiar o suficiente; e em nossa inabilidade de ir além de nossas próprias necessidades e compreender que benefícios ainda maiores, tanto em termos psicológicos como materiais, poderão ser alcançados com maior facilidade por meio de esforços coletivos que de modo individual. Mas isso não é algo fácil de aceitar – muito menos de mudar!

O PORCO-ESPINHO DA FÁBULA DE SCHOPENHAUER

Em sua série de textos intitulada *Parerga e Paralipomena*,[2] Arthur Schopenhauer[2] incluiu uma história sobre os dilemas enfrentados pelos porcos-espinhos durante o inverno. Sempre que a temperatura caía muito, os animais tentavam se aproximar uns dos outros e, assim, compartilhar o calor corporal. Porém, logo que ficavam mais perto uns dos outros, eles passavam a se machucar e também a ferir seus pares com seus próprios espinhos. Por causa disso, eles resolviam se afastar novamente para se sentirem mais confortáveis. Todavia, o frio extremo mais uma vez os impelia a tentar se aproximar, e, na sequên-

---

[2] Filósofo alemão do século XIX, cujos pensamentos não se encaixam em nenhum dos grandes sistemas de sua época. (N.T.)

cia, o mesmo desconforto já experimentado voltava a incomodá-los. Finalmente, depois de muitas tentativas frustradas, os porcos-espinhos acabavam percebendo que a melhor opção era manter uma distância segura de seus "companheiros" – nem tão longe nem tão perto!

Esta parábola de Schopenhauer foi mencionada por Sigmund Freud em um comentário adicional em seu ensaio de 1921, *Psicologia das Massas e Análise do Eu e Outros Textos* [3]. Ele relacionou o dilema dos porcos-espinhos à "sedimentação de sentimentos de aversão e hostilidade" em relacionamentos de longa duração. Em seu ensaio, Freud levanta várias questões retóricas sobre a intimidade humana – uma das mais comuns e naturais necessidades do ser humano. Mas quanta intimidade podemos realmente suportar?

E de quanta intimidade realmente precisamos para sobreviver nesse mundo? Seria o dilema dos porcos-espinhos similar ao que enfrentamos em nosso dia a dia?

Praticamente todos os relacionamentos emocionais de longa duração entre duas pessoas, ou mais, contêm esse "depósito" de sentimentos negativos, que escapam à percepção humana por conta do mecanismo de repressão existente no ser humano. Como sugere o dilema dos porcos-espinhos, as relações humanas ostentam um grau substancial de ambivalência, o que exige que o indivíduo contenha sentimentos contraditórios em relação a outras pessoas. Podemos observar a parábola de Schopenhauer como uma metáfora para os desafios inerentes à intimidade do ser humano. Será que estamos destinados a agir como os ouriços da fábula – em eterna luta para equilibrar as **relações dolorosas** e o **isolamento desprovido de amor?** Será que sempre teremos de lutar contra o medo de nos envolvermos uns aos outros e, ao mesmo tempo, de nos sentirmos solitários?

Necessidades sociais fazem com que os seres humanos se agrupem, contudo, somos frequentemente repelidos pelas várias características irritadiças e desagradáveis dos outros. Todos nós temos nossas próprias necessidades e medo da intimidade. Tudo isso ocorre de maneira simultânea, o que cria um dilema para a vida em comum. A distância que os porcos-espinhos de Schopenhauer finalmente concluíram ser a única condição tolerável para a aproximação do grupo representa nosso código de conduta comum. Certa distância é, portanto, parte da condição humana. Embora nossa necessidade mútua por aquecimento seja somente moderadamente satisfeita em tal configuração, há menos risco de nos machucarmos. Agindo dessa maneira, não feriremos ninguém – e ninguém nos fere.

> "Que proximidade é excessiva? Quanto nós podemos nos abrir em relação aos outros?"

Também verificamos o dilema dos porcos-espinhos em configurações de grupo. Que proximidade é excessiva? Quanto nós podemos nos abrir em relação aos outros? Que tipo de informação nós podemos compartilhar sobre nós mesmos? Que grau de intimidade é suficiente? Quando é necessário estabelecer limites? Uma abertura excessiva poderá expor nossas fraquezas e nos tornar vulneráveis a embaraços e reações de culpa. Esse enigma – nossa necessidade simultânea de proximidade e distância – é uma razão fundamental para as pessoas geralmente considerarem tão difícil trabalhar de modo bem-sucedido em grupos e equipes.

Onde você se posiciona no eixo intimidade-evitação?

Que tipo de porco-espinho você é?

1	2	3	4	5	6	7	8	9	10
Gosto de ficar próximos das pessoas									Prefiro me manter bem longe das pessoas

Como sua posição nesse eixo afeta suas relação com as outras pessoas?

Reflita sobre suas várias relações pessoais. Aonde você as posicionaria ao longo desse deixo?

O PARADOXO DO TRABALHO EM EQUIPE

Se observarmos de perto o contexto organizacional, poderemos ver como esse dilema aparece de maneira sutil, mas poderosa, nas interações do dia a dia. O trabalho em equipe é um elemento crucial para a eficiência das organizações, e não somente pelo fato de que em equipes bem alinhadas o pensamento de grupo e a orientação para objetivos facilitam o enfrentamento de crises do dia a dia e o planejamento de estratégias de longa duração. A capacidade de trabalhar bem em equipe – de aceitar um certo grau de proximidade – é inegavelmente essencial nas empresas atuais. Mesmo assim, é comum negligenciarmos o fato de que, para a maioria das equipes, pode ser muito difícil encontrar o equilíbrio adequado entre conexões frouxas e ineficientes em uma extremidade, e interconexões absolutamente sufocantes do outro.

"O trabalho em equipe é um elemento crucial para a eficiência das organizações"

Além disso, está igualmente claro que muitos líderes organizacionais se sentem ambivalentes sobre equipes de trabalho. Um número excessivo desses líderes não tem a mínima ideia sobre como reunir equipes que funcionem bem. O medo de delegar – e de perder o

---

Sucesso da equipe
Pense em equipes eficientes e ineficientes das quais já tenha participado. O que transformou uma delas em um grande sucesso e levou a outra ao fracasso? Escreva uma descrição de ambas.

Trabalhar em uma equipe eficiente foi:

Trabalhar em uma equipe ineficiente foi:

Compare as duas descrições e perceba as diferenças entre ambas.

controle – reforça o estereótipo do líder heróico que trabalha sozinho. Para muitos gestores, as equipes representam aborrecimentos, aflições e, até mesmo, um mal necessário. Isso, em geral – e de maneira não surpreendente –, se transforma em uma profecia auto-realizável. Embora muitas equipes apresentem uma sinergia impressionante e gerem ótimos resultados, algumas se transformam em intermináveis sessões improdutivas e repletas de conflitos. Como muitos de nós já tivemos a oportunidade de descobrir – e para nosso desespero –, o custo dessas equipes disfuncionais pode ser descomunal.

Paradoxalmente, o uso de equipes no ambiente de trabalho é, ao mesmo tempo, uma resposta à complexidade e também um elemento a mais de complicação. O trabalho em equipe realizado de modo ineficiente pode gerar custos elevados de coordenação e ganhos reduzidos em termos de produtividade. Em algumas empresas e em alguns governos, a formação de equipes, forças-tarefa e comitês, é uma atitude defensiva que dá a ilusão de trabalho real enquanto o ato de disfarçar a falta de produtividade tenta preservar o *status quo*. Na melhor das hipóteses, isso não provoca nenhum dano, já que, de fato, não muda absolutamente nada; na pior, a construção de equipes se transforma em uma técnica ritualística utilizada para bloquear ações importantes que poderiam realçar mudanças construtivas. O desmantelamento de equipes disfuncionais pode, por sua vez, exigir uma solução similar àquela usada por Alexandre, o Grande para desatar o nó górdio,[3] o que possivelmente levará a resultados ruins, tanto de ordem econômica quanto humana.

MAIS DO QUE OS OLHOS CONSEGUEM VISUALIZAR

Por que um número tão grande de equipes não consegue realizar aquilo ao que se propõe? A resposta está na crença arraigada

---

[3] Referência à lenda do século VIII a.C., que será explicada no Capítulo 8 deste livro. (N.T.)

de que os seres humanos são indivíduos racionais. Porém, muitos profissionais responsáveis por definirem as estruturas organizacionais e construir os times, se esquecem de levar em consideração padrões comportamentais sutis e resultantes de percepção, que são intrínsecos à condição humana. Embora as equipes sejam criadas como um fórum para a conquista de objetivos específicos, a vida emocional dos vários membros do grupo, assim como as diversas peculiaridades inerentes a cada personalidade individual, poderão causar desvios em relação à tarefa estabelecida. De fato, há sempre um grau de ingenuidade por parte da liderança organizacional, que falha em perceber que as dinâmicas adotadas em cada grupo são capazes de afastá-lo da direção planejada. Muitas pessoas em posição de liderança não conseguem avaliar corretamente a real complexidade do trabalho em equipe. Esses indivíduos simplesmente não prestam atenção ao dilema do porco-espinho.

Os profissionais responsáveis pela definição de estruturas e pela construção de times precisam aceitar o fato de que abaixo da superfície da racionalidade humana residem várias forças psicológicas sutis capazes de sabotar a maneira como as equipes operam. Todavia, a despeito do quão irracionais esses padrões possam se mostrar, há um fundamento lógico para cada um deles – desde que saibamos como desembaraçá-los, é claro. Por causa de medo, de ansiedade e das incertezas em relação ao exercício da influência e do poder, um trabalho em equipe significativo sempre representará grandes riscos para os envolvidos. Se tais preocupações não forem encaradas e abordadas adequadamente, a ansiedade gerada por esses riscos se tornará tão grande que não poderá ser contida nem por ações da liderança nem por estruturas facilitadoras: neste caso, com o intuito de proteger a si mesmas as pessoas envolvidas irão mobilizar as defesas sociais. Tais defesas – expressas por meio de rituais, processos e assunções básicas – acabarão desalojando, mitigando e/ou até mesmo neu-

"Os executivos precisam perceber que ao estabelecerem equipes de trabalho, sempre haverá mais sob a superfície do que os olhos conseguem visualizar."

tralizando a ansiedade, mas, ao mesmo tempo, impedirão que o verdadeiro trabalho seja realizado. O resultado de tudo isso é a preocupação com processos disfuncionais e estruturas inibitórias que reforçam círculos viciosos e, em última análise, preservam o *status quo*.

Os executivos precisam perceber que ao estabelecerem equipes de trabalho, sempre haverá mais sob a superfície do que os olhos conseguem visualizar. As equipes são fóruns nos quais questões organizacionais e interpessoais sensíveis são tratadas de maneira bastante discreta (e, com frequência, não isolada). Se as pessoas devem operar de modo não defensivo diante das pressões por melhor desempenho no ambiente de trabalho, elas precisam de lideranças e sustentação capazes de transformar riscos e ansiedades em trabalho produtivo. Infelizmente, indivíduos responsáveis por criar times de trabalho desconhecem profundamente os conceitos de psicologia psicodinâmica e teoria de sistemas, e, em geral, o ponto de vista racional-estrutural predomina.

Particularmente, defendo a ideia de que uma perspectiva racional-estrutural e puramente cognitiva sobre o trabalho em equipe se mostrará incompleta se falhar em reconhecer as dinâmicas inconscientes que afetam o comportamento humano. Em vários exemplos, as organizações são tratadas como sistemas racionais e governadas por regras, o que perpetua a ilusão do **homem econômico**[4] como uma máquina de otimização de prazeres e sofrimentos, e, ao mesmo tempo, ignora as peculiaridades multifacetadas que caracterizam o ser humano. Quer aceitemos tal realidade ou não, algo como o Santo Graal da gestão racional simplesmente não existe. Na verdade. a visão racional-estrutural das organizações não apresentou os benefícios

---

[4] Referência a um conceito formulado de acordo com procedimentos científicos do século XIX, que sugeriam a fragmentação do objeto de pesquisa para fins de investigação analítica. Neste sentido, economistas consideraram que o estudo das ações econômicas do homem poderia ser realizado abstraindo-o de quaisquer dimensões culturais do comportamento humano (ética, política, religião etc). A partir daí, a atenção dos estudiosos concentrou-se em duas funções elementares de qualquer indivíduo: consumo e produção. (Fonte: Wikipédia) (N.T.)

prometidos, apenas criou aflição e caos econômico. Os profissionais responsáveis pela definição de estruturas e pela construção de times devem estar atentos às dinâmicas conscientes e inconscientes intrínsecas à vida empresarial. Eles precisam se familiarizar com a linguagem utilizada na área de psicodinâmica – embora eu reconheça perfeitamente que isso possa se mostrar desconfortável e até perturbador para aqueles cujo *background* seja nos setores de administração e economia.

Criar e manter um ambiente de trabalho baseado no trabalho eficiente realizado em equipe exige concentração tanto nos aspectos estruturais quanto humanos da vida organizacional. Planos de trabalho inovadores oferecem a estrutura e a plataforma para empresas voltadas para o trabalho em equipe, mas isso não é o suficiente. Por meio de seus próprios exemplos, e de códigos de conduta adequadamente divulgados, os líderes empresariais devem também instilar nas pessoas uma cultura de *coaching* interativa, por meio da qual todos os participantes de uma equipe possam se engajar em diálogos francos e respeitosos, que sejam absolutamente irrestritos pela estrutura hierárquica da organização ou pelo medo de retaliações. Isso significa estabelecer valores essenciais de confiança, compromisso, entusiasmo e satisfação – e talvez até impingi-los. Isso pode se mostrar um desafio apavorante e intimidador. É preciso que haja abertura em toda a empresa, além de um forte desejo de mudar e abandonar a mentalidade do "eu primeiro" em prol de outra que defenda o conceito de "o que é melhor para a equipe?" Todavia, considerando a complexidade do novo mundo das organizações – em que aqueles que dominam a arte da multiplicidade das relações laterais sempre estarão à frente das iniciativas –, não há muita escolha.

O *COACHING* DE LIDERANÇA DE GRUPO E A CRIAÇÃO DE EMPRESAS AUTENTIZÓTICAS

A verdadeira questão é: como as organizações e os seus líderes serão capazes de iniciar e perpetuar mudanças no ambiente empresarial, e também de mentalidade, que sustentem uma cultura autentizótica voltada para o bem comum? Uma resposta pode estar no *coaching* de liderança. Esse tipo de intervenção, que em sua forma mais comum, ocorre por meio de interações individuais entre o executivo e o *coach*, mudou a maneira pela qual muitas organizações progressistas veem o crescimento e o desenvolvimento profissional e pessoal de seus colaboradores. Ao construir uma piscina de talentos dentro da empresa e ajudar as pessoas a se adaptarem a mudanças, o *coaching* de liderança individual se mostra um ótimo investimento na futura capacidade de prestação de serviços [4].

O *coaching* individual certamente oferece benefícios, mas a experiência pessoal também me ensinou que o treinamento de liderança de grupo (ou de equipe) – em essência, um espaço experimental para se aprender a funcionar como um time de alto desempenho – é um ótimo antídoto para a formação de silos organizacionais e para o estabelecimento de uma **mentalidade de silo**[5] dentro da companhia; além disso, esse tipo de treinamento é uma ótima maneira de ajudar os líderes a se tornarem mais capazes de perceber influências psicodinâmicas ocultas que possam exercer algum tipo de ação sobre o comportamento da equipe. Nas sessões de *coaching* de liderança em grupo, indivíduos que já participam de equipes ou que fazem parte de grupos de funções variadas, conseguem, de modo metafórico e sob a supervisão e orientação de um facilitador treinado, testar vários graus de proximidade entre os membros. Eles experimentam a abertura e a confiança em ambientes seguros e percebem as vantagens inerentes a uma melhor compreensão dos pontos fortes e fracos de cada indivíduo. A transferência de conhecimentos entre os membros do grupo se torna algo natural, em vez de uma ocorrência a ser controlada. Basicamente, as pessoas participam para observar a impor-

---

[5] Também chamado de **pensamento, visão** ou **efeito de silo**. Estas são denominações dadas a um dos maiores riscos empresariais: a incapacidade por parte dos funcionários de interagir, comunicar-se e cooperar com os colegas. (Fonte: http://complexdecision.blogspot.com/2009/08/riscos-empresariais-3-mentalidade-de.html#ixzz1t407BqkH) (N.T.)

tância da coesão efetiva do grupo ao experimentar tal dinâmica dentro de uma sessão de *coaching* de grupo.

Intervenções de *coaching* de grupo ostentam maior probabilidade de promover o alinhamento entre os objetivos individuais dos membros da equipe e aqueles da organização em que trabalham. Isso cria mais comprometimento e responsabilidade na prestação de contas, e também eleva os índices de resolução construtiva de conflitos. O *coaching* de grupo efetivo não apenas colabora para o desenvolvimento de ferramentas e habilidades de *coaching* de cada integrante do grupo, uma vez que os participantes de uma sessão de *coaching* de grupo atuam como *coaches* uns dos outros (*coaching* de pares), ele também acelera o progresso da empresa ao permitir uma maior apreciação dos pontos fortes e fracos da organização, o que certamente levará à tomada de decisões mais inteligentes. O *coaching* de grupo também estimula um trabalho em equipe baseado em confiança; em troca, a própria cultura é preservada conforme as pessoas se acostumam cada vez mais a criar equipes em que os indivíduos se sintam confortáveis e produtivos. Quando funciona corretamente, a cultura orientada para o trabalho em equipe opera como uma rede de interligação dentro da companhia, conectando as pessoas de várias maneiras diferentes: lateralmente dentro de cada departamento; entre setores; entre equipes e ao longo de toda a hierarquia da organização.

SOBRE ESTE LIVRO

Nesta obra, examino os aspectos conscientes e inconscientes do comportamento humano em situações de grupo. Nela estão incluídos fatores sistêmicos e são ressaltadas as medidas que devem ser tomadas pelos profissionais responsáveis pela definição de estruturas e construção dos times e pelos agentes de mudança no sentido de tornar as equipes de trabalho eficientes. Com este trabalho, observo os fenômenos organizacionais e individuais que se desenvolvem abaixo e acima da superfície do *iceberg*.

Muitos dos conceitos aqui apresentados não são de fácil compreensão, tampouco facilmente colocados em prática. Para ajudar o leitor, dividi este livro em três partes. Na primeira, começo por uma análise superficial de equipes e grupos e, então, realizo um exame mais minucioso dessas entidades com o intuito de compreender melhor o que elas significam. Aproveito também para: (1º) discutir o modo como um grupo se transforma em uma equipe e (2º) oferecer ao leitor um exemplo elaborado de intervenção realizada em um time. Além disso, discuto as complicações que ocorrem em intervenções de *coaching* de liderança. Na parte dois, utilizo-me de uma abordagem psicodinâmica para entender corretamente as dinâmicas das equipes e dos grupos, apresentando um paradigma clínico. Também avalio cuidadosamente os padrões de relacionamento e, ao explorar o fenômeno do grupo-como-um-todo, discuto o modo pelo qual os grupos se desenvolvem. Na terceira parte, parto de uma visão mais sistêmica, abordando os desafios fundamentais que os processos de mudança representam para as pessoas dentro das organizações. Na parte três também discorro sobre como criar organizações autentizóticas – os melhores lugares para se trabalhar. No capítulo final, narro uma história sobre iniciativas de mudança organizacional que alcançaram o sucesso por meio do *coaching* de grupo.

Como autor, minha verdadeira recompensa é testemunhar indivíduos que já tenham participado de processos de *coaching* de grupo colocando em prática culturas de *coaching* que ofereçam sustentação não apenas para o desenvolvimento e a melhoria do desempenho dos funcionários, mas também para o surgimento de uma consciência mais fundamental de que os indivíduos dentro de uma organização são seres humanos, não máquinas. No final, os desafios tornam-se mais fáceis de serem enfrentados, à medida que combinamos nossas forças utilizando uma comunicação aberta e honesta, e criamos equipes eficientes. Em última análise, tais intervenções contribuem para a criação de organizações mais humanas e sustentáveis.

AGRADECIMENTOS

Este livro é o resultado de muitos anos de trabalho ao lado de várias equipes de executivos de alto nível. Meu "laboratório" original tem sido o programa para CEOs (Chief Executive Officers, ou seja, os executivos principais das empresas) que tenho realizado nos últimos vinte anos na INSEAD, o *The Challenge of Leadership: Creating Effective Leaders*.[6] Devo a essas pessoas os mais profundos agradecimentos pelas inúmeras percepções com as quais me brindaram durante todo esse tempo. Devo também agradecer de modo especial a meu amigo de tantos anos, e grande colaborador, Sudhir Kakar, que, por meio de suas atitudes antagonistas nos ofereceu um caminho para enfrentar várias situações de conflito com as quais a maioria das outras pessoas não conseguiria lidar.

Um segundo programa pelo qual sou parcialmente responsável como diretor científico é o *Consulting and Coaching for Change*.[7] Sinto-me especialmente grato a meus dois principais colaboradores, Roger Lehman e Erik van de Loo que, ano após ano, se revelaram fundamentais em transformar esse **mestrado executivo** para a formação de executivos em um grande um sucesso.

Gostaria também de agradecer aos vários CEOs e outros executivos de nível sênior que tiveram a coragem de me oferecer a oportunidade de trabalhar com suas equipes por meio do Instituto Kets de Vries (KDVI). Embarcar em um processo de *coaching* de grupo não é uma tarefa fácil, tampouco para indivíduos desprovidos de coragem – seja você um participante ou o próprio *coach*. Aprendi muito com toda a sabedoria dessas pessoas.

Quero agradecer à minha equipe no Global Leadership Center (IGLC), do INSEAD, que sempre apoiou o meu trabalho. Sinto-me grato não apenas à equipe administrativa, mas também a todos os diretores de programa e aos *coaches*, que demonstraram grande visão

---

[6] Em tradução livre: *O Desafio da Liderança: Criando Líderes Eficientes*. (N.T.)
[7] Em tradução livre: *Consultoria e Coaching para Implementar Mudanças*. (N.T.)

ao reconhecer o valor desse tipo de intervenção – e, inclusive, levaram essa empreitada a um patamar mais elevado.

Por último, gostaria de agradecer a Elizabeth Florent-Treacy, Alicia Cheak-Baillargeon e Murray Palevsky por sua disposição em examinar cuidadosamente os primeiros manuscritos desta obra. Particularmente, a ajuda de Elizabeth se mostrou primordial na reestruturação do material para que ele alcançasse o formato atual. E, como sempre, quero reconhecer minha eterna dívida de gratidão para com Sally Simmons, minha imperturbável editora, que sempre consegue se manter entusiasmada mesmo enquanto resolve todos os problemas que para mim se revelam absolutamente confusos.

Em meu trabalho junto a equipes, nunca aprendi muito falando – a maior parte do meu processo de aprendizagem ocorreu enquanto perguntava, ouvia e refletia sobre o que era dito. Este livro é um esforço no sentido de ajudar as pessoas a experimentar o que de fato ocorre em suas equipes e a compreender melhor os processos de tomada de consciência que são endêmicos às dinâmicas de equipe, desmistificando o que pode parecer misterioso sobre o assunto. Minha expectativa é de que este livro ajude o leitor a perceber todo o potencial das equipes de trabalho e contribua para a criação de melhores lugares para se trabalhar.

Vejo os leitores dessa obra, primeira e prioritariamente, como indivíduos que trabalham como *coaches* e desejam aprofundar suas percepções e seus conhecimentos no intrincado setor de *coaching* de grupo. Este livro também será utilíssimo para profissionais de recursos humanos especialmente interessados na criação de uma cultura eficiente de *coaching*. Por último (mas, certamente, não menos importante), este material se destina ao executivo bem informado que percebe a importância de gerenciar equipes eficientes e deseja saber como lidar com essa questão. A boa gestão de talentos se transformou em uma questão crucial para as empresas. Como disse certa vez o famoso ex-jogador de basquete norte-americano, Michael Jordan: **"O talento individual é capaz de vencer alguns jogos, mas a inteligência e o trabalho em equipe são responsáveis por ganhar campeonatos."**

REFERÊNCIAS BIBLIOGRÁFICAS

1. Kets de Vries, M.F.R. (2001a). *Criating Authentizotic Organizations: Well-functioning Individuals in Vibrant Companies. (Criando Organizações Autentizóticas: Indivíduos que Operam Bem em Empresas Vibrantes), Human Relations,* 54 (1), 101-11.

2. Schopenhauer, A. (1851). *Parerga und Paralipomena: Kleinephilosop hische Schriften (Parerga e Paralipomena: Escritos Filosóficos Menores),* Vol. 1-2. Berlin: Julius Frauenstädt.

3. Freud, S. (1921). *Group Psychology and the Analysis of the Ego,* em J. Strachey (Ed.) (1950), *Collected Papers of Sigmund Freud,* Vol. V. Londres: Hogarth Press and the Institute of Psychoanalysis. (*Psicologia das Massas e Análise do Eu e Outros Textos*)

4. Crane, T.J. e Patrick, L.N. (Eds) (2002). *The Heart of Coaching: Using Transformational Coaching to Create a High-performance Coaching Culture.* (*O Coração do Coaching: Utilizando* coaching *Transformacional para Criar uma Cultura de Treinamento de Alto Desempenho*). San Diego, CA: FTA Press.

SOBRE O AUTOR

Manfred F. R. Kets de Vries nos traz uma visão diferente para alguns tópicos extensivamente discutidos: a liderança e as dinâmicas inerentes a mudanças individuais e organizacionais. Trazendo consigo todo o seu conhecimento e sua experiência nas áreas de economia (doutorado em Economia, Universidade de Amsterdã), administração (ITC, MBA e DBA, Harvard Business School)[1] e psicanálise (Canadian Psychoanalytic Society e International Psychoanalytic Association), Kets de Vries examina em profundidade a interface entre a administração, a psicanálise, a psicoterapia e a psiquiatria dinâmica. Suas principais áreas de interesse são a liderança, as dinâmicas da carreira, a construção de equipes, o *coaching*, o estresse executivo, empreendedorismo, negócios de família, plano de sucessão, administração intercultural e as dinâmicas de transformação e mudanças corporativas.

Sendo um professor clínico de liderança, ele ocupa a cadeira Raoul de Vitry d'Avaucourt de Desenvolvimento de Liderança nas filiais do INSEAD na França, em Cingapura e em Abu Dhabi. Ele é também o fundador do INSEAD Global Leadership Center. Além disso, ele é diretor dos programas INSEAD para altos executivos: *The Challenge of Leadership: Creating Reflective Leaders* e *Consulting and Coaching for Change* (tendo sido premiado cinco vezes como professor insigne do INSEAD). Ele é professor convidado na área de Pesquisas em Desenvolvimento de Liderança na European School of Management and Technology (ESMT), de Berlim; já ensinou na McGill University

---

[1] As siglas acima (em inglês) se referem aos seguintes diplomas: ITP = International Teachers Program; DBA = Doctor of Business Administration; e MBA = Master of Business Administration. (N.T.)

e na Ecole des Hautes Etudes Commerciales, ambas em Montreal, e ainda na Harvard Business School, de Massachusetts, e ministra palestras em faculdades de administração em todo o mundo.

Importantes jornais e revistas do mundo, como *The Financial Times*, *Le Capital*, *The Economist* e *Wirtschafts Woche* consideram Manfred Kets de Vries como um dos mais importantes teóricos na área de liderança. Kets de Vries encontra-se listado entre os cinquenta principais pensadores no campo da administração e está também entre os mais influentes colaboradores do setor de gerenciamento de recursos humanos. Ele recebeu o *Harry and Miriam Levinson Award*, da *American Psychological Association*, e o *Freud Memorial Award*, do *Dutch Psychoanalytic Institute*. Ele também foi homenageado com o *Lifetime Achievement Award* (o *Leadership Legacy Project* da *International Leadership Association*), sendo considerado o profissional responsável por transformar a liderança em um campo de estudos e uma disciplina escolar. Atualmente, Kets de Vries é visto como figura líder nos estudos clínicos da liderança organizacional.

Kets de Vries é autor, coautor e/ou editor de mais de 35 livros, incluindo: *Unstable at The Top (Instável no Topo)*; *The Neurotic Organization (A Organização Neurótica)*; *Organizational Paradoxes (Paradoxos Organizacionais)*; *Leaders, Fools and Impostors (Líderes, Idiotas e Impostores)*; *Liderança na Empresa* (Atlas, 1997); *The Leadership Mystique (A Mística da Liderança)*; *The Happiness Equation (A Equação da Felicidade)*; *Lessons on Leadership by Terror (Lições Sobre a Liderança pelo Terror)*; *The New Global Leaders (Os Novos Líderes Globais)*; *The Leader on the Couch (O Líder no Divã)*; *Experiências e Técnicas de Coaching: A Formação de Líderes na Pratica* (Bookman, 2009); *Family Business: Human Dilemmas in The Family Firm (Negócios Familiares: Dilemas Humanos na Empresa Familiar)*; *Sexo, Dinheiro, Felicidade e Morte: A Busca Por Autenticidade* (Bookman, 2012); *Reflexões sobre caráter e Liderança* (Bookman, 2010); *Reflections on Leadership and Career Development (Reflexões sobre Liderança e Desenvolvimento de Carreira)*; *Reflections on Groups and Organizations*; *The Coaching Kaleidoscope (O Caleidoscópio do Processo de Coaching)*; *Leadership Development (Desenvolvimento de Liderança)* e *Tricky Coaching (Coaching Desafiador)*.

Outros títulos estão sendo preparados. Seus livros e artigos já foram traduzidos para 31 idiomas.

Além disso, Kets de Vries já publicou mais de 350 ensaios científicos na forma de capítulos de livros e artigos. Ele também já escreveu aproximadamente uma centena de estudos de caso, incluindo sete que receberam o prêmio Best Case of the Year. Ele escreve regularmente para várias revistas e seus trabalhos já apareceram em publicações de peso como *The New York Times*, *The Wall Street Journal*, *The Los Angeles Times*, *Fortune*, *Business Week*, *The Economist*, *Financial Times* e *The International Herald Tribune*. Ele é membro de dezessete conselhos editoriais e já foi eleito Fellow of the Academy of Management (Membro da Academia de Administração). Ele é um dos fundadores da International Society for the Psychoanalytic Study of Organizations, grupo do qual se tornou membro emérito vitalício.

Kets de Vries é consultor na área de desenho organizacional/transformação e gestão estratégica de recursos humanos em várias empresas líderes dos Estados Unidos da América (EUA), do Canadá, da Europa, da Ásia e da África. Ele é o presidente e proprietário do Kets de Vries Institute (KDVI), uma empresa global de consultoria na área de desenvolvimento de liderança. Como educador e consultor ele já trabalhou em mais de quarenta países.

O governo holandês conferiu-lhe o título de Oficial da Ordem da Orange-Nassau.[2] Ele foi o primeiro homem a pescar com iscas artificiais na Mongólia Exterior e é membro do New York's Explorers Club (Clube de Exploradores de Nova York). Em seu tempo livre, Kets de Vries pode ser localizado nas florestas tropicais, nas savanas da África Central, nas florestas de coníferas da Sibéria, nas cordilheiras de Pamir e Altai, em Arnhem Land ou no Círculo Polar Ártico.

www.ketsdevries.com
www.kdvi.com

---

[2] Trata-se de uma condecoração militar e civil concedida pela Holanda em reconhecimento a toda a dedicação com a qual o outorgado cumpre sua missão. (N.T.)

PARTE UM

UMA INTRODUÇÃO À VIDA DE GRUPOS E TIMES

CAPÍTULO 1

COMO UM GRUPO SE TRANSFORMA EM UM TIME

Individualmente, somos gotas isoladas; juntos, formamos um oceano.
— Ryunosuke Satoro

Vários gravetos reunidos se tornam inquebráveis.
— Provérbio queniano

Jamais duvide de que um pequeno grupo de cidadãos atentos e comprometidos possa mudar o mundo; na verdade, é a única coisa que já conseguiu tal façanha.
— Margaret Mead

A frase: "Um por todos e todos por um" – o famoso juramento proferido em *Os Três Mosqueteiros*, de Alexandre Dumas – simboliza a quintessência do trabalho em time. É por meio da cooperação, não do conflito, que alcançamos nossos maiores sucessos. Se estivermos preparados para apoiar uns aos outros, a maior parte de nossos problemas já estará solucionada. Como bem sabiam d'Artagnan e seus três amigos mosqueteiros, seus destinos enquanto indivíduos estavam atrelados àquele de todo o grupo.

No que diz respeito a romances sobre amizade e lealdade, seria bem difícil encontrar um tão famoso, ou que tenha capturado de maneira mais abrangente o imaginário popular como *Os Três Mosqueteiros*. Trata-se de uma narrativa desconcertante: alegre, ensandecida e incomum, repleta de intrincadas reviravoltas. A história dramatiza eventos significativos da história da França – a ação tem início em 1625 e termina três anos depois – e entretém o leitor com demonstrações espetaculares de bravura, lealdade e perspicácia de cada um dos mosqueteiros e também de seu mais novo companheiro de batalhas, D'Artagnan. Os quatro heróis da trama se veem envolvidos em uma labiríntica rede de intrigas relacionada ao fraco rei Luís XIII; ao seu poderoso e astucioso conselheiro, o cardeal de Richelieu;[1] à bela rainha Ana, da Áustria; ao seu amante inglês, George Villiers, o duque de Buckingham; e ao cerco a La Rochelle, a cidade rebelde dos huguenotes.[2]

Com grande ambição, d'Artagnan, o protagonista da história, parte rumo a Paris levando consigo três presentes de seu pai: a modesta quantia de 15 coroas, um cavalo e uma carta de apresentação destinada ao capitão dos mosqueteiros do rei, uma unidade militar cuja função é proteger toda a família real. d'Artagnan tem como objetivo tornar-se ele próprio um mosqueteiro e, para isso, precisa se mostrar digno de assumir tal posição; porém, a não ser por sua inteligência e suas habilidades como espadachim, o jovem não tem muito a seu favor. Todavia, com a ajuda de seus novos amigos mosqueteiros – o lendário e nobre Athos, o devotado Porthos e o esperto Aramis –, d'Artagnan é bem--sucedido em sua luta pela glória e acaba cumprindo seu destino.

O trabalho em time faz toda a diferença em *Os Três Mosqueteiros*. Leais uns aos outros, até à morte, os mosqueteiros não têm escrúpulos em ludibriar seus inimigos. A força que eles demonstram ao trabalhar

---

[1] Referência a Armand Jean du Plessis, duque, político francês e também primeiro-ministro do rei Luís XIII no período de 1628 a 1642. O cardeal de Richelieu, como ficou conhecido, foi o arquiteto do absolutismo na França e também da liderança francesa na Europa. (N.T.)

[2] Como eram conhecidos os protestantes franceses, em sua maioria, calvinistas. (N.T.)

COMO UM GRUPO SE TRANSFORMA EM UM TIME 5

juntos, sua devoção pela excelência, sua disposição ao sacrifício pessoal, sua enorme confiança uns nos outros, sua generosidade de coração e espírito e – a mais poderosa de todas as suas virtudes –, sua dedicação inabalável a uma causa que é maior que eles próprios, inspiram a imaginação do leitor. Trata-se de uma história que pode ser observada como uma lição moral, ao enfatizar a importância da cooperação, da unidade e da perseverança.

Um time como o formado pelos três mosqueteiros (ou melhor, pelos quatro) é simplesmente atemporal. Os personagens desse livro são tão naturais e seus diálogos tão reais que poderíamos facilmente transplantar esse romance do século XIX sobre os eventos do século XVII para a nossa época atual; poderíamos tranquilamente rir dos elementos cômicos e chorar por conta dos mais trágicos. De várias maneiras, as aventuras de d'Artagnan e os três mosqueteiros são universais – os times são uma característica inspiradora da vida humana. Para citar um provérbio japonês: **"Ninguém entre nós é tão esperto quanto todos nós juntos."**

A história dos três mosqueteiros discorre sobre muitos dos temas que serão explorados ao longo dos vários capítulos que compõem este livro. O melhor time é aquele em que os membros estão prontos para assumir riscos pessoais, preparados para lidar com conflitos e prontos para manter diálogos corajosos. Entretanto, tudo isso depende da prevalência de uma cultura de confiança e da reciprocidade em revelar informações pessoais visando aprimorar os diálogos interpessoais e a resolução construtiva de conflitos.

A história dos heróis de Alexandre Dumas também nos ajuda a descrever de forma mais específica o que acontece em times de bom funcionamento, em vez de apenas nos possibilitar entender como o grupo funciona como um todo. Assim como os indivíduos ostentam diferentes temperamentos e emoções, os grupos (ou os times de trabalho) também apresentam suas próprias peculiaridades; estas influenciam aspectos como a coesão, o desempenho e o estado emocional de outros membros do time.

O "grito de guerra" dos mosqueteiros – "Um por todos e todos por um" – nos revela algumas das razões pelas quais os times funcionam. Os mosqueteiros acreditavam que quando um deles se encontrava em situação de risco, todos os demais também estariam em perigo; se um deles precisava de ajuda, todos a ofereciam; se um dos quatro alcançava o sucesso, todos eram bem-sucedidos. Para eles, a reciprocidade e a confiança interpessoal eram questões indiscutíveis. Tanto nos níveis consciente quanto inconsciente, seu comportamento era sincronizado. Por conta de seu espírito de time e de sua amizade, os mosqueteiros descobriram que poderiam alcançar qualquer coisa trabalhando em grupo, bastando apenas que se concentrassem naquilo o que desejavam.

A aventura fictícia do século XVII escrita por Alexandre Dumas permanece uma prescrição eficiente para os ambientes de trabalho do terceiro milênio; os processos psicodinâmicos individuais e de time subjacentes e oriundos do conhecimento de seus mosqueteiros estavam alinhados com a tarefa que teriam de realizar. Ajudar a criar esse tipo de time é um dos maiores objetivos dos *coachings* grupais executivos e de liderança.

TIME DE TRABALHO: O QUE, POR QUE E COMO

Antes de discutirmos a questão "time", considero que seja uma boa ideia especificarmos as diferenças entre grupo e time. Um grupo é um número de indivíduos que formam uma unidade reconhecível, uma concentração de pessoas ou uma agregação.

Times são grupos específicos de pessoas que possuem habilidades e capacidades complementares (pelo menos é isso o que se espera) e que se reúnem para colaborar umas com as outras. Os membros de um time possuem um alto grau de interdependência voltada para o alcance de objetivos comuns ou para a finalização de uma tarefa pela qual todos se consideram mutuamente responsáveis. Em contraste com a maioria dos grupos, os times frequentemente identificam metas e abordagens comuns e, em vez de buscarem um líder que as defina para todos os componentes, chegam a um acordo em relação a elas. O mais importante é o fato de que os resultados das atividades de um time sempre afetarão a todos os participantes do mesmo modo, e não cada membro de maneira isolada. No contexto organizacional, os membros de um time têm o poder de compartilhar responsabilidades para alcançar resultados específicos e costumam trabalhar juntos por períodos de tempo limitados. Os times mais eficientes em termos de tamanho reúnem entre cinco e doze indivíduos – os maiores demandam mais apoio e uma estrutura maior; já os menores apresentam, em geral, mais dificuldades em se engajar em discussões mais robustas quando alguns de seus membros estão ausentes [1-7]. (Uma vez que grupos e times são essencialmente diferentes dependendo do grau e da intensidade de sua interdependência, ao longo deste livro esses dois termos serão utilizados de maneira intercambiável.)

Você faz parte de um time ou meramente integra um grupo de pessoas?

Avalie as perguntas abaixo e responda SIM ou NÃO

	SIM	NÃO
1. As pessoas que trabalham com você possuem um alto grau de interdependência, visando o alcance de objetivos comuns e a execução de tarefas sobre as quais julgam a si mesmas mutuamente responsáveis?	☐	☐
2. Você pertence a um grupo de indivíduos que ostentam habilidades e capacidades complementares e se reúnem para colaborar umas com as outras?	☐	☐
3. Os resultados de suas atividades afetam não apenas a você mesmo, mas a todas as demais pessoas com as quais trabalha?	☐	☐

Se você respondeu SIM para todas as questões, provavelmente faz parte de um time.

Como um alerta, devo ressaltar que embora times de bom funcionamento sejam cruciais para o mundo profissional, há ocasiões em que reunir um time para dar andamento a um projeto talvez não seja exatamente a melhor opção. Alguns trabalhos ou projetos podem ser completados de maneira bem mais eficiente quando atribuídas a uma única pessoa. Todavia, quando as tarefas individuais são muito interdependentes e o trabalho é extremamente complexo, os times poderão substituir partícipes isolados e desempenhar funções tradicionalmente atribuídas a executivos individuais.

Depois de garantirmos a importância de times altamente funcionais no ambiente de trabalho, é preciso que perguntemos a nós mesmos o quão a maioria deles é eficiente. Todos nós sabemos (com frequência por conta de experiências pessoais) que vários não atingem seus objetivos. Na verdade, um conjunto substancial de pesquisas demonstra que muitas afirmações sobre os benefícios do trabalho em grupo são fantasiosas [8,9]. Há vários sinais condenatórios oriundos de experiências negativas em trabalhos realizados por um time. Veja algumas definições que servem como exemplos:

- "Um comitê é um grupo de pessoas que, individualmente, não conseguem fazer nada, mas juntas, tornam-se plenamente capazes de decidir que nada pode ser feito."
- "Um time é um grupo formado por indivíduos não desejosos de participar de uma determinada ação, que são escolhidos entre os menos capazes para fazer algo absolutamente desnecessário."
- "Um time é um animal que possui quatro pernas traseiras."

Com grande frequência, os times gastam tempo e recursos demais, enfrentam grandes dificuldades e se transformam em poços de areia movediça repletos de tensões e antagonismos.

Criar um **time vencedor** implica reunir uma coleção de indivíduos com personalidades (percepções, necessidades, atitudes, motivações, formação, *expertises* e expectativas) distintas, e transformá-los e uma **unidade integrada, eficiente e holística**. Isso pode se tornar um grande desafio. Alguns tipos de personalidade simplesmente não são compatíveis. Por várias razões diferentes, o comportamento e a personalidade de algumas pessoas representam a proverbial capa vermelha diante de um touro enlouquecido [10].

Times e sistemas de necessidades

Uma boa maneira de abordar o desafio de criar times funcionais é se concentrar não naquilo que torna as pessoas diferentes, mas no que os indivíduos têm em comum. Por exemplo, os times podem satisfazer nosso sentimento de pertencer a alguma coisa. Em outras palavras, enquanto os times podem inicialmente ser formados para realizar uma tarefa específica, eles também serão capazes de atender a outras necessidades individuais. Muitas pessoas gostam de trabalhar em grupo porque desejam sentir a sensação de interação social, de afiliação com uma comunidade e de orgulho por suas realizações e pelo alcance de objetivos mais elevados. Na verdade, essas recompensas intrínsecas podem inclusive se mostrar mais importantes para os membros de um time que outros tipos de compensação mais tangíveis e até de ordem financeira. Portanto, atentar para as necessidades individuais poderá contribuir para motivar os membros do grupo e também o desempenho dessas pessoas.

A maioria das pessoas deseja fortemente fazer parte de grupos nos quais se sintam reconhecidas e compreendidas. O pertencimento – o fazer parte de um contexto social – é essencial para o desenvolvimento da autoestima e da autoconfiança. Indivíduos alheios ao ambiente social acabam se sentindo vazios e deprimidos. A conexão social (e o medo de perdê-la) é crucial para a qualidade (e, em alguns casos, até para a duração) da vida do ser humano. Aplicando a mesma ótica aos times, torna-se óbvio que membros de grupos se mostram menos ansiosos em relação ao trabalho que precisam realizar quando participam de times que investem tempo na criação de um senso de comunidade e de pertencimento para todos os seus integrantes.

> **"A maioria das pessoas deseja fortemente fazer parte de grupos nos quais se sintam reconhecidas e compreendidas."**

O altruísmo – o desejo de fazer a diferença na vida das pessoas – também nos atrai para o trabalho em um time.

Muitos aspectos das relações sociais humanas existem dentro de uma complexa rede de altruísmo familiar e recíproco [11]. Trabalhar em times que possuam um propósito significativo poderá ajudar as pessoas a sentirem que suas próprias habilidades para fazer diferença são

---

O altruísmo é algo importante para você?

Avalie as perguntas abaixo e responda SIM ou NÃO

	SIM	NÃO
• Você é do tipo de pessoa que faria qualquer coisa pelos outros?	☐	☐
• Você é do tipo de indivíduo que gosta de dar e compartilhar ou se considera egocêntrico?	☐	☐
• Você se sente disposto a ajudar outras pessoas mesmo quando esse tipo de auxílio não lhe proporciona nenhum retorno imediato?	☐	☐
• Você é do tipo de pessoa que costuma oferecer ajuda sempre que alguém se encontra em dificuldades?	☐	☐
• Você gosta de ajudar as pessoas?	☐	☐
• Você se sente mal quando vê indivíduos menos afortunados que você?	☐	☐
• Você está sempre preparado para ajudar pessoas que não conhece?	☐	☐

Se você respondeu SIM para a maioria dessas questões, sua nota no teste de altruísmo é alta. Com frequência você faz o possível para ajudar outras pessoas e, em algumas situações, o faz sem sequer ser solicitado.

ampliadas pelo poder do grupo. Os mosqueteiros não formavam apenas uma espécie de irmandade – juntos, eles serviam a uma grande causa.

Os fundamentos básicos

A experiência do indivíduo é a primeira camada em que é possível avaliar um time.
- O time possui um senso compartilhado de propósito?
- Todos os seus membros trabalham de modo sincronizado rumo a um mesmo objetivo?
- Há complementaridade em termos de habilidades e competências?
- Todos os membros do time perseguem o mesmo objetivo?
- As metas e os objetivos do time foram previamente discutidos e abertamente aprovados por todos os membros?
- O time se mantém unido em todos os momentos, sejam eles bons ou ruins, não apenas aceitando elogios, mas também acatando responsabilidades pelo trabalho compartilhado?
- Os membros do time parecem apreciar o trabalho em conjunto na maior parte do tempo?

Assegurar que todos esses elementos estejam presentes facilitará o estabelecimento de uma base de confiança e reforçará o desejo de se colocar os objetivos do time em primeiro lugar.

As relações interpessoais que surgem das dinâmicas de grupo precisam ser gerenciadas de um modo estratégico, não oportunista. Isso é mais fácil de mencionar que fazer. Muitas coisas podem sair errado. Por exemplo: Que membro do time ficará no comando? Quem será responsável por estabelecer limites? Quem assumirá o papel de principal impulsionador das ações do grupo? E, finalmente: como todas essas decisões serão tomadas?

Um dos métodos mais perigosos de se administrar as dinâmicas de um time é permitindo que os membros mais inflexíveis estimulem decisões a respeito dos recursos do grupo, criando assim um profundo senso de injustiça e desamparo entre os demais participantes. De fato, as dinâmicas poderão se tornar ainda mais disfuncionais caso a organização esteja enfrentando as intempéries de um processo sucessório. Em tais situações, uma mentalidade de **"jogo de soma zero"**[3] – **"eu ganho, você perde"** – poderá dominar as dinâmicas do grupo, fazendo com que cada um dos membros tente se colocar em posição de liderança no time.

Por conta de todas as razões já apresentadas, o momento crítico para a construção de um time de trabalho é aquele em que cada membro é integrado ao grupo; é preciso que fique claro desde o início quais as habilidades que esses indivíduo possuem e que contribuições poderão ser esperadas de sua parte. De modo instintivo, os recém-chegados logo percebem como irão se encaixar no time e os papéis complementares que poderão desempenhar no grupo. Em algum nível, as próprias expectativas e os próprios desejos dessas pessoas entram em jogo conforme elas passam a participar do time. Entretanto, o processo de integração é bem mais difícil do que parece.

O LADO OBSCURO DOS TIMES DISFUNCIONAIS

Certo dia, um enorme leão, um macaco e uma raposa decidiram caçar juntos. Eles imaginaram que se assim o fizessem, conseguiram ser mais bem-sucedidos que se trabalhassem isoladamente – e estavam certos. No final do dia o time havia amealhado uma grande quantidade de alimentos. "Certo," disse o macaco, "vamos compartilhar tudo igualmente." Então o pequeno animal dividiu o todo em três partes iguais. Quando o leão viu o que o macaco fizera, ele rugiu: "Mas o que é

---

[3] Referência ao processo que ocorre entre dois jogadores em que um deles necessariamente ganha na mesma proporção em que o outro perde. Um exemplo simples é o processo de sucessão presidencial, no qual o candidato eleito ganha o mesmo cargo que o presidente em exercício perde ao término do seu mandato. Em geral, o jogo de soma zero simboliza nas relações internacionais manobras que não alteram o equilíbrio de forças no sistema internacional. (Fonte: http://www.unibero.edu.br/nucleosuni_neriteo05.asp) (N.T.)

COMO UM GRUPO SE TRANSFORMA EM UM TIME

isso? Em seguida o grande felino saltou sobre o macaco, matou-o e o devorou. Daí ele se voltou para a raposa e disse: "Agora é sua vez de dividir a comida." Então, a raposa, que possuía mais inteligência emocional que o macaco, fez duas pilhas – uma gigantesca, a outra bem pequena. "Hum," rugiu o leão, puxando para si a grande montanha de carne. "Quem a ensinou a dividir as coisas tão bem?" perguntou o leão. "O macaco," replicou a raposa.

Sua organização é afetada por "assassinos de times"?
Avalie as perguntas abaixo e responda SIM ou NÃO

	SIM	NÃO
• Seu time sofre por conta de compromissos nebulosos e/ou mudanças constantes nas prioridades estabelecidas?	☐	☐
• Você considera que haja um falso consenso entre os membros de seu time?	☐	☐
• Seu time apresenta conflitos velados não resolvidos?	☐	☐
• Seu time tem dificuldades em chegar a uma conclusão para os assuntos discutidos?	☐	☐
• As reuniões se caracterizam pelo ritualismo e são rígidas (isto é, existem indivíduos que chegam atrasados ou que sequer aparecem)?	☐	☐
• Seu time sofre por conta da participação irregular de seus integrantes?	☐	☐
• Os integrantes de seu time não sentem que precisam prestar contas de suas ações uns para os outros?	☐	☐

Se você respondeu SIM para a maioria dessas questões, seu time está em apuros. Aliás, é bem possível que esse grupo sequer seja um time de fato.

É muito fácil reconhecer dinâmicas disfuncionais. Elas dominam não apenas os times nos quais as metas apresentadas não refletem seus verdadeiros objetivos, mas também aqueles que apresentam propósitos nebulosos e/ou cujas prioridades mudam de maneira rápida e constante. Podemos observar esse tipo de disfuncionalidade em grupos repletos de conflitos e ambiguidades, nos quais prevalecem desentendimentos não resolvidos – sejam eles manifestos ou velados –, uma marcação imprecisa de tempo e um alto grau de absenteísmo; também é possível identificá-la em times que não chegam a nenhum tipo de conclusão, cujas reuniões são caracterizadas pela rigidez e pelo ritualismo, a participação dos membros ocorre de maneira desigual e prevalecem a falta de visão, a indiferença dos integrantes em relação aos interesses da organização e a falta de recursos, habilidades, conhecimentos e responsabilidade pela prestação de contas. Nesses casos, inexistem o companheirismo genuíno, a colaboração ou a coordenação das ações. São esses grupos que dão ao trabalho realizado em equipe uma péssima reputação.

Times profundamente disfuncionais são como uma doença contagiosa; eles exercem uma influência insidiosa e criam um ambiente altamente tóxico na empresa. Sentimentos de competitividade entre os membros podem resultar na sabotagem do trabalho realizado por outros integrantes, em críticas não justificadas e no não compartilhamento de informações e recursos, o que contribuirá ainda mais para o funcionamento inadequado do grupo e também para o surgimento de organizações neuróticas [12, 13]. Vale ressaltar que todas essas atividades poderão ocorrer de maneira bastante sutil.

A situação pode ser ainda mais agravada pelo fato de algumas pessoas que agem dessa maneira se sentirem plenamente justificadas em fazê-lo, por considerarem que estão sendo pessoalmente prejudicadas. Este é um exemplo de **teoria da equidade**[4] ou justiça proces-

---

[4] A teoria da equidade, desenvolvida em 1963 pelo psicólogo behaviorista John Stacy Adams, se baseia no fenômeno da comparação social que ocorre dentro do ambiente de trabalho. Ela se concentra na percepção individual de justiça por parte dos funcionários, que comparam seu próprio desempenho e os benefícios alcançados com aqueles de colegas em situações idênticas. (N.T.)

sual[5] levado ao extremo. Mas independentemente do quão insidiosas e irritantes tais atitudes possam se mostrar, elas serão muito nocivas tanto para a organização quanto para seus membros.

Em muitos times disfuncionais, práticas acusatórias e de identificação de "bodes expiatórios" se tornarão comuns, o que não colaborará nem para a produtividade da empresa nem para os seus processos criativos. Nesses grupos de trabalho, os membros evitam lidar com conflitos e preferem se utilizar de discussões veladas e comentários isolados. As discussões em geral consistem de generalidades e superficialidades. De modo nada surpreendente, e a despeito de todos os recursos que lhe são garantidos, vários desses times se transformam em entidades altamente "constipadas," caracterizadas pela lentidão na tomada de decisões e pelo baixo desempenho, e estão constantemente em apuros. De maneira previsível, suas decisões não serão as mais adequadas para a companhia [14-18].

Apesar dos grandes poderes exercidos pela coesão e pelo pensamento do grupo nos times, seus membros precisam constantemente lidar com as forças de atração e repulsão ali existentes (como também ocorre no caso dos porcos-espinhos). Embora existam grandes forças objetivando a harmonia e a cooperação, as de polarização e regressão sempre estarão presentes, assim como a tendência rumo ao *splitting* (cisão), o fracasso inconsciente em integrar aspectos de si próprio ou de outros em um todo. Como seres humanos, demonstramos uma tendência a retroceder e separar – ou **"dividir"** – pessoas em diferentes categorias, rotulando os aspectos que consideramos **aceitáveis ("bons")** e aqueles que vemos como **inaceitáveis ("ruins")**. Como resultado dessa atitude, e também pelo fato de esse ser um processo interativo, podemos acabar alternando entre a superidealização e a desvalorização dos indivíduos, dos times e das organizações [19-22]. Neste caso o pensamento do grupo poderá mostrar suas garras [23].

---

[5] A justiça processual está vinculada aos procedimentos adotados por uma organização ao alocar recompensas para seus colaboradores. Ela também está ligada ao grau de participação dos próprios funcionários nesse processo. (N.T.)

Quais os sinais de pensamento do grupo?
Avalie as perguntas abaixo e responda SIM ou NÃO

Você já foi membro de um time em que...   SIM   NÃO

- prevalecia uma ilusão de invulnerabilidade, o que criava um falso consenso? ☐ ☐
- havia uma crença inabalável na moralidade do grupo? ☐ ☐
- ocorria, em cada uma de suas camadas, uma racionalização coletiva das decisões do grupo? ☐ ☐
- os oponentes eram estereotipados? ☐ ☐
- você se engajava em um processo de autocensura – no qual nenhuma crítica era tolerada? ☐ ☐
- ilusões de unanimidade se mostravam prevalentes, criando um falso consenso? ☐ ☐
- havia grande pressão sobre os dissidentes para que estes se adequassem ao grupo? ☐ ☐
- existiam "guardiões" autonomeados que protegiam o grupo de informações negativas? ☐ ☐

Se você respondeu SIM para a maioria dessas questões, talvez você tenha sido parte de um processo de pensamento do grupo e tomado decisões apressadas e irracionais. Nessa situação, as dúvidas individuais são colocadas de lado por conta do medo de se perturbar o equilíbrio do grupo. Em uma tentativa de reduzir conflitos e alcançar o consenso, talvez você tenha deixado de analisar de maneira crítica importantes questões que lhe foram apresentadas.

Embora os conflitos de personalidade possam se revelar problemáticos, erros estruturais no *design* organizacional também serão capazes de causar danos adicionais. Essencialmente, quando bons profissionais são inseridos em um sistema ruim, não devemos nos surpreender com resultados medíocres. Se times forem criados meramente como um gesto para provar que algo está sendo feito, sem que os integrantes recebam a autonomia necessária para fazer o que é preciso, a forma prevalecerá sobre a substância, e a retórica vazia sobre o verdadeiro trabalho. Por exemplo, talvez os times tenham sido criados sem objetivos claros ou desprovidos de métricas para avaliar seu sucesso; também é possível que seus limites sejam nebulosos e suas tarefas não estejam definidas de maneira cristalina. Quem sabe esses grupos não sejam formados por pessoas cujos talentos são inadequados para o propósito do time – e que, portanto, deveriam permanecer onde estavam até então. E por aí afora.

Executivos de nível sênior também podem agir de maneira bastante disfuncional ao colocar determinados indivíduos dentro de alguns times apenas por razões políticas, criando assim grupos apenas nominais. Os membros desses times se engajando em rituais sociais e, meramente, desempenhando seus papéis diante dos demais participantes. Tal comportamento impede que os integrantes se conheçam em um nível mais aprofundado. Reconhecendo a futilidade de suas próprias atividades, as pessoas poderão se ressentir do tempo que "gastam" com esse grupo. Elas poderão considerar que têm coisas mais importantes a fazer – e com toda a razão. Neste sentido, elas participam das atividades, mas se mostram cada vez mais alienadas em relação à missão da empresa. Na verdade, o entrecruzamento das disfunções é enorme.

> **"Quando bons profissionais são inseridos em um sistema ruim, não devemos nos surpreender com resultados medíocres."**

> **Que papel você desempenha em um time?**
> Avalie as perguntas abaixo:
>
> - Que papel se encaixa melhor no seu caso?
> - Nos times dos quais participa, seu papel está mais orientado para a realização de tarefas?
> - Você assume um papel de caráter mais social?
> - Seu papel é mais divergente?
> - Você é o dissidente do grupo?
> - Você é o rebelde?
> - Você é o mártir ou o bode expiatório?
> - Você assume o papel de "palhaço" do grupo?
> - Você é o membro mais agressivo?
> - Você desempenha um papel mais secundário?
> - Você é do tipo que se mantém em silêncio?
> - Você é do tipo mais reservado?
> - Você é do tipo mais cauteloso?

AS VIRTUDES DOS TIMES

Depois de discorrer sobre o lado obscuro do trabalho realizado em time, gostaria de reiterar neste momento que, apesar dos problemas que os grupos possam apresentar, as vantagens de se trabalhar em um time excedem em muito as desvantagens.

Dois dos resultados mais valorizados do trabalho em um time são a eficiência e a eficácia. Se o grupo compartilha envolvimento, propriedade e senso de urgência, é bem provável que sua implementação ocorra de maneira bem-sucedida. Se os membros do time se sentirem comprometidos em realizar o que for necessário para atingir o sucesso, eles conseguirão ir mais longe que um número similar de indivíduos trabalhando de maneira individual e isolada. Ao dividir responsabilidades, diferentes atividades poderão ser desenvolvidas de modo paralelo e, assim, a meta final será atingida com mais rapidez.

Complementaridade

Embora o ser humano seja perfeitamente capaz de cantarolar uma melodia sozinho, ele não consegue assobiar uma sinfonia inteira sem a colaboração de terceiros. Ou seja, independentemente do quão talentoso seja qualquer indivíduo, ele jamais possuirá todas as habilidades necessárias para fazer tudo o que precisa em sua vida. O trabalho em time reduz o fardo colocado sobre os ombros de cada profissional; empreitadas complexas podem ser divididas em tarefas menores e atribuídas às pessoas mais adequadas para realizá-las. Por exemplo, alguns indivíduos são ótimos para gerar novas ideias, enquanto outros preferem participar da implementação das medidas e também dos processos de *follow-up* (acompanhamento da execução); muitos se concentram nos detalhes, mas outros se dedicam ao quadro geral. O fato é que, ao mesmo tempo em que o indivíduo tende a observar um problema ou uma questão a partir de uma única perspectiva, os times formulam uma grande variedade de hipóteses interessantes. Sendo assim, a construção de times de trabalho deveria ser vista como uma oportunidade de, ao mesmo tempo, maximizar, de maneira criativa e construtiva, as características positivas de cada membro do grupo e compensar os pontos fracos de cada participante, permitindo assim que o conjunto alcance ótimos resultados. Portanto, é fundamental que os profissionais responsáveis por definir a estrutura organizacional de suas empresas reconheçam a complementaridade de talentos como algo capaz de criar constelações eficientes de profissionais de nível executivo [24-26].

"Ninguém consegue assobiar uma sinfonia inteira sem a colaboração de terceiros."

Como mencionado anteriormente, os efeitos de times de trabalho disfuncionais podem ser altamente contagiosos. Na mesma medida, as atitudes e o estado de humor de times bem-sucedidos são capazes de energizar toda uma organização, criando um forte senso de satisfação, estabelecendo uma cultura colaborativa e de aprendizagem contínua, e contribuindo para um alto grau de criatividade e inovação na empresa. Em organizações onde já existem uma cultura de trabalho em time eficiente, as informações fluem livremente – em todas as direções; as pessoas que são capazes de compartilhar seu conhecimento mostram-se mais eficientes e produtivas.

Que tipo de contribuição você oferece a seu time?	Verdadeiro	Falso
1. Tenho forte senso estratégico.	☐	☐
2. Assumo o papel de negociador e estou sempre preparado para dar sugestões sobre novos negócios na empresa.	☐	☐
3. Tenho grande experiência em resolver situações complicadas.	☐	☐
4. Costumo sugerir métodos empreendedores para desenvolver os negócios da empresa.	☐	☐
5. Costumo criar novos produtos e oferecer inovações para os processos organizacionais.	☐	☐
6. Costumo promover e monitorar estruturas, sistemas e tarefas.	☐	☐
7. Interesso-me bastante por estabelecer modos criativos de desenvolver pessoas.	☐	☐
8. Assumo o papel de comunicador na empresa.	☐	☐

A dimensão emocional

Em algum momento da vida, todos nós já tivemos a oportunidade de participar de algum tipo de time de trabalho; todos nós já verificamos que, em geral, os times evocam reações fortes e frequentemente conflitantes nas pessoas. A partir de experiências pessoais, muitos de nós

COMO UM GRUPO SE TRANSFORMA EM UM TIME

Qual é o seu estilo de liderança? (cada número se refere a um estilo específico de liderança.)	Verdadeiro	Falso
1. Estrategista – o líder do tipo "jogador de xadrez".	☐	☐
2. Catalisador de mudanças – o líder como especialista em implementação/transformação.	☐	☐
3. Transacional – o líder que negocia.	☐	☐
4. Construtor – o líder do tipo empreendedor.	☐	☐
5. Inovador – o líder como gerador de novas ideias.	☐	☐
6. Gerenciador – o líder como especialista em eficiência.	☐	☐
7. *Coach* – o líder como desenvolvedor de pessoas.	☐	☐
8. Comunicador – o líder como gestor do palco.	☐	☐

já aprendemos que fazer parte de um grupo pode causar nos membros emoções bem distintas e extremas – atração ou repulsão; uma profunda sensação de gratificação ou de frustração –, dependendo é claro do quão bem o time estiver operando. Muitos de nós sabemos desde o início que grande parte da energia gerada e dispensada dentro do grupo gira em torno de descontentamentos, tensões e ambivalências. Talvez devamos refletir sobre o modo como habitualmente agimos diante de tais situações: nós tentamos encontrar uma solução para o problema? Costumamos esperar que alguém assuma a liderança do grupo? Colocamo-nos em um estado de animação suspensa?

Considerando a importância da dimensão emocional no trabalho em um time, as pessoas preparadas para atuar como membros do grupo precisam se concentrar não apenas nas tarefas que devem ser cumpridas, mas também nos processos que serão adotados. Elas precisam estar prontas para lidar não somente com os enormes "elefantes" que aparecerão a sua frente, mas também com as cobras que se esconderão sob o tapete.[6] Lembro-me de um time do setor de logística, cujos membros eram bastante orientados para a realização de suas tarefas. Depois de os integrantes discutirem os problemas regulares durante a reunião semanal, sempre havia uma breve sessão subsequente durante a qual o grupo conversava sobre a reunião que acabara de ocorrer, explorava as percepções individuais dos membros e decidia o que poderia ser feito para aprimorar ainda mais os encontros futuros. Estas sessões sempre provocavam diálogos passionais, à medida que todos os participantes discutiam o que cada um poderia ter feito melhor para que os resultados fossem melhores.

Uma palavra sobre vulnerabilidade

> "O fato de nos abrirmos e discutirmos questões pessoais sempre poderá fazer com que pareçamos tolos."

Na vida organizacional, nossa propensão a nos mostrarmos vulneráveis diante dos membros do time sempre será um problema. O fato de nos abrirmos e discutirmos questões pessoais – o modo como vemos e interpretamos tudo o que acontece a nossa volta – sempre poderá fazer com que pareçamos tolos. O ato de revelar

---

[6] Há um conto sufista sobre um homem que, de repente, percebeu uma estranha ondulação sob um tapete. Ele tentou de tudo para aplaná-la, alisando-o, esfregando-o e até mesmo achatando-o, mas a ondulação continuou reaparecendo. Finalmente, depois de sentir-se frustrado e furioso, o homem levantou o tapete e, para sua grande surpresa, deparou com uma cobra zangada. Essa história serve como metáfora ilustrativa da necessidade de encararmos os verdadeiros problemas. A adoção de medidas superficiais somente nos levará a resultados limitados.

COMO UM GRUPO SE TRANSFORMA EM UM TIME

Você possui a mentalidade necessária para construir um verdadeiro time?

Avalie as questões a seguir e responda SIM ou NÃO

	SIM	NÃO
• Você está disposto a compartilhar informações que ajudarão as pessoas a conhecê-lo melhor?	☐	☐
• Você está disposto a arriscar-se revelando detalhes de sua intimidade?	☐	☐
• Você é do tipo de pessoa que acredita na integridade, na habilidade, no caráter e na honestidade dos outros?	☐	☐
• Você confia na capacidade das outras pessoas de pagar as promessas que fazem?	☐	☐
• Você se sente sempre preparado para se colocar em uma posição vulnerável diante dos outros?	☐	☐
• Você está convencido de que os outros não abusarão de sua confiança por causa do seu comportamento crédulo?	☐	☐

Se a maioria das respostas oferecidas foi afirmativa, será relativamente fácil para você construir um relacionamento mais próximo com os membros de seu time.

publicamente nossa própria vulnerabilidade, ou as fraquezas dos demais integrantes, representa uma ameaça em potencial para o nosso senso de dignidade e também para a nossa autoestima. Nossa disposição para revelar informações pessoais pode estar associada a memórias profundas e dolorosas de situações ocorridas na infância, durante as quais talvez tenhamos sido expostos ao ridículo e à humilhação. Além disso, sempre haverá um limite para o compartilhamento de dados pessoais. Times em organizações não são grupos de terapia, que possuem seus próprios limites. A revelação de muitas informações pessoais pode causar nos membros do time sentimentos altamente ambivalentes, criando um senso crescente de vulnerabilidade.

Todavia, é necessário manter um nível tolerável de vulnerabilidade. Conforme os membros de um time de trabalho começam a conhecer melhor seus colegas, eles passarão a compreender o que irá, ou não, funcionar para diferentes pessoas. Por exemplo, se os membros de um time executivo souberem que um dos integrantes tem problemas em se aproximar dos colegas de trabalho, eles compreenderão que aquele indivíduo prefere trabalhar de modo independente, e não irão simplesmente assumir que ele ou ela não está interessado em trabalhar com os demais.

Recordo-me de um grupo específico em que, em um determinado momento, um dos membros do comitê executivo disse a outro: "John, temos trabalhado juntos há vinte anos, mas sinto que aprendi mais sobre você nos últimos três dias que em todo o tempo em que estamos nesta empresa. Agora eu sei mais sobre as coisas que você aprecia e das quais não gosta; tenho um entendimento mais claro sobre o que o estimula – ou o deixa enfurecido. Gostaria que tivesse tido acesso a essas informações há muito tempo."

Confesso que fiquei um pouco triste ao escutar aquele comentário. É óbvio que aqueles dois homens já haviam conversado várias vezes, mas jamais tinham realmente se comunicado. Todavia, a despeito da extrema demora para acontecer, o fato de ambos terem agora uma melhor compreensão sobre o que importava para cada um deles certamente os ajudaria no futuro. Esse tipo de incidente esclarece a razão pela qual contar com um conjunto claro de expectativas comportamentais e de comunicação é um aspecto tão importante na criação de times de alto desempenho. Tais expectativas ajudam a construir empatia e compreensão, e asseguram que preferências individuais não ganhem mais importância que os objetivos do time.

COMO UM GRUPO SE TRANSFORMA EM UM TIME

Como podemos verificar, a capacidade de um time para trabalhar bem em conjunto irá depender de um processo multifatorial. De uma perspectiva factual, o resultado irá variar de acordo com os membros do grupo, do ambiente e das tarefas a serem executadas por seus integrantes. De modo superficial, a coesão do time dependerá do quanto cada um dos membros deseja realmente alcançar sua *primary task*.[7] Outros fatores menos óbvios incluem a atração de cada membro em relação ao grupo, a fase de desenvolvimento em que o grupo se encontra, as influências normativas e de informação e até mesmo fontes externas – tudo isso colabora para tornar os times mais complexos. Considerando-se a influência de todas essas variáveis, as dinâmicas poderão ganhar vida própria, o que influenciará os participantes de maneira significativa. Sendo assim, os *coaches* de grupo precisarão não apenas se concentrar na tarefa primária do time, mas também em tornar mais claras as dinâmicas específicas do grupo-como-um-todo, para que as tarefas individuais não deixem de ser realizadas por conta de atitudes inconscientes.

O QUE APRENDEMOS ATÉ AGORA?

Para resumir, acredito que os times de bom funcionamento representem um elemento crítico das organizações globais, em particular daquelas que dependem de times virtuais e altamente diversos, e que precisam se reunir, produzir e se dispersar rapidamente. Tais entidades, quando não gerenciadas de modo adequado, são inundadas por uma ansiedade paranoide e depressiva. Mas o fato é que as probabilidades de isso acontecer devem ser minimizadas. Para que possamos identificar prematuramente eventuais sinais de perigo é fundamental que tenhamos uma melhor compreensão dos processos relacionais indi-

---

[7] Termo cunhado por Larry Hirschhorn, cujo significado é **tarefa primária**. A ideia é de que cada organização/time possui uma razão para existir, além de uma resposta para a pergunta: **por que estamos aqui?** Em última análise, significa uma "tarefa que a equipe precisa realizar/cumprir/entregar". (N.R.T.)

viduais, das dinâmicas de grupo e também das vicissitudes dos times. Por outro lado, tudo isso nos faz pensar em várias questões importantes. Como as pessoas nas organizações conseguem construir culturas corporativas que estimulem o trabalho realizado por seus times? De que modo o *coaching* de liderança de grupo pode ajudar? E, acima de tudo, o que significa exatamente o conceito de *coaching* de grupo?

REFERÊNCIAS BIBLIOGRÁFICAS

1. Fisher, B. A. e Ellis, D. G. (1974). *Small Group Decision Making (Tomada de Decisão em Pequenos Grupos)*. Nova York: McGraw-Hill.
2. Dyer, W. G. (1977). *Equipes que Fazem a Diferença (Team Building): Estratégias Comprovadas para Desenvolver Equipes de Alta Performance*. São Paulo: Saraiva, 2011.
3. Cummings, T. G. (1981). *Designing Effective Work Groups (Elaborando Grupos de Trabalho Eficientes)* In P. C. Nystrom e W. H. Starbuck (Eds), *Handbook of Organizational Design* (Manual Nova York: Oxford University Press, pp. 250-71.
4. Hackman, J. R. (1990). *Creating More Effective Work Groups in Organizations (Criando Grupos de Trabalho Mais Eficazes nas Organizações)*. In J. R. Hackman (Ed.), *Groups that Work (and Those that Don't)* (Equipes que Funcionam (e que Não Funcionam). São Francisco, CA: Jossey-Bass, pp. 479-504.
5. Parker, G. M. (1990). *O Poder Das Equipes: Guia Prático para Implementar Equipes Interfuncionais de Alto Desempenho*. Rio de Janeiro: Campus, 1995.
6. Katzenbach, J. R. e Smith, D. K. (1993). *A Força e o Poder das Equipes: Como Formar, Liderar e Manter Equipes com Alta Performance e com Força para Assumir Riscos e Desafios*. São Paulo: Makron Books, 1994.
7. Levi, D. (2007). *Group Dynamics for Teams (Dinâmicas de Grupo para Equipes)*. Los Angeles, CA: Sage.

8. Hackman, J. R. (2002). *Leading Teams: Setting the Stage for Great Performances (Liderando Equipes: Preparando o Cenário para Ótimos Desempenhos)*. Boston, MA: Harvard Business School Press.
9. Levi, D. (2007). *Group Dynamics for Teams (Dinâmica de Grupo para Equipes)*. Los Angeles, CA: Sage.
10. Kets de Vries, M. F. R. (2001*). Creating Authentizotic Organizations: Well-Functioning Individuals in Vibrant Companies (Criando Organizações Autentizóticas: Indivíduos que Operam Bem em Empresas Vibrantes)*. Human Relations, 54(1), 101-11.
11. Gintis, H.; Bowles, S.; Boyd, R. e Fehr, E. (2003). *Explaining Altruistic Behavior in Humans (Explicando o Comportamento Altruísta Humano)*. Evolution and Human Behavior, 24, 153-72.
12. Kets de Vries, M. F. R. e Miller, D. (1984). *The Neurotic Organization (A Empresa Neurótica)*. São Francisco, CA: Jossey-Bass.
13. Kets de Vries, M. F. R. e Miller, D. (1987). *Unstable at the Top (Instável no Topo)*. Nova York: New American Library.
14. Fisher, B. A. e Ellis, D. G. (1974). *Small Group Decision Making (Tomada de Decisão em Pequenos Grupos)*. Nova York: McGraw-Hill.
15. Porter, T. W. e Lilly, B. S. (1996). *The Effects of Conflict, Trust, and Task Commitment on Project Team Performance (Os Efeitos do Conflito, da Confiança e do Comprometimento no Desempenho do Projeto em Equipe)*. International Journal of Conflict Management, 7, 361-76.
16. De Dreu, C. K. W. e Van Vianen, A. E. M. (2001). *Responses to Relationship Conflict and Team Effectiveness (Respostas aos Conflitos de Relacionamento e à Eficácia das Equipes)*. Journal of Organizational Behavior, 22, 309-28.
17. Hackman, J. R. (2002). *Leading Teams: Setting the Stage for Great Performances (Liderando Equipes: Preparando o Cenário para Ótimos Desempenhos)*. Boston, MA: Harvard Business School Press.

18. Hackman, J. R. e Wageman, R. (2005). *When and How Team Leaders Matter (Quando e de que Maneira a Liderança é Importante)*. Research in Organizational Behavior, 26, 39-76.
19. Kets de Vries, M. F. R. e Miller, D. (1984). *The Neurotic Organization (A Empresa Neurótica)*. São Francisco, CA: Jossey-Bass.
20. Hirschhorn, L. (1988). *The Workplace Within: Psychodynamics of Organizational Life. (Por Dentro da Organização: A Psiconinâmica da Vida Corporativa)*. Cambridge, MA: MIT Press.
21. Hirschhorn, L. (1991). *Managing in the New Team Environment: Skills, Tools, and Methods (A Gestão no Novo Ambiente de Time: Habilidades, Ferramentas e Métodos)*. Reading, MA: Addison-Wesley.
22. Smith, K. K. e Berg, D. N. (1987). *Paradoxes of Grouplife: Understanding Conflict, Paralysis, and Movement in Group Dynamics (Paradoxos da Vida em Grupo: Entendendo o Conflito, a Paralisia e o Movimento na Dinâmica de Grupo)*. São Francisco, CA: Jossey-Bass.
23. Janis, I. L. (1972). *Victims of Groupthink (Vítimas do Pensamento em Grupo)*. Boston, MA: Houghton Mifflin Company.
24. Kets de Vries, M. F. R. (2006b). *Leadership Archetype Questionnaire: Participant Guide (Questionário do Arquétipo da Liderança: Guia do Participante)*. Fontainebleau, France: INSEAD Global Leadership Centre.
25. Kets de Vries, M. F. R. (2006c). *Leadership Archetype Questionnaire: Facilitator Guide (Questionário do Arquétipo da Liderança: Guia do Facilitador)*. Fontainebleau, France: INSEAD Global Leadership Centre.
26. Kets de Vries, M. F. R. (2007). *Decoding the Team Conundrum: The Eight Roles Executives Play" (Decodificando o Enigma da Equipe: os Oito Papéis Desempenhados Pelos Executivos)*. Organizational Dynamics, 36(1), 28-44.

CAPÍTULO 2

NADANDO NA "SOPA" DOS RELACIONAMENTOS

Um bom **coach** *fará com que seus jogadores vejam o que eles podem se tornar, não o que eles são.*
— Ara Parasheghian

Um comitê é um grupo de indivíduos que economiza alguns minutos e perde horas.
— Milton Berle

Uma consciência inconsciente não se revela uma contradição maior que um caso de visão jamais visto.
— Franz Clemens Brentano

O mais interessante sobre o trabalho em equipe é o fato de você sempre contar com outras pessoas te apoiando.
— Margaret Carty

Em todas as interações humanas, há comportamentos visíveis e intencionais que são facilmente compreendidos; em contrapartida, existem também as chamadas entrelinhas – ou os motivadores inconscientes –, que influenciam tais interações. Sempre pensamos nas mensagens contidas nesses subtextos (na linguagem corporal, no tom de voz ou nas expressões faciais, por exemplo) como algo que dificulta a comunicação e a compreensão. Contudo, no caso dos times e dos grupos essas associações negativas podem ser ainda mais fortes. Quem nunca reclamou de indecisão por parte dos comitês, de paralisia política ou dos tolos que trabalham em uma divisão ou em um departamento específico de uma organização? Chamo a tudo isso de sopa relacional. Porém, tais situações podem se transformar em uma confusão nada atraente. Mas enquanto nadamos neste "espesso caldo", tendemos a negligenciar o fato de que as dinâmicas do time ou do grupo, quando adequadamente facilitadas, são capazes de funcionar como um ótimo combustível para indivíduos eficientes e eficazes, e ainda promover ações grupais e mudanças comportamentais.

Ao longo dos anos, em minha capacidade como psicanalista, *coach* e professor de liderança em escolas de administração, já ensinei e aconselhei milhares de homens de negócios em todos os níveis – alunos de MBA, membros de conselhos diretivos, executivos de nível sênior e empreendedores. No início de minha carreira, eu costumava acreditar que se eu me esforçasse para interagir com as pessoas em caráter individual, seria capaz de ajudá-las a mudar e a alcançar seus objetivos profissionais. Já realizei – e ainda realizo – inúmeros treinamentos individualizados na área de liderança. Aliás, este é um tipo de intervenção que pode se mostrar bastante eficiente.

Todavia, há cerca de vinte anos, percebi que meu potencial para influenciar mudanças na vida das pessoas era limitado, tanto no que se refere a tempo quanto a escopo. Na realidade, minha capacidade de influência restrita, mas eu queria ir além de tudo isso: meu objetivo era ajudar as pessoas a retornarem para suas empresas e a transformá--las não apenas em empreendimentos lucrativos e sustentáveis, mas também em ótimos lugares para se trabalhar, em que os funcionários sentissem que as tarefas por eles realizadas tinham um propósito real. Eu realmente acreditava que era possível para a maioria dos trabalhadores levantar pela manhã e se sentir plenamente feliz com a ideia de seguir para o emprego; eu julgava que era perfeitamente viável criar locais de trabalho mais eficientes e saudáveis – ou o que eu denominava **"organizações autentizóticas"** –, lugares nos quais as pessoas se sentissem bem confortáveis. Contudo, para exercer esse tipo de efeito, eu precisaria intervir em uma escala mais ampla e entregar nas mãos dos próprios funcionários a responsabilidade de criar empresas desse tipo.

Percebi então que esse tipo de cultura corporativa que eu tanto buscava poderia ser facilmente estimulada e sustentada nas empresas, desde que ali fosse instituída uma estrutura sistêmica de *coaching*. Por meio dessa estrutura, os funcionários poderiam construir confiança e relações transparentes com seus colegas, o que facilitaria a inovação e a adaptabilidade. Nesse tipo de cultura, a liderança seria distribuída em vez de ficar concentrada no topo. As pessoas trabalhariam de modo eficiente em times e reagiriam de maneira rápida e proativa diante dos desafios que se apresentassem; elas compreenderiam que o compartilhamento do conhecimento e a concentração nos objetivos do grupo são a chave para o sucesso não apenas do time, mas também da organização como um todo e dos próprios indivíduos.

Porém, eu ainda me perguntava como eu poderia instigar esse tipo de cultura corporativa em um mundo onde as empresas estão repletas de pensamentos paranoicos. A despeito do perigo da negatividade, a ideia de que o futuro das organizações residia no atrelamento do poder aos grupos (ou aos times) não era exatamente uma proposição empolgante. Portanto, para alcançar meu objetivo os desafios seriam grandes. Eu podia perceber que ainda havia muito trabalho a ser feito no sentido de ajudar as pessoas a criarem times de trabalho eficientes.

Independentemente de todos os membros de um grupo possuírem recursos suficientes e um objetivo claro e interessante, não é o bastante reuni-los e uma sala e esperar que todos trabalhem de modo eficaz. Como qualquer estudante da natureza humana já sabe – e eu sou um deles –, há

"As influências ocultas que permeiam as dinâmicas de um time são capazes de criar um 'efeito grupal' mais forte e mais poderoso que a soma de todas as suas partes isoladas; ou simplesmente destruir o próprio grupo."

muito mais por trás da interação de um grupo que os olhos conseguem enxergar. Na verdade, embora muitos não percebam, as influências ocultas que permeiam as dinâmicas de um time são capazes de criar um **"efeito grupal"** mais forte e poderoso que a soma de todas as suas partes isoladas; ou simplesmente destruir o próprio grupo.

Tentando imaginar a melhor maneira de controlar a força em potencial das dinâmicas de grupo, comecei a fazer alguns experimentos na área de *coaching* de liderança de grupo, estabelecendo um programa multimodular para executivos de nível sênior. Naquela situação (quer eu apreciasse a ideia, ou não), logo percebi que não teria escolha a não ser mergulhar de cabeça na sopa relacional – nas inter-relações normalmente inquietantes e conflituosas que prevalecem entre os membros de um grupo –, levando meus pupilos comigo nessa aventura. Eu acreditava que, ao ajudar os executivos de nível sênior a irem além do que flutuava na superfície, esses indivíduos estariam mais bem preparados para estimular em suas empresas o surgimento de uma cultura corporativa caracterizada pela liderança equitativa.

Em uma atitude bastante revolucionária para a época, decidi abandonar o modelo padrão de estudo de casos utilizado pela Harvard Business School e substituí-lo pelo estudo de casos reais. Entretanto, transformar esse tipo de estudo de caso em algo efetivo revelou-se um enorme desafio. Em geral, o sistema somente funcionava depois que certo grau de confiança era estabelecido no grupo. No caso do meu seminário para CEOs, cada um dos participantes teve a oportunidade de colocar-se diante do pequeno grupo de vinte participantes e compartilhar seus pensamentos, suas preocupações, seus desafios, seus medos e seus desejos, tanto os relacionados à vida profissional quanto aqueles de caráter pessoal. Em cada uma dessas apresentações os demais membros se encarregariam de responder com demonstrações de respeito e apoio, e também fazendo associações e recomendações. Os partícipes não aprendiam apenas ao fazer suas próprias apresentações, mas também a ouvir o que os outros tinham a dizer. Além disso, uma importante parte do aprendizado para os integrantes era justamente identificar e avaliar suas próprias opções durante os intervalos entre os módulos – e adotar ações construtivas.

Fiquei absolutamente fascinado e entusiasmado ao ver o modo como os membros do grupo assumiram a tarefa de "treinar" uns aos outros (na época o processo não se chamava *coaching*). Além disso, ao longo de todo aquele ano, e de quatro módulos do programa, os participantes fizeram várias experiências em suas próprias organizações criando times e culturas de *coaching* no ambiente de trabalho e reportando as informações obtidas aos demais integrantes do seminário nos módulos subsequentes. Aquilo me fez apreciar a possibilidade de trabalhar com pessoas que detinham o poder de operar mudanças em suas empresas e, a partir dos relatos apresentados, pude verificar que mudanças estavam de fato ocorrendo.

Eu e o meu codiretor, Sudhir Kakar, exercemos a função de guias e facilitadores do grupo, mas foi o próprio time que, dentro de uma sala de aula em uma faculdade de administração, desempenhou o papel mais importante. Considerando o que todos já haviam aprendido na sala de aula – tendo se engajado em atividades cognitivas e de reestruturação emocional da vida pessoal (o que, aliás, costumava ser uma percepção negativa) – os participantes percebiam que agora eles poderiam esperar por um futuro melhor. Todavia, todos sabiam que suas boas intenções em relação às mudanças precisariam ir além das típicas promessas de Ano Novo – que jamais se materializam. Mas foi o próprio *design* do seminário que fez toda a diferença. Encorajados pelos colegas, todos os participantes sentiam que as mudanças almejadas eram de fato possíveis e plenamente alcançáveis.

> **Uma sessão de *coaching* de grupo**
>
> - Como você criaria uma memorável experiência de time?
> - O que você faria para dar andamento ao processo?
> - O que você tentaria alcançar?
> - Como gostaria que a sessão terminasse?
> - O que você gostaria de incluir como passo seguinte?

Ao longo dos anos em que ofereci esse programa, tornou-se óbvio que um pequeno grupo de indivíduos poderia se mostrar bem mais eficiente e efetivo em estimular mudanças e desenvolvimentos que um único participante que tivesse passado por um treinamento individualizado – desde que o referido time fosse iniciado e direcionado por profissionais capacitados, é claro. No ano de 2000 (com base em minhas experiências no programa oferecido para CEOs), trabalhando ao lado de dois outros codiretores do corpo docente, dei início a um segundo programa que, em alguns aspectos, pode ser comparável ao programa oferecido para CEOs. Dessa vez ele era voltado para diretores de RH (Recursos Humanos) e da área de desenvolvimento de liderança, assim como para indivíduos cujos papéis estivessem diretamente relacionados ao capital humano dentro das organizações – *coaches*, consultores, executivos de nível sênior ou empreendedores. Este segundo programa era mais longo que o anterior e reunia sete (agora já são oito) módulos ao longo de um período de quinze meses. Neste caso, do mesmo modo como no programa anterior, um dos mais importantes instrumentos pedagógicos foi o sistema de aconselhamento entre colegas. Mais uma vez, percebi que as dinâmicas do grupo e o estudo de casos reais poderiam ser levados para a sala de aula e trabalhados em um método de aprendizado experimental que, além dos benefícios intrínsecos, oferecia ainda outro paralelo – o programa não apenas ajudava os participantes a compreenderem as influências sistêmicas dentro de suas organizações, mas dava a eles a oportunidade de experimentar o modo pelo qual um grupo pequeno e integrado em termos de confiança era capaz de identificar e apoiar mudanças e o desenvolvimento pessoal. Os participantes levaram para suas empresas todos esses *insights* e os aplicaram à criação de times funcionais. Uma nova abordagem para sustentar o desenvolvimento da liderança e também um processo para criar times eficientes havia acabado de ganhar forma: era o "*coaching* de liderança de grupo".

Para oferecer aos participantes um material concreto para reflexão durante as sessões e os programas de *coaching* para executivos, desenvolvi (juntamente com vários membros do meu time) um conjunto de questionários sobre o comportamento na área de liderança. Eles nos garantiam um *feedback* em 360 graus de todos os participantes e o que serviria como ponto de partida para os trabalhos de intervenção. Por meio desses instrumentos, teríamos uma visão clara do modo como os participantes viam a si mesmos em comparação com as percepções dos colegas presentes. Lembrando que esse tipo de *feedback* pode causar um enorme impacto emocional – em especial quando a lacuna entre as percepções pessoal e de terceiros é grande –, mas representa um facilitador de mudanças crucial (no Apêndice deste livro você encontrará uma lista de todos os instrumentos utilizados). Além dos dois grandes seminários mencionados anteriormente, também criei um processo de *coaching* de grupo que poderia ser incluído como intervenções breves em outros programas executivos de desenvolvimento. Aliás, em termos de treinamento essas intervenções breves se transformaram na espinha dorsal do INSEAD Global Leadership Center (IGLC) e também da minha empresa de consultoria, o Kets de Vries Institute (KDVI).

Fundei o IGLC em 2003 para coordenar não apenas nossas atividades relacionadas ao *coaching* de liderança, mas também nossas pesquisas nessa área; muitos orientadores de altíssimo nível que trabalhavam em outras instituições, assim como vários ex-participantes dos próprios programas oferecidos pelo INSEAD, se uniram ao nosso dinâmico grupo de profissionais. Desde então, mais de dez mil executivos já passaram por esses mini treinamentos de liderança (mais de oitenta mil pessoas já preencheram nossos instrumentos de pesquisa para obtenção de *feedback* em 360 graus, incluindo os observadores dos próprios participantes). Ano após ano, ambos os programas de desenvolvimento de liderança descritos acima (que até hoje se concentram em estudos de caso reais, em aconselhamento entre colegas e no aprendizado prático) recebem uma enorme procura por parte de interessados, que ficam em uma lista de espera.

Para minha enorme satisfação, vinte anos depois de minha primeira experiência com CEOs, esse método de *coaching* de liderança de grupo criou raízes bem longe da instituição em que surgiu. Alunos e professores que trabalharam ao meu lado no IGLC o estão utilizando em empresas e em programas para executivos em outras universidades. Além disso, uma ampla comunidade virtual também foi estabelecida. Alguns de meus antigos alunos também fundaram

---

O que você considera como as virtudes do trabalho em time?

Avalie as perguntas abaixo e responda SIM ou NÃO, dependendo do modo como elas reflitam sua própria situação.

	SIM	NÃO
• Você acredita que o trabalho em time estimule maior eficiência e efetividade?	☐	☐
• Você considera que a qualidade do que é produzido é mais elevada por conta do trabalho realizado por um time?	☐	☐
• Em sua opinião, as decisões são tomadas de modo mais rápido nos trabalhos realizados em um time?	☐	☐
• Você considera que o trabalho realizado por um time promova um maior comprometimento entre os membros do grupo?	☐	☐
• Em sua opinião, o trabalho realizado por um time estimula a maximização do uso das capacidades individuais?	☐	☐
• Você acredita que o trabalho realizado por um time ajuda na fertilização mútua das ideias?	☐	☐
• Você acha que o trabalho realizado por um time cria um senso	☐	☐

Se você respondeu SIM para a maioria das perguntas, certamente se beneficiará bastante do trabalho em grupo.

empresas de consultoria em países como o Canadá, o Brasil, a Malásia, a Índia, a Austrália e a Coreia do Sul. Outros, que retornaram para suas funções originais no setor de RH, ou como diretores de desenvolvimento de liderança, estão inserindo essa filosofia no cotidiano de várias empresas de grande porte. O efeito de grupo é bastante poderoso – e, como eu esperava, tem feito grande diferença na vida das pessoas. Os benefícios em se tornar mais eficiente enquanto grupo (ou time) podem ser absolutamente extraordinários.

COACHING DE LIDERANÇA DE GRUPO: UMA ARTE E TAMBÉM UMA CIÊNCIA

Quando observo de maneira mais crítica o universo do *coaching* de liderança (isso sem mencionar os demais tipos de treinamento), deparo com inúmeras pessoas que se sentem atraídas pelos ganhos consideráveis que podem ser amealhados. É comum encontrar alguns profissionais da área que demonstram certa familiaridade com o treinamento de atletas e com a psicologia popular, ou até mesmo um conhecimento rudimentar sobre dinâmicas de grupo; essas pessoas muitas vezes se autoconsagram *coaches*. Todavia, considerando sua ignorância, esses indivíduos são como aprendizes de feiticeiros. Eles não parecem estar conscientes das forças fundamentais que estão liberando, tampouco dos prejuízos em potencial que poderão causar. Honestamente, há momentos em que fico bastante preocupado com a proliferação desses profissionais despreparados – aos quais denomino **"vendedores de porções mágicas"** – na área de *coaching*.

Quando fundei a IGLC, disse aos *coaches* que resolveram se unir a mim que – diferentemente do que costumava ocorrer em outros centros dessa natureza – eu não acreditava em abordagens padrão na área de *coaching* de grupo. Então, sugeri a cada um deles que implementasse aquelas que lhes parecessem mais naturais. Minha única exigência – e devo dizer que a considero importantíssima – foi de que todos tivessem pelo menos algum **conhecimento** na área de **psicodinâmica**. Eu queria que todos notassem claramente as situações em que se percebessem fora da própria zona de conforto e, por conseguinte, o momento de pedir ajuda a outro profissional mais capacitado nas áreas de psicoterapia, psicanálise ou psiquiatria.

Inicialmente, devo confessar que fiquei um pouco surpreso pelo fato de as breves intervenções de *coaching* de grupo funcionarem tão bem para a maioria das pessoas, considerando, é claro, os comentários positivos que os profissionais do IGLC recebem dos participantes (na forma de notas auferidas no final de cada sessão). Com frequência, esses indivíduos afirmam que o treinamento que acabavam de realizar foi a melhor coisa que já lhes aconteceu durante um programa executivo. Os próprios *coaches*, depois de cada sessão, geralmente discutem com seus colegas sobre o dia fantástico que tiveram e apontam momentos de virada que tiveram o prazer de testemunhar. Muitos dos executivos participantes entram em contato com os *coaches* meses e até anos depois do programa, para informar-lhes sobre importantes decisões de caráter profissional e até pessoal que tomaram e para agradecer-lhes pelo papel que exerceram em suas vidas. Frequentemente esses *coaches* mencionam o fato de se sentirem privilegiados pelo fato de suas intervenções terem se mostrado tão úteis. É claro que tais

---

As melhores e as piores experiências

- Qual foi sua melhor experiência ao **liderar** uma sessão de *coaching* de grupo?
- Qual foi sua pior experiência ao **liderar** uma sessão de *coaching* de grupo?
- Qual foi sua melhor experiência ao **participar** de uma sessão de *coaching* de grupo?
- Qual foi sua pior experiência ao **participar** de uma sessão de *coaching* de grupo?
- Durante uma sessão de *coaching* de grupo, você já testemunhou uma ocasião em que algum participante (inclusive você mesmo) chegou a um momento de virada – a experiência de uma grande mudança?

afirmações são válidas não somente nas intervenções mais breves; o mesmo se aplica aos programas de desenvolvimento de times de executivos sênior de alto desempenho.

Em 2010, quando celebramos dez anos do programa Consultoria e *Coaching* para Mudanças, do INSEAD, fiz uma reflexão sobre tudo o que havíamos alcançado ao longo daquele período. Percebi então que havia contribuído para o desenvolvimento de uma técnica de intervenção que se mostrava extremamente útil para executivos e que, com frequência, criava um ponto de inflexão na vida dessas pessoas. Contudo, a despeito de todo o sucesso, algo ainda me preocupava. Ao longo dos anos, enquanto grupo, a maioria dos *coaches* não parecia analisar as razões e os modos pelos quais o treinamento de grupo funcionava. As palavras de ordem eram: **"Confiem no processo."** Além disso, os próprios executivos, embora entusiasmados pela intervenção que haviam experimentado, não compreendiam o porquê de tal eficácia. Em suma, ninguém parecia se importar em entender o raciocínio por trás do processo. Isso me preocupava bastante. A intuição – usando a si como instrumento – é muito importante no *coaching*, mas acredito que seja fundamental compreender as razões para o sucesso, assim como fatores que possam eventualmente provocar fracassos. Se tal compreensão não existir, as intervenções de grupo podem se tornar apenas outra moda passageira na área de gestão. Sem dúvida, fomos muito bem-sucedidos no desenvolvimento de *coaching* para executivos, mas deixar-se levar pela glória é uma atitude arriscada.

Fico muito feliz ao perceber a frequência com a qual os profissionais de *coaching* saem de uma sessão de intervenção de apenas um dia de duração satisfeitos com o trabalho que realizaram: eles estão exaustos, é bem verdade, mas absolutamente eufóricos. Eles sentem que de fato fizeram uma grande diferença na vida daquelas pessoas. Na verdade, quando tudo corre bem, é a mais pura mágica. Com o passar do tempo muitos *coaches* começam a pressupor de maneira tácita que esse tipo de resultado é normal. O problema é que esses profissionais não compreendem as forças por trás dessa "mágica". Eles não percebem as dinâmicas ocultas envolvidas no processo, portanto, no momento em que as coisas não funcionam tão bem quanto o esperado, esses indivíduos correm o risco de se sentirem perdidos e sem chão. Além disso, eles talvez não estejam conscientes do modo como suas ações afetam as dinâmicas do grupo. Talvez eles tragam à baila elementos reais da vida de um dos participantes com os quais nem eles próprios nem os demais integrantes conseguirão lidar em apenas uma sessão, o que fará com que o indivíduo em questão sinta que seu problema não foi resolvido. Isso poderá causar uma verdadeira implosão na vida desse indivíduo. O que estou tentando dizer é que a mágica ocorre quando o *coach* não apenas confia no processo, mas compreende todos os elementos da dinâmica de grupo que levarão a sessão ao **sucesso**, ou ao **fracasso**.

UMA HISTÓRIA SOBRE *COACHING* DE LIDERANÇA DE GRUPO

Antes de seguir em frente e discutir os elementos mais importantes dos processos de grupo nos capítulos subsequentes, gostaria de permitir que você entrasse na pele de um *coach* de liderança durante uma sessão de *coaching* de grupo. Como costumo dizer, as tarefas distribuídas em uma sessão de *coaching* de liderança são como o trabalho de um detetive. Você se envolve sem realmente saber qual é o verdadeiro problema, muito menos a solução para ele. A única coisa que se pode fazer nesse momento é procurar padrões e temas, e então tentar criar um quadro que reúna não apenas os sinais visíveis, mas também os invisíveis com os quais deparar. Conforme o quadro fica mais nítido – e o grupo trabalha no sentido de reunir as peças do quebra-cabeça – o indivíduo poderá começar a avaliar suas opções. A história de "detetive" narrada a seguir pode ser observada como uma reunião de tudo aquilo que um *coach* de liderança poderá experimentar.

> **"Quando a sessão de *coaching* corre bem, é a mais pura mágica".**

O senhor está me acompanhando, dr. Watson?

Você é solicitado a ministrar uma sessão de *coaching* de grupo para alguns executivos de nível sênior de uma instituição bancária de porte médio. Você acorda durante a madrugada no quarto de um hotel e logo sente a adrenalina em seu corpo. Você olha para o relógio no criado e logo percebe que são apenas 4 horas da manhã e que, na verdade, teve apenas quatro horas de sono. Isso é normal quando se está no quarto de um hotel pouco conhecido. É claro que o treinamento somente começara após o almoço, mas agora você está desperto e com um típico nó no estômago que o faz lembrar que, durante os próximos dias, você estará reunido com aqueles banqueiros e no comando de uma sessão voltada para a construção de um time de alto desempenho. Você decide se levantar e se servir com um café da manhã bem leve. Durante as duas horas seguintes, você examina cuidadosamente as informações biográficas e também os *feedbacks* contidos nos relatórios de avaliação em 360 graus sobre o comportamento de liderança dos seis indivíduos que compõem o time de executivos. Você então dá uma boa olhada nas anotações que fez quando os entrevistou. Tal procedimento (quando o grupo é formado por executivos sênior) já se tornou um hábito, já visto que você prefere se aquecer antes de começar o trabalho. Os riscos são elevados. Você precisa estar informado sobre questões que são importantes para esses indivíduos. É preciso conhecer a dinâmica que já existe entre eles. Você deseja se certificar de que não existam assuntos que "não devam ser discutidos" no grupo. Então você olha para a apresentação em *PowerPoint* que inclui algumas de suas observações sobre a organização.

Você já havia olhado todos os relatórios, interpretado o conteúdo, destacado os pontos que precisariam ser cobertos, mas por alguma razão você sente que precisa examinar o material mais uma vez. Pelo menos três daqueles relatórios já servem de indícios de que o dia será difícil. O CEO, Patrick, é do tipo que costuma avaliar a si mesmo de modo exagerado, em comparação aos observadores: seria esta uma indicação do seu próprio narcisismo? Em contrapartida, Maria, a diretora financeira (CFO), avaliou a si mesma com as notas mais baixas da tabela: será que ela sofre de baixa autoestima? O terceiro relatório problemático demonstra que Robert (responsável pelo setor de varejo da instituição) não apenas apresenta uma nota baixa nos itens "visão" e **"delegação"**, mas também em "inteligência emocional". Os comentários feitos pelos colegas observadores sugerem que esse indivíduo seja considerado na empresa com alguém chato e controlador. Aquele poderia ser um caso complicado. Daí você se força a lembrar da importância do enquadramento positivo. Para fazer com que o trabalho em grupo funcione, muitas observações positivas serão necessárias para neutralizar os comentários negativos.

Por causa de sua experiência na área, você já sabe que alguns desses banqueiros provavelmente também enfrentaram uma noite ruim; na verdade, sua própria dificuldade em pegar no sono está relacionada ao nível de estresse que você terá de enfrentar quando o grupo se reunir – e cabe a você criar um ambiente seguro e relaxado no qual todos possam explorar seus resultados e descobrir o melhor modo de se tornarem mais eficientes.

É claro que, como *coach* de liderança, você já está bastante treinado e possui experiência suficiente para lidar com essa questão. Você se recorda de que há alguns anos você também participou de um programa de desenvolvimento em que foi submetido a uma experiência de *coaching* de grupo (similar a que você planeja oferecer a esses executivos), que contou inclusive com a apresentação do seu próprio relatório de *feedback*. Aquela fora sem dúvida uma experiência poderosa; o grupo o ajudou a alcançar algumas percepções interessantes sobre sua carreira, e isso indiretamente fez com que você decidisse se tornar um *coach*. Depois de muito treinamento, você investiu algum tempo acompanhando alguns *coaches* mais experientes em várias sessões de treinamento sobre liderança de grupo. Os profissionais observados eram fantásticos, e lidavam com os mais diferentes grupos de maneira tranquila e suave, transformando todo o processo em uma grande experiência de aprendizado.

Finalmente chegou a hora. Você então entra numa das salas de reuniões do hotel e imediatamente reconhece cada um dos participantes por conta das entrevistas que fizera pessoalmente. Depois de algumas amenidades, diz ao grupo o que planejou para aquele dia. Você deseja começar com uma pequena apresentação sobre liderança eficiente, times de alto desempenho e organizações de vanguarda. Então será o momento de todos discutirem a organização em que trabalham e, finalmente, de discutir os instrumentos de *feedback*.

A discussão inicial sugerida ocorre de maneira animada. Depois de concluída, você diz aos participantes que as entrevistas realizadas com eles próprios e também com algumas pessoas-chave da organização lhe permitiram tecer algumas observações sobre a empresa. Você então enfatiza que são apenas impressões iniciais e que algumas delas poderiam estar completamente equivocadas. Sejam quais forem essas impressões, depois de apresentá-las, ocorre uma nova discussão animada, que inclui comentários sobre vários pontos que, de outro modo, seriam considerados **"não discutíveis"**. Você percebe então que, nessa organização em questão, um dos "elefantes" presentes é a situação da plataforma de tecnologia de informação (TI). As várias regiões geográficas da instituição se mostram relutantes em criar um sistema centralizado, levando-se em consideração os altos custos e os riscos envolvidos. Você aborda a questão, sem entrar em mais detalhes. De modo velado, todos os presentes reconhecem que isso é um grande problema.

Agora são quase 18 horas. Chegou o momento de você lidar com a última parte da sessão programada para aquela tarde. Você então tenta informá-los sobre os dois questionários preenchidos pelos participantes. Explica alguns dados básicos sobre dois documentos: o Global Executive Leadership Inventory (Inventário de Liderança Executiva Global) e o Personality Audit (Avaliação de Personalidade). Acredita que esse tipo de explanação os ajude a compreender suas descobertas. Então você explica a todos que ninguém deverá considerar tais achados como algo definitivo – o ser humano é complexo demais para ser capturado em um simples questionário. Os resultados devem ser considerados como um ponto de partida para as discussões.

Depois diz que no dia seguinte, durante os diálogos, todos se tornarão especialistas em decifrar os questionários.

Na última parte do dia, pede a todos que façam um autorretrato. Ao dizer isso, percebe que ninguém ficou muito feliz com a ideia, mas você já está acostumado com aquela reação. Com bom humor, e dizendo a eles que seus filhos conseguem desenhar – e todos ali já foram crianças um dia – finalmente consegue convencê-los a realizar a tarefa. Distribui canetas coloridas e folhas de papel e explica que terão 20 minutos para desenhar imagens (sem o uso de palavras) para ilustrar o que se passa na cabeça, no estômago, no coração, no passado e no futuro, no trabalho e em seus momentos de laser. Na verdade, depois de terminarem o exercício, muitos ficam bastante orgulhosos de suas produções artísticas.

Depois de afixar todas as obras-primas em uma parede, é hora de distribuir envelopes contendo ambos os relatórios. Você então sugere que todos se sentem confortavelmente no bar e bebam alguma coisa. Alguns mal podem esperar para abrir o envelope, pois estão ansiosos para saber como os colegas os veem. Outros se revelam mais relaxados. Daí você diz ao grupo que não vê a hora de dar início à intervenção propriamente dita no dia seguinte.

No início da próxima sessão você pergunta a todos os membros do time se dormiram bem. Será que eles tiveram sonhos interessantes ou pesadelos? O que eles esperam para aquele dia? Para sua decepção ninguém compartilha nenhum sonho. Na verdade, a única reação para suas indagações vem de Mark (chefe do setor de investimentos), e não é das mais sutis: "Espero que essa atividade não seja uma enorme perda de tempo. Já participei de várias iniciativas desse tipo anteriormente e devo confessar que não as aprecio muito." Felizmente, Maria vem em sua defesa, dizendo a Mark que, na opinião dela, uma intervenção em grupo pode ser bastante útil para todos. Então ela acrescenta: "Mark, você realmente considera que nós estejamos trabalhando tão bem em conjunto? Acho que não obteríamos uma nota muito alta em trabalhos realizados pelo nosso time. Mas será que não podemos melhorar?" Depois que Maria termina, você acrescenta: "Mark, compreendo que ter de passar por outra sessão com *feedback* em 360 graus pode ser exaustivo. E realmente valorizo seu ponto de vista. Considero que seus comentários serão muito valiosos para todo o grupo." Nesse momento, Patrick interrompe e diz: "Vamos lá Mark, relaxe e aceite as coisas como elas são!"

Em silêncio, você se congratula por ter sobrevivido ao primeiro impasse do dia. Antes de iniciar a primeira atividade, faz com que o grupo se lembre das regras básicas do *coaching* de grupo, e faz referência a um trecho do juramento de Hipócrates: **"[...] nunca para causar dano ou mal a alguém."** Ao se envolver nesse tipo de dinâmica, é muito importante que ninguém saia ferido. Você também diz aos participantes que o que quer que aconteça dentro daquela sala será confidencial. Já de maneira menos formal, você menciona que outra boa regra a seguir é **"bata no ferro quando ele estiver frio."** Você então explica a todos que durante o processo é normal as pessoas terem importantes *insights*, mas que, às vezes, o momento não é ideal para apresentá-los ao grupo. Nestes casos, é mais interessante manter-se calado e esperar pela oportunidade mais adequada.

Então informa ao grupo que a próxima tarefa – que terá você como facilitador – será ouvir: (1º) as histórias que cada integrante irá contar em relação aos seis desenhos pendurados na parede; (2º) os resultados do *feedback*; e (3º) algumas perguntas que você mesmo irá formular para esclarecer alguns pontos sobre a vida pessoal de cada um. Você explica que estará controlando o tempo e que, em geral, cada membro do grupo terá entre 90 e 120 minutos na **"cadeira da verdade."**

Agora você pede ao Robert para ser um "voluntário." Ele começa explicando seu autorretrato. Seus comentários são bastante superficiais e frívolos, de modo que não há muito para se aprender com a apresentação. A maioria dos comentários se refere à sua rápida escalada na instituição – além de incluir uma cansativa descrição das várias funções que ele já exerceu na vida. Porém, independentemente do quão entediante é a narrativa, seu histórico profissional se mostra bastante impressionante. Ele subiu rapidamente dentro da empresa e agora é responsável pelo setor de varejo da instituição.

Depois de algum tempo, Maria o interrompe e pergunta sobre a parte do desenho que diz respeito ao passado. Ela menciona que a figura parece muito escura, pequena e isolada em relação às demais partes da imagem. Robert faz uma pausa, respira fundo e discorre sobre o fato de que seu pai falecera quando ele tinha apenas nove anos (sendo o mais velho dos cinco irmãos). Depois daquilo, Robert se tornaria o "homem" da família, o que, aliás, lhe parecia natural, já que sua mãe teria de se preocupar em manter as crianças unidas e em garantir um teto para abrigá-las.

O grupo parece sentir que Robert precisa explorar um pouco mais sua própria história. Observando a área reservada aos comentários em seu relatório, todos perceberam que muita gente havia mencionado que, às vezes, o Robert se mostrava um gerente excessivamente controlador e bastante irritante. Em contrapartida, outros sugeriam que Robert possuía grande potencial para se revelar ainda mais eficiente, mas parecia estar sempre super atarefado e não ter condições de devotar o tempo necessário a um enfoque mais abrangente e crucial para a posição que ocupava no banco. Verificando o conteúdo do Global Executive Leadership Inventory (Inventário de Liderança Executiva Global), é possível perceber que, a despeito das notas altas que ele atribuiu a si mesmo, sua atuação ainda deixava algo a desejar. Maria aponta para o fato de que os observadores de Robert pareciam considerá-lo não suficientemente inteligente em termos emocionais e, julgando por sua autoavaliação, o próprio Robert concordava com esse aspecto. "Você considera os resultados corretos?" perguntou Maria.

Robert respondeu: "Sei que as pessoas acham que eu não sou um bom ouvinte e que, em geral, sou muito impaciente. Tenho uma tendência a terminar as frases alheias. O fato é que eu não tenho tempo para ser muito sociável. Tenho de controlar grandes contas e a movimentação dos fundos da empresa. Cada vez mais os banqueiros são observados de perto em suas ações. Eu concordo que deveria investir mais tempo em pensar de modo estratégico, mas não consigo fazê-lo sem manter minha porta trancada. De algum modo, eu nunca consigo atingir esse objetivo."

Nesse momento, você diz a Robert que agora é a hora certa de ele escutar o que as pessoas estão dizendo, e que ele não deveria reagir aos comentários dos colegas. Para manter a discussão fluida, você diz aos outros participantes que eles deveriam imaginar que o Robert é um animal. Como todos já o conhecem suficientemente, que tipo de animal ele seria? A ideia de criar uma fazenda de animais anima o ambiente. Um dos participantes vê Robert como um castor – ele está sempre tão ocupado. Outro integrante o vê como uma formiga – se referindo à sua grande capacidade de organização. Maria o percebe como um cão – do tipo que serve de guia para cegos. Ela acrescenta que sua necessidade de controlar tudo às vezes a deixa nervosa e que alguns colaborados o acham um fanático por controle. Ela o faz lembrar-se do número de vezes em que discutiram e do fato de ter ficado bastante irritada com o comportamento apresentado, com sua necessidade de se intrometer em absolutamente tudo. Pensando em todos os animais em uma fazenda, Maria se pergunta se haveria ali um padrão: Robert foi capaz de assumir o papel de "homem da casa" quando era ainda muito jovem. Ele era o grande responsável pela família. Mas será que esse papel ainda se aplica? Será que, em algum nível, ele ainda pensa em si mesmo como aquele que precisa "manter sua família unida" – aliás, não apenas sua família real, mas também a profissional? Mark acrescenta, "Sabe de uma coisa, Robert, enquanto ouço o que você está dizendo nesta sessão, percebo o quão capaz você é. Porém, ao mesmo tempo, eu diria que você não é o tipo de chefe para o qual eu gostaria de trabalhar. Tenho a impressão de que seu comportamento como **uma galinha que protege seus pintinhos** pode ser bastante sufocante. Todavia, ao escutá-lo eu também percebo que você se preocupa de modo verdadeiro e profundo com a empresa e com as pessoas que trabalham para você. É uma pena que as pessoas não consigam ver esse seu outro lado."

Vendo uma oportunidade para encerrar este trecho da sessão, você pede ao grupo que ajude o Robert a identificar dois ou três pontos relacionados ao próprio comportamento sobre os quais ele poderia trabalhar ao longo dos próximos meses, e que voltariam a ser discutidos dentro de seis semanas quando fosse realizado o encontro para o *follow-up* dos processos. A questão que, enquanto facilitador, você apresenta para o grupo é: "Como um amigo, o que você diria ao Robert?". Então todos obedecem e oferecem ao Robert várias sugestões interessantes. O time também ajuda Robert a compreender que investir tempo no desenvolvimento de sua inteligência emocional não é uma perda de tempo. Pelo contrário, passar mais tempo ouvindo o que as pessoas têm a dizer, em vez de simplesmente dizendo a elas o que devem fazer, poderia se revelar uma experiência recompensadora.

Agora é o momento de o próprio Robert dizer o que pensa. Ele sorri para o Mark e diz: "Obrigado a você Mark, e a você Maria, pelos comentários. Ninguém jamais me ofereceu um *feedback* tão sincero. Minha mãe ainda conta comigo como o patriarca da família, a despeito de todos os meus irmão já serem adultos. Acho que estou tão acostumado com esse papel que acabo agindo do mesmo modo no trabalho. Eu percebo que algumas vezes sou de fato muito irritante."

Robert continua e explica que decidiu conversar diretamente com cada um de seus subordinados e pedir a eles que o ajudassem a melhorar enquanto chefe do time. Ele acrescentou que planeja marcar almoços regulares com seus colegas para conhecê-los melhor. Além disso, planeja compartilhar com eles algumas descobertas feitas com a leitura dos questionários e pedir-lhes que o ajudem a abandonar a imagem de um gerente excessivamente controlador. É óbvio que seu relacionamento com os colegas também precisa ser aprimorado. Ademais, ele informou que programará duas reuniões anuais, fora do ambiente da empresa, para que ele e todo o seu time possam discutir questões estratégicas na área do varejo bancário.

De modo sistemático, todos os membros do grupo ocuparam a "cadeira de verdade." No final do dia, chegou a vez de Patrick, o CEO da empresa (normalmente o CEO é o último ou o penúltimo a se apresentar). Quando você lhe pergunta como percebeu as próprias notas, Patrick não faz rodeios. Ele afirmou que não ficou muito feliz com os resultados. Aquelas informações deixavam claro que ele vivera fora da realidade, e sem atentar para as opiniões alheias. Depois de

NADANDO NA "SOPA" DOS RELACIONAMENTOS

explicar seu autorretrato e as informações contidas nos questionários, chegou o momento de Patrick escutar seus colegas em silêncio.

Todos fizeram suas analogias entre Patrick e vários animais e então a troca de impressões fluiu naturalmente. Jorgen (chefe do setor de riscos bancários) começou, dizendo: "Patrick, eu adoro trabalhar para você, mas, às vezes, você se comporta como um cavalo de corrida. Seria interessante se, em alguns momentos, você parasse e olhasse para trás para ver se os demais cavalos o estão acompanhando. Com frequência, ou pelo menos é assim que eu vejo as coisas, você deixa a todos para trás e acaba se sentindo perdido. Receio dizer que isso é muito comum. Não acho que você apreciaria estar na nossa posição. Além disso, com frequência eu nem sei o que exatamente você está tentando alcançar para correr dessa maneira. De vez em quando, seu comportamento me faz sentir bastante inferior. Não leve esse comentário de modo negativo. Vejo você como um grande visionário, mas se você não compartilhar com seus colegas o que almeja, será bem difícil para nós o acompanhar. Não é muito fácil compreendê-lo."

Nesse momento, Maria interrompeu e disse: "Mesmo quando tentamos fazer com que vá mais devagar, você nos ignora e faz com que todos nós acreditemos estar errados. Com frequência pede que eu lhe dê minha opinião sobre certas coisas mas, na realidade, não acho que você se preocupe com o que quer que eu responda. Sua linguagem corporal me diz isso sempre que dou minha opinião. Eu concordo com Jorgen sobre o fato de sempre me sentir inferior ao lidar contigo. E também não tenho certeza se você realmente se importa com o *feedback* que estamos lhe oferecendo. Acho muito difícil ler o que está em sua mente. Nunca sei realmente o que você está pensando."

Todos pareciam concordar com Jorgen e Maria. O exemplo sobre o cavalo de corridas e também a ideia de que era difícil saber no que ele estava pensando foram um pouco mais debatidas. Então, como amigos, todos os integrantes do time fizeram sugestões sobre o modo como Patrick poderia se mostrar mais eficiente enquanto CEO.

Você acha que é chegada a hora de Patrick falar. Observando atentamente, percebe-se que ele não parece tão seguro. Na verdade, ele está até um pouco encolhido em sua poltrona. Sua primeira frase foi: "Talvez vocês não percebam, mas sinto-me bastante afetado por todos esses comentários francos. Quero agradecê-los pelo que disseram. As informações contidas nos questionários e também suas considerações me fizeram perceber que preciso mudar imediatamente o modo como interajo com todos vocês. Esse padrão precisa ser quebrado."

Aí, Patrick falou: "Para explicar melhor a situação, talvez eu precise lhes contar um pouco mais sobre mim mesmo. Permitam que eu lhes diga que sempre fui altamente competitivo. Em um processo de autoanálise, percebi que a principal razão para tudo isso é o comportamento do meu pai. Ele nunca apreciou nada do que eu fazia para atrair sua atenção. Eu acredito – e minha esposa sempre me disse isso – que tal situação tenha me levado a adotar uma atitude de não '**me importo**', em uma espécie de disfarce para o fato de que eu me importava demais. Eu aprendi cedo que se demonstrasse que me preocupava com alguma coisa, meu pai simplesmente me ridicularizaria na frente de todos. Pelo que minha esposa me diz, tornei-me um **mestre em esconder meus sentimentos**. Hoje percebo o quanto esse meu comportamento está afetando a todos vocês. Os fantasmas do passado ainda estão presentes, mas acho que é chegada a hora de eu experimentar maneiras diferentes de me relacionar com as pessoas."

Nesse momento, Patrick ficou em silêncio, mas não de uma forma opressiva. Percebeu-se que ele precisava de tempo para si mesmo. Também ficou claro que Maria se sentiu desconfortável. Então você olha para ela e de algum modo a encoraja a dizer algo para Patrick: "Talvez você considere nossos comentários cruéis, mas gostaria de agradecê-lo por tudo o que você me ensinou para que eu me tornasse uma líder mais eficiente na empresa."

Há um momento de silêncio. É hora de se tentar compreender em que pé a empresa se encontra em termos emocionais. Para lidar com sua própria ansiedade, você pergunta a Maria como ela está se sentindo na ocasião. Ela respondeu: "Não sei como responder a essa pergunta de maneira exata. Mas gostaria de compartilhar um sonho que tive na noite anterior e que ainda está me incomodando. Por alguma razão ele ressurge em minha mente a todo instante: eu estou dirigindo um carro, mas tenho grandes dificuldades porque sou apanhada bem no meio de um tornado. O vento faz com que o carro fique fora de controle. Eu tento de todas as maneiras segurar o volante, mas não tenho força suficiente. De repente, um homem surge do nada bem no meio da estrada. Ele me vê, mas não sai de onde esta. Para não atropelá-lo, desvio e acabo batendo contra uma árvore. Então eu acordo, e me sinto péssima. O que vocês acham de tudo isso?"

Você não sabe exatamente o que dizer, mas, felizmente, Jorgen acaba passando na frente e dizendo que, há alguns dias, ele e os filhos haviam assistido ao filme *O Mágico de Oz*. Você percebe uma leve conexão, mas permite que Jorgen continue seu raciocínio. Mark pergunta sobre o que é a história. Jorgen discorre sobre Doroty, uma órfã solitária que vive com seus tios em uma fazenda do Kansas. De acordo com a narrativa, a garota sonha com uma viagem "pelo arco-íris" que a leva a um mundo diferente – um mundo bastante colorido. Seu sonho finalmente se torna realidade quando um tornado leva a ela e ao seu cachorro – Totó – para o mundo de Oz, um lugar mágico, belo e perigoso. Chegando lá, Doroty encontra vários personagens mágicos: um espantalho cujo maior desejo é possuir um cérebro; um homem de lata que sonha com um coração e um leão covarde que quer se tornar corajoso. Eles se unem a Doroty para ajudá-la a encontrar o caminho de casa. Para isso, todos precisam encontrar o mágico de Oz, na esperança de que ele possa oferecer-lhes o que desejam.

Maria interrompeu a narrativo e disse: "Não estamos todos em busca de alguma coisa? De certa forma, essa história não diz respeito àquilo o que todos nós estamos procurando? Pelo que me lembro, o mágico de Oz é ambientado em um mundo mágico, mas aterrorizante. Assim como nós, Doroty é uma pessoa comum, mas enfrenta desafios reais. E embora ela pareça uma jovem simples e inofensiva, é ela a responsável por destruir as bruxas malvadas do leste e do oeste."

Jorgen prosseguiu: "É isso mesmo, Maria, no caso de Doroty e seus amigos, há muitas coisas acontecendo que os olhos não veem. O espantalho, por exemplo, acha que precisa de um cérebro, mas em todas as vezes em que o grupo se encontrava em dificuldades, era o próprio espantalho que surgia com um plano brilhante. O homem de lata pensa que não dispõe de um coração, mas ele guardou em si tantos sentimentos que está sempre em lágrimas. O leão covarde aparenta não ter coragem, mas é ele que age com bravura e salva o grupo sempre que este se encontra em perigo. O mágico, em contrapartida, parece ser forte e poderoso, mas acaba se mostrando uma fraude."

"Doroty é bem-sucedida em sua busca porque ela conta com a ajuda desses amigos extraordinários e mágicos. Seus parceiros, assim como a própria garota, possuem dentro de si as qualidades que pensam estar procurando. Tudo o que eles precisam é encontrá-las. Para ser mais específico, o que torna Doroty uma líder tão especial é o fato de ela conseguir reunir um ser desprovido de cérebro, outro de coração e um terceiro covarde, e transformá-los em um time eficaz e capaz de completar de maneira bem-sucedida sua missão.", completou Maria.

Então Maria continuou explicando: "Já vimos no dia de hoje que alguém como Robert, um indivíduo que, a primeira vista, parece uma pessoa tão difícil, só está na verdade tentando proteger todos os que o rodeiam, evitando assim que eles sofram. Assim como viajar para o mundo de Oz, essa sessão de intervenção é uma ótima chance de extrairmos o melhor de cada um de nós. Visitar o mundo de Oz é como uma alegoria repleta de imitações e oportunidades de crescimento, em que cada um de nós descobrirá no que é realmente bom."

Mas Maria não parou por aí, e enfatizou: "No começo não compreendi aonde queria chegar ao se relembrar a história de Oz, mas parece que isso desencadeou algo sobre mim mesma. Acho que você está correto sobre o fato de cada um de nós ajudar a descobrir que somos realmente especiais. Acho que exagerei um pouco ao lhe oferecer aquele *feedback*, Robert, e me arrependo por isso. Eu podia ter sido mais delicada, embora eu ainda considere que meus comentários contenham algumas sementes de verdade. Porém, conforme eu ouvia Jorgen, tive um repentino *insight*. Analisando os padrões familiares de Robert, e também o modo como tudo isso é capaz de afetar

NADANDO NA "SOPA" DOS RELACIONAMENTOS

nosso olhar sobre as verdadeiras qualidades individuais, acabei simplesmente somando dois mais dois. Percebo agora que a razão pela qual eu me sinto tão irritada com o comportamento de Robert é o fato de ele me fazer lembrar o meu irmão mais novo. Enquanto crescíamos, meu irmão costumava me deixar bastante frustrada. Ele jamais ouvia nada que eu lhe dissesse e sempre tinha razão a respeito de tudo. Na verdade, o homem que aparece repentinamente no meio da estrada durante o meu sonho está bloqueando meu caminho, assim como meu irmão. De algum modo, eu sempre agi de maneira automática com o Robert, retornando ao tipo de comportamento que aprendi quando ainda era mais jovem."

Naquele momento, Robert respondeu: "Está tudo bem. Você realmente me irritava às vezes, Maria, mas havia uma razão para isso. De fato, seus comentários estão perfeitamente alinhados com o *feedback* que recebi dos meus observadores, tanto de colegas quando dos subordinados. Sou muito bom em sabotar situações com as quais não concordo, mas nunca realmente expresso minha verdadeira opinião. Acredito que isso possa mesmo irritar muito as pessoas ao meu redor."

Pouco a pouco o dia chega ao fim. Todos tiveram seu momento na **"cadeira da verdade"** e puderam utilizar seu autorretrato como uma espécie de aquecimento antes de discorrer sobre os pontos altos e baixos de sua vida e ouvir os comentários do grupo sobre o relatório de *feedback*. Com o passar do tempo todos os participantes se sentem mais confortáveis uns com os outros; nesse ponto, o processo como um todo torna-se mais divertido e a atmosfera do local mais leve. Até mesmo a apresentação do Mark foi bastante interessante. Assim como os demais, ele também compartilhou fatos do passado para justificar comportamentos atuais. Além disso, conforme as discussões se desenvolveram, alguns problemas organizacionais de ordem sistêmica acabaram se revelando. Isso incluía as questões relativas ao departamento de TI. Várias sugestões de caráter construtivo foram então levantadas na tentativa de se lidar com o problema.

Na manhã seguinte, durante a sessão de análise e encerramento, todos os presentes tinham uma ideia bem mais clara não apenas a respeito dos pontos sobre os quais teriam de trabalhar, mas também da maneira como deveriam proceder. Na verdade, aquelas pessoas já estavam conscientes em relação a algumas das questões levantadas (pelo menos de modo subliminar), mas nunca haviam agido no sentido de solucioná-las. É claro que ainda existiam alguns problemas óbvios envolvendo o trabalho realizado pelo time que também precisariam de atenção.

Neste momento você aproveita para lembrá-los de que dentro de dois meses haverá uma sessão de *follow-up* para discutir o progresso de cada participante em relação aos vários pontos que precisarão ser trabalhados. Você também ressalta o fato de que esta sessão futura lhes dará uma boa oportunidade para discutir de maneira mais aprofundada os vários desafios que o banco tem enfrentado. Uma data é estabelecida para a realização de uma conferência telefônica envolvendo todos os integrantes do grupo. O encontro ocorrerá no prazo de 45 dias e nele será discutido o progresso das ações de cada um dos membros. Em termos mais individuais, cada participante se compromete desde já a atuar como um parceiro de aprendizado e também como um "conselheiro" para um dos membros do time – esses pares manterão contato regular com o intuito de encorajar, desafiar e apoiar o processo de mudança do parceiro.

Conforme o grupo deixa a sala de conferências, todos se aproximam para apertar sua mão de maneira calorosa. Os integrantes do grupo agradecem pelos dias significativos que passaram ali e se dizem ansiosos por encontrá-lo novamente. Você então sente que precisa de um pouco de ar puro e uma boa caminhada. É preciso que tudo o que aconteceu durante aquele período seja devidamente arquivado em sua mente: mais uma vez, a mágica funcionou.

COACHING DE GRUPO: UMA EXPERIÊNCIA DE APRENDIZADO SOCIAL

O que tentei demonstrar por meio dessa breve "ilustração" é o conceito de que no *coaching* de grupo, os participantes se envolvem em um verdadeiro processo de aprendizado social. As pessoas aprendem conforme se identificam não apenas umas com as outras, mas também com o próprio *coach* do time. Há, portanto, grande ênfase na ajuda mútua. Por meio da participação, da observação e da interação com os colegas, os membros do time começam a modificar processos mentais habituais, sentimentos e padrões comportamentais. As pressões oferecidas pelos colegas e também pelo próprio *coach*, assim como o acesso contínuo a *feedbacks*, influenciam a modificação do comportamento de cada integrante. Pouco a pouco – em especial se houver a oportunidade para a realização de mais que uma única sessão voltada para a construção de times – os membros do grupo ganham mais autoconfiança e se tornam capazes de: (1°) se engajar em diálogos corajosos; (2°) desenvolver novas habilidades de liderança; (3°) solucionar seus próprios problemas; e de, finalmente, (4°) atuar como *coaches* de seus pares.

Esses processos de aprendizado social acontecem à medida que múltiplas dinâmicas se desenvolvem de maneira simultânea. Uma dessas dinâmicas ocorre entre o indivíduo e o grupo – no foco do grupo e em sua reação às questões levantadas por cada indivíduo que ocupa a cadeira da verdade. Uma segunda dinâmica é aquela à qual denomino "dinâmica de nuvem." Assim como ocorre na "dinâmica em nuvem", que se utiliza de uma rede virtual para conectar o usuário a recursos reunidos em uma "nuvem," tornando assim desnecessário que cada membro os possua em caráter individual, a "dinâmica em nuvem" permite que cada integrante do time se volte para os temas arquivados na **"mente do grupo"**. Essa mente grupal é formada conforme os membros do time criam uma consciência coletiva durante as sessões de *coaching*. Os temas ali existentes poderiam ser, por exemplo: ansiedade, irritação, inveja, sentimentos competitivos, tédio, intimidação e até uma sensação coletiva de libertação conforme um dos membros depara com *insights* importantes e poderosos. Em geral, essas "nuvens" permanecem intocadas pelo grupo, a despeito de cada um dos temas afetar os membros do time.

Alguns *coaches* mais sensíveis (e mais eficientes), porém, farão referência a esses elementos da nuvem quando apropriado. Observações relativas à "nuvem" podem se mostrar úteis quando o grupo chega a um impasse. Por exemplo, ao utilizar a história do *Mágico de Oz*, Jorgen e Maria fizeram uma observação em nuvem quando comentaram sua própria irritação em relação ao padrão comportamental de Robert. Além disso, como pudemos observar na ilustração, os sonhos também podem desempenhar um papel importante como catalisadores.

Outra dinâmica está associada ao relacionamento entre o grupo e o *coach*. Um dos papéis mais importantes do *coach* é criar um espaço seguro para os participantes; um local onde todos possam falar sobre questões difíceis, possivelmente pela primeira vez em sua vida. Os *coaches* de grupos precisam monitorar os estados individuais de humor "do time" de maneira constante – usando a si mesmos como instrumentos. Por exemplo, uma forte sensação de ansiedade entre os

---

O que os seus sonhos estão tentando lhe dizer?
Reflita sobre um sonho recente e pergunte a si mesmo(a) o que ele de fato representa.

- Meu sonho representou um conflito que já me incomoda há algum tempo.
- Meu sonho foi sobre uma crise iminente.
- Meu sonho trouxe um importante *insight* sobre minha própria vida.
- Meu sonho descreveu um estado de humor específico.
- Meu sonho mostrou outra maneira de olhar para mim mesmo(a).
- Meu sonho indicou padrões de relação transferencial relacionada a um indivíduo que conheço?
- Meu sonho tem caráter defensivo e encobre uma questão com a qual não desejo lidar.
- Meu sonho tornou-se a solução para um problema complexo.

Você consegue encaixar um desses temas em um sonho específico? Se este for o caso, preste atenção – esse sonho poderá ajudá-lo a compreender melhor a si mesmo(a).

participantes pode ser um sinal de que esteja ocorrendo a cocriação ativa da nuvem coletiva. Em geral, esse é o momento em que padrões de interação temáticos dentro do grupo se tornam evidentes – como testemunhamos no momento em que o diálogo entre Maria e Patrick levaram a um comentário aparentemente não relacionado de Jorgen sobre um filme. Esse interlúdio, por sua vez, desencadeou novos pensamentos tanto em Maria quando em Patrick.

> "A sensação de revelar sua própria história de vida, e ser ouvido (a) de maneira atenta e respeitosa pelos demais integrantes da equipe, pode ser bastante libertadora."

Um elemento muito importante da dinâmica de grupo é a experiência catártica que ela garante a todos os integrantes. A sensação de revelar sua própria história de vida, e ser ouvido(a) de maneira atenta e respeitosa pelos demais integrantes do time, pode ser bastante libertadora. Ademais, enquanto ouvimos e escutamos as narrativas dos demais integrantes, todos nós percebemos que não estamos sozinhos em nossos infortúnios. A percepção da universalidade de alguns problemas – a observação de que outras pessoas lutam contra as mesmas dificuldades – pode gerar um forte alívio. Esse efeito do tipo "junte-se à raça humana" ostenta grandes benefícios. A identificação mútua – o senso de que você compartilha alguma coisa com outro indivíduo – nos oferece grandes oportunidades para discutirmos outras maneiras de fazermos as coisas. Isso também gera nas pessoas a disposição de apoiar-se e direcionar-se mutuamente.

Os indivíduos interessados em criar times de alto desempenho logo perceberão que cada grupo com o qual trabalham possui identidade e temperamento próprios – estados de espírito que poderão ser expressos pelos membros do grupo (e, de fato, o serão). Com frequência, sem uma percepção consciente, alguns membros do time tomarão a iniciativa de articular aquilo o que não foi dito pelos demais integrantes. Fantasias, sonhos, **lembranças encobridoras,**[1] expressões eróticas, **reações de transferência,**[2] estados somáticos ou estados de humor poderão ser exteriorizados e repercutir no grupo-como-um-todo. Tais revelações poderão provocar *insights* e abrir as portas para mudanças.

Em minha ilustração sobre *coaching* de grupo, também vimos a importância da interpretação de padrões e temas em nossas vidas. Embora não o tenhamos dito de maneira tão cristalina para os membros do time, a técnica de *coaching* de grupo se baseia no paradigma psicodinâmico segundo o qual a maior parte do nosso repertório comportamental se forma bem cedo em nossas vidas (no Capítulo 4, discutiremos essa questão em mais detalhes). Quando adultos, talvez tenhamos a oportunidade de descobrir que alguns dos nossos padrões comportamentais do passado (que nos eram extremamente úteis na tenra infância) são totalmente inadequados na vida adulta, como, aliás, ficou subentendido nas histórias de Robert e Patrick. O processo de *coaching* de grupo poderá encorajar os participantes a tentar novas experiências simplesmente agindo de modo diferente.

Como sugere o conceito de *coaching* de grupo, também me baseio na dinâmica da afiliação (ou senso de comunidade). Por exemplo, nos *coachings* para grupos que precisam trabalhar de maneira conjunta em suas empresas, atuar como uma espécie de "tribo" que passou por uma experiência de *coaching* ajuda a criar um senso de apoio mútuo diante de qualquer ação a ser tomada. Esse sentimento de pertencimento pode ser um ótimo catalisador de mudanças – e permanecerá forte por muito tempo mesmo depois do término da sessão.

Se o profissional responsável pela condução da sessão deseja realmente obter o máximo das sessões de *coaching*, ele precisará estar consciente de todos esses elementos fundamentais da dinâmica de grupo. Costuma-se dizer que o indivíduo mais importante em uma

---

[1] Referência a um conceito do psicanalista Sigmund Freud. Trata-se de uma lembrança de infância que ficou gravada na memória com particular intensidade, e cujo conteúdo parece insignificante. (N.T.)

[2] A explicação do termo transferência se encontra no capítulo deste livro.

orquestra é o maestro, pois cabe a ele decidir como uma peça musical será interpretada. O maestro precisa estar consciente de todos os detalhes intrínsecos a cada instrumento que será utilizado. Para transformar sua apresentação em um grande sucesso não basta que ele conheça profundamente as músicas que serão executadas; é fundamental que ele seja um conhecedor de história da música, de teoria musical e da vida dos compositores, e que saiba claramente qual é a habilidade individual de cada profissional de sua orquestra. Lembre-se: enquanto cada músico se preocupa apenas em aprender sua própria parte da obra, caberá ao maestro conhecer bem todas elas.

Ajudar a criar um time de alto desempenho é bastante similar ao processo de conduzir uma orquestra. Agentes de mudança eficientes na área de *coaching* de grupo precisam ser capazes de alterar constantemente o foco e a ênfase de suas ações. Eles precisam estar muito atentos às oscilações de cada membro do time. Ao mesmo tempo, esses profissionais devem: (1º) saber apreciar e encorajar as dinâmicas do grupo-como-um-todo; (2º) conter a nebulosidade existente no distanciamento individual e (3º) estar prontos para testemunhar as ações geradas pela "nuvem" – o consciente e o inconsciente coletivos dos membros do grupo.

> "Agentes de mudança efetivas na área de *coaching* de grupo precisam ser capazes de alterar constantemente o foco e a ênfase de suas ações."

Indivíduos que desejam criar times de alto desempenho também precisam saber como diagnosticar comportamentos de apego, processos de transferência e de espelhamento, e também o contágio emocional e social; eles devem reconhecer as forças de regressão e progressão e precisam estar cientes da natureza dos processos paranoicos e depressivos; também é importante que compreendam, a partir de um ponto de vista linear, helicoidal e **monomítico**,[3] as maneiras pelas quais os times se desenvolvem e evoluem (esses tópicos

---

[3] Conceito do "monomito" (jornada de herói), do antropólogo Joseph Campbell (N.T.)

> O que faz com que você se sinta triste, enfurecido (a), infeliz ou alegre? Como você lida com suas próprias emoções?
>
> O que o(a) faz sentir-se triste? Pense em algumas ocasiões em que se sentiu dessa maneira.
>
> Como você expressou seus sentimentos? Será que algumas dessas experiências emocionais poderiam ter sido evitadas?
>
> O que o (a) faz sentir-se enfurecido (a)? Como você expressa sua raiva? Consegue imaginar outras maneiras de lidar com sua raiva no futuro?
>
> O que o (a) faz sentir-se infeliz? Que tipo de situação causou tal sentimento? Como você lida com ele? Como o supera?
>
> O que o (a) faz sentir-se alegre? Pense em coisas que o (a) fazem sentir-se alegre. Há meios de aumentar essa sensação de alegria? Em quais opções você consegue pensar?
>
> **Escreva suas respostas e então reflita sobre elas. Isso lhe fornecerá mais dados sobre o modo como costuma lidar com suas emoções.**

serão discutidos nos próximos capítulos). Além disso, essas pessoas devem ser altamente capazes de utilizarem a si mesmas como instrumentos [1]. Elas precisam estar cientes de tudo aquilo que faz com que elas se sintam tristes, enfurecidas, infelizes ou alegres.

Durante uma intervenção de grupo, os estilos habituais de relacionamento de cada participante se revelarão dentro do microcosmo do time, recriando o hemisfério social em que vivem. Essas pessoas também repetirão possíveis comportamentos de não adaptação dentro do grupo, possibilitando uma interessante interconexão entre os integrantes e as dinâmicas do grupo-como-um-todo – isso, é claro, se o *coach* for suficientemente habilidoso para facilitar essa delicada situação.

Desse modo, a intervenção em times se transforma em um tipo de laboratório em que as dinâmicas interpessoais dos vários participantes são apresentadas – incluindo não somente comportamentos manifestos, mas também padrões mais latentes. Tais dinâmicas nos oferecem ótimas oportunidades para que os membros do grupo testemunhem esses comportamentos e teçam seus comentários sobre eles e sobre suas consequências. Encorajados pelos demais integrantes do grupo, cada individuo explora novos meios de lidar com comportamentos até então rígidos e ritualísticos. Os *insights* oferecidos pelo grupo são geralmente integrados ao ambiente social mais amplo do participante. O objetivo por trás de uma sessão de construção de time é fazer com que as pessoas tenham momentos de descoberta depois de compreenderem seus próprios comportamentos e, desse modo, se mostrem mais bem preparadas para atender as demandas de sua empresa.

Em sessões destinadas à construção de times, e no sentido de melhor compreender seu teatro interno e também (nos momentos adequados) a utilizar suas fantasias de vida para realizar observações de nuvem, todos – *coaches* de liderança (ou quaisquer outros catalisadores de mudança) e participantes – devem estar preparados para "usar a si mesmos como instrumentos". Há fortes paralelos entre as sessões de construção de times que se mantêm na **"zona"** (*the zone*)[4] – nas quais todos atingem seus verdadeiros níveis de desempenho – e as observações feitas por mestres Zen, que tendem a se mostrar extremamente adeptos à técnica de observação de "nuvens".

> "Os *insights* oferecidos pelo grupo são geralmente integrados ao ambiente social mais amplo do participante."

Como exemplo, temos a história do grande mestre taoista Chuang Tzu, que, certa vez, sonhou que era uma borboleta flutuando no ar.

---

[4] *The zone* é um estado de suprema concentração (foco) que ajuda atletas em todos os esportes a manter seu máximo desempenho. Ocorre quando a mente do indivíduo se conecta integralmente com a ideia de atingir um objetivo, tal como marcar um gol ou defender uma bola. A atenção é absorvida pelo presente (o aqui e agora somente). Quando a pessoa se encontra na "zona", sua mente somente processa os pensamentos e as imagens que irão ajudá-la a executar a tarefa desejada de modo bem-sucedido. (Fonte: http://www.sportpsychologytoday.com/youth-sports--psychology/understanding-the-zone-in-sports/. (N.R.T.)

Em seu sonho, a ideia de que ele fosse um ser humano lhe parecia completamente estranha: ele era apenas uma borboleta. De repente ele acordou e viu a si mesmo deitado sobre uma cama; ele era novamente uma pessoa. Então Chuang Tzu pensou: "Será que no passado eu era um homem sonhando ser uma borboleta ou quem sabe sou agora uma borboleta sonhando que é um homem?" Voltando o foco mais uma vez para as sessões de construção de time; **"Será que a fantasia que está me assombrando neste momento é realmente minha ou seria ela uma fantasia do grupo-como-um-todo?"**

REFERÊNCIAS BIBLIOGRÁFICAS

1. Kets de Vries, M. F. R.; Guillen, L.; Korotov, K. e Florent-Treacy, E. (2010). *The Coaching Kaleidoscope: Insights From the Inside (O Caleidoscópio do Coaching: Ideias de Dentro para Fora).* Nova York: Palgrave/Macmillan.

CAPÍTULO 3

COACHING DE LIDERANÇA E TIMES DE ALTO DESEMPENHO

Grandes feitos são realizados pela reunião de várias pequenas ações.
—Vincent van Gogh

Se você deliberadamente planeja se tornar menos do que é capaz, então, aviso-lhe desde já que serás infeliz pelo resto de sua existência.
— Abraham Maslow

As pessoas sempre excederão os objetivos que estabelecem para si mesmas.
— Gordon Dryden

Trata-se de uma verdade paradoxal – mas absolutamente real – e também de um importante princípio da vida, o fato de que a maneira mais provável de se alcançar um objetivo é não se manter focado especificamente nele, mas em algo bem mais ambicioso.
— Arnold Toynbee

Um grupo de rãs saltitava despreocupado em meio a um brejo, fazendo o que estes anfíbios estavam acostumados a fazer. De repente, duas delas caíram em um buraco profundo. As demais rãs se reuniram rapidamente na beirada do buraco para discutir o que elas poderiam fazer para ajudar suas companheiras. Porém, quando perceberam a profundidade do buraco, todas desistiram. Elas então disseram às duas amigas que estavam presas que ambas deveriam perder as esperanças e se preparar para a morte inevitável.

Não desejosas de aceitar tal destino, ambas as rãs tentaram com todas as suas forças pular para fora do buraco. Enquanto isso, os demais anfíbios que se encontravam no brejo continuavam a censurá-las por aquela conduta, e a insistir que já não havia esperanças; segundo elas, o melhor a fazer seria poupar as energias que restavam e aguardar pacientemente pelo cruel destino. O grupo não hesitou em ressaltar que as duas rãs jamais teriam se colocado naquela situação periclitante se tivessem sido mais cuidadosas e escutado as palavras das rãs mais velhas e experientes.

Todavia, ambas as rãs continuaram a saltar o mais alto que conseguiam. Com o passar do tempo, ambas ficaram cada vez mais cansadas. Finalmente uma delas decidiu acatar os conselhos das amigas. Exausta e abatida, ela calmamente aceitou seu destino, recostou-se e morreu diante dos olhos tristes do grupo.

Porém, a outra rã era bem mais persistente e, embora seu pequeno corpo estivesse ferido e dolorido, ela continuou a investir toda sua energia em pular cada vez mais alto. Mais uma vez o grupo de rãs na beirada do buraco instruiu sua companheira a parar de agir com tamanha estupidez, aceitar seu destino e morrer em paz. Intrépida, a rã completamente esgotada saltou cada vez mais alto e – para a surpresa de todos – finalmente conseguiu sair do buraco. Estupefatas, as demais rãs celebraram o retorno miraculoso de sua amiga à liberdade e, cercando-a por todos os lados, perguntaram: "Por que você continuou a pular mesmo quando lhe dissemos para desistir?"

Então, a pobre rã olhou-as com assombro e respondeu: "Mas, minhas queridas amigas, eu sou praticamente surda. Naquela distância não conseguia ler seus lábios e, quando as vi acenando e gritando, pensei que estivessem me encorajando a não desistir. Foi por isso que continuei lutando."

Como bem ilustra esta história paradoxal, manter seu time ao seu lado pode ser bastante poderoso. O apoio do seu grupo de trabalho poderá estimulá-lo a ir além de suas próprias expectativas.

AS VICISSITUDES DOS TIMES

Em nosso mundo globalizado e altamente complexo, a figura heroica do líder tem se tornado cada vez mais rara. Honestamente, a despeito de sua popular descrição como heróis destemidos, **os líderes não conseguem fazer tudo sozinhos.** O século XXI será, portanto, a era das os times. As organizações em rede do amanhã não terão outra escolha a não ser acatar o fim da era dos líderes heroicos. Na verdade, o que realmente conta nas empresas de hoje são a comunicação lateral e um elevado grau de interdependência entre as várias tarefas realizadas nas empresas e os vários papéis desempenhados pelos colaboradores. Isso torna cada vez mais difícil para o executivo heroico ser o único guardião das boas decisões da companhia.

As organizações atuais exigem líderes com habilidades nas áreas de resolução de problemas e influência, e capazes de criar um ambiente colaborativo – executivos com inteligência emocional, aptos a compreender de maneira clara o melhor modo de analisar processos complicados e entender as minúcias e as complexidades da cadeia de valores da empresa; pessoas que saibam lidar com ineficiências e reconhecer as interdependências existentes entre os *stakeholders*[1] da organização; indivíduos que estejam preparados para adquirir o *know-how* emocional necessário para motivar os funcionários e outorgar-lhes poderes para que estes consigam operar em sua capacidade máxima [1-3]. As empresas do futuro precisarão de executivos que saibam lidar tanto com as vantagens como com as desvantagens inerentes ao trabalho realizado por um time, e que, ao mesmo tempo, consigam eles próprios se mostrar eficientes enquanto membros de um grupo. Como já disse anteriormente, o

> "As organizações em rede do amanhã não terão outra escolha a não ser acatar o fim da era dos líderes heroicos."

---

[1] Termo geralmente utilizado em inglês que representa pessoas ou grupos de indivíduos que possuem algum interesse por uma empresa, seja como clientes, acionistas, fornecedores, funcionários etc. (N.T.)

mundo profissional em que vivemos demanda um tipo de executivo que vá além dos pontos de vista mais cognitivos, racionais e estruturais das empresas, e que esteja atento às forças visíveis e invisíveis que permeiam a vida organizacional.

Ao longo dos últimos dez anos, as empresas têm removido camadas gerenciais, construído redes de comunicação, aumentado seus *spans* (alcances) de controle e, cada vez mais, confiado no trabalho interfuncional e nos times virtuais para aprimorar sua capacidade de tomada de decisões. Porém, trabalhar com times virtuais altamente diversificadas representa seus próprios desafios. Embora tal diversidade apresente um efeito positivo em termos de criatividade, ela também pode custar caro. Permitir a colaboração entre constelações tão complexas formadas por indivíduos tão dissimilares (gênero, cul-

	Times tradicionais	Times virtuais
Distância	Próxima	Separada em termos físicos
Comunicação	Direta (cara a cara)	Ciberespaço
Tarefa	De caráter mais geral	De caráter mais especializado
Papéis	Focado	Múltiplo
Estrutura e rotinas	Simples	Mais complexas
Período	Prolongado	Breve
Nível de interculturalidade	Simples	Mais complexo
Tempo	descontínuo	contínuo
Desenvolvimento do time	Gradual	Um investimento bem grande no início
Liderança	Mais diretiva	Prevalência do autogerenciamento

Você está operando em um time tradicional ou virtual? Analise todos os itens acima e verifique em que categoria você se encaixa.

tura, nacionalidade, idade e histórico funcional) exigirá, desde o início, um investimento emocional e cognitivo que previna o surgimento de processos paranoicos (e de outros padrões comportamentais disfuncionais). Quando esse tipo de comportamento se instala, dinâmicas de caráter regressivo assumem o controle e contribuem para o aparecimento de culturas organizacionais tóxicas e empresas neuróticas. Infelizmente, quando tais padrões disfuncionais prevalecem, eles acabam por destruir as empresas afetadas [4, 5].

As amplas mudanças que estão ocorrendo no mundo profissional colocam os executivos sob forte pressão. Contudo, embora tais mudanças – sejam elas em pequena ou grande escala – possam ser consideradas negativas (uma vez que podem causar reações ao próprio estresse nelas envolvido, tais como angústia, temor, apreensão, medo e ansiedade), elas também são capazes de funcionar como novas oportunidades de crescimento, desenvolvimento e demonstração de criatividade. As mudanças **"micro,"** de caráter individual, poderão funcionar como um ponto de partida para ajudar as pessoas a se reinventarem; as **"médias"** afetarão o desempenho dos times; já as **"macro"** poderão promover um tipo de rejuvenescimento empresarial.

AONDE SE ENCAIXA O *COACHING* DE LIDERANÇA DE GRUPO

Quando prevalecem dinâmicas de grupo disfuncionais, e os executivos operam abaixo de sua capacidade individual, o preço pago pelas empresas pode ser bem elevado. É justamente por essa razão que o *coaching* de liderança é hoje um setor em pleno crescimento. Organizações que apresentam poderosas práticas de desenvolvimento de liderança – e que levam muito a sério a gestão de talentos – produzem os resultados esperados de longa duração, e o fazem de modo consistente. Para essas empresas, a afirmação **"as pessoas são o nosso bem mais precioso"** não é meramente um *slogan* desprovido de conteúdo, mas a expressão de um compromisso que é de fato bastante valorizado. A alta gerência utiliza o *coaching* de liderança como uma ferramenta para tornar seus executivos mais eficientes e construir fortes redes interativas dentro da organização. Com o apoio do time sênior, o *coaching* de liderança poderá ajudar os funcionários a desenvolverem as qualidades associadas ao sucesso; intervenções na forma de *coaching* poderão aprimorar indivíduos considerados bons, tornando-os ainda melhores.

O *coaching* de liderança se baseia no conceito de que as pessoas aprendem mais na prática – um tema central é justamente o aprendizado pela experiência (O processo também pode ser denominado *coaching* executivo; ambos os termos dizem respeito ao objetivo de ajudar indivíduos a aprimorarem seu desempenho no papel exercido na empresa). Como um catalisador de mudanças, o *coaching* de liderança (seja de caráter individual ou grupal) poderá ajudar os profissionais de uma empresa a lidarem com esse mundo em constante mudança.

"**O *coaching* de liderança tem como objetivo ajudar executivos a definirem suas metas específicas e então a se organizarem no sentido de encontrar meios de atingi-las.**"

O *coaching* de liderança é uma forma específica de intervenção que pode ser aplicada de modo estratégico a indivíduos, a times e até mesmo à empresa como um todo [6-10]. Seu objetivo é direcionar uma pessoa ou um grupo de pessoas, para que todos atinjam uma meta específica e mutuamente determinada, oferecendo a cada participante o foco e a consciência necessários para acelerar o progresso organizacional. O processo visa oferecer a cada integrante a oportunidade de alcançar todo o seu potencial, ajudando-o a otimizar seus pontos fortes e a minimizar os fracos.

O *coaching* de liderança tem como objetivo ajudar executivos a definirem suas metas específicas e então a se organizarem no sentido de encontrar meios de atingi-las. Para ajudar cada cliente a se tornar mais eficiente, esse tipo de treinamento parte do próprio conhecimento pessoal de cada participante, de sua própria engenhosidade e dos seus próprios recursos. O processo cria um impacto ainda maior

COACHING DE LIDERANÇA E TIMES DE ALTO DESEMPENHO 69

na empresa ao (1º) desenvolver as habilidades pessoais de seus executivos; (2º) encontrar novas maneiras de promover a comunicação e (3º) esculpir estilos de liderança, habilidades na tomada de decisões e capacidades de solucionar problemas. *Coaches* de liderança eficientes também colaboram para que os executivos desenvolvam sua agilidade cognitiva, sua inteligência emocional, seu nível de motivação, suas habilidades pessoais, seus conhecimentos e suas especialidades. Esses profissionais de *coaching* ajudam executivos a refinarem seus objetivos e suas estratégias. Para isso, eles desafiam os participantes, reavaliam suas concepções e aprimoram seus estilos pessoais de liderança. Além disso, *coaches* de liderança eficientes também encorajam esses profissionais a se tornarem mais eficazes enquanto chefes de times de trabalho. Esses indivíduos aprendem a atuar mais adequadamente na resolução construtiva de conflitos e a criar um ambiente de comprometimento e de assunção de responsabilidades no grupo que comandam, o que contribui para melhores resultados organizacionais [11].

Não obstante sua crescente popularidade, há bastante confusão no que diz respeito ao real significado da expressão "*coaching* de liderança". Sob esta designação geral, encontramos menções aos mais variados tipos de treinamento: *coaching* de desempenho, de habilidades, de carreira, comportamental, pessoal e estratégico. Mas existem distinções que precisam ser feitas em cada um desses casos. O *coaching* de desempenho (*performance coaching*) inclui técnicas de "como fazer" alguma coisa, assim como o desenvolvimento de habilidades e o alcance de objetivos ampliados [12]. O *coaching* de carreira (*career coaching*), de modo não surpreendente, se concentra nas preocupações dos indivíduos em relação a sua vida profissional; neste caso, o *coach* extrai e utiliza as informações fornecidas pelo cliente como parte da discussão sobre suas opções de carreira. Em um nível um pouco mais elevado, o *coaching* comportamental (*behavioral coaching*) diz respeito à inteligência emocional do cliente e tenta desenvolver um estilo de liderança mais eficiente. O *coaching* pessoal (*life coaching*) se concentra no crescimento individual e no desenvolvimento da carreira. O foco central do *coaching* estratégico (*strategic coaching*) é introduzir novas

Que tipo de *coaching* você deveria escolher?

Avalie as afirmações a seguir e assinale-as como VERDADEIRAS ou FALSAS

	Verdadeira	Falsa
1. Preciso aprimorar meu desempenho no trabalho e melhorar minha eficiência e produtividade.	☐	☐
2. Necessito de mais clareza em relação às minhas futuras possibilidades profissionais.	☐	☐
3. Quero desenvolver minha inteligência emocional e também um estilo de liderança mais eficiente.	☐	☐
4. Preciso realizar algumas mudanças significativas em minha vida pessoal.	☐	☐
5. Necessito ser mais eficiente em termos estratégicos para introduzir iniciativas de mudança na organização.	☐	☐

1. *Coaching* **de desempenho/ habilidades**

2. *Coaching* **de carreira**

3. *Coaching* **comportamental**

4. *Coaching* **pessoal**

5. *Coaching* **para mudanças estratégicas**

iniciativas de mudança no indivíduo. A transição entre um processo e outro pode ocorrer de maneira relativamente suave e fluida, porém, em relação a grandes iniciativas de mudança organizacional, todas essas formas de *coaching* podem ser implementadas de modo simultâneo. O fato é que tais distinções não são apenas de caráter teórico. Além das diferenças anteriormente mencionadas, é preciso ressaltar que não estão sendo consideradas aqui as distinções (geralmente sutis) entre os procedimentos de *coaching*, *mentoring*, *counseling*, consultoria de processos e psicoterapia breve.

O modo como o *coaching* é oferecido na companhia também apresenta algumas variações. De modo geral, as empresas poderão optar por *coaches* internos ou externos, ou ainda por uma combinação de ambos. As sessões comandadas por *coaches* internos são oferecidas por funcionários da própria organização, enquanto as de caráter externo são apresentados por profissionais contratados especificamente para oferecê-las. Embora os *coaches* internos estejam mais familiarizados com as particularidades da organização, com frequência a questão de confidencialidade se torna um problema para os participantes. Afinal, até que ponto as informações reveladas ao *coach* serão mantidas em segredo? Os dados mencionados acabarão sendo divulgados para outros funcionários da empresa? Será que o setor de RH manterá um dossiê de cada um dos participantes? É óbvio que para um processo de *coaching* eficiente é preciso que haja absoluta confiança entre as partes envolvidas. O *coaching* eficaz necessita de um espaço seguro para acontecer – todos os integrantes da sessão devem ter certeza de que quaisquer interações mantidas com o *coach* serão mantidas em absoluto segredo e, desse modo, não provocarão qualquer alteração em seu *status* na empresa, tampouco a perda do emprego. Portanto, uma preocupação permanente em relação aos *coaches* internos é justamente se esses profissionais serão ou não capazes de estabelecer (e manter) uma espécie de **"muralha da China"** entre o que se escuta dentro das sessões e o que chega ao

> **"É óbvio que para um processo de *coaching* eficiente é preciso que haja absoluta confiança entre as partes envolvidas."**

restante da companhia. É claro que esta questão se torna menos crítica quando a organização opta por contratar *coaches* externos.

Para ajudá-los a modificar seu comportamento na empresa, os *coaches* de liderança costumam questionar e desafiar cada um dos participantes. Neste sentido, os profissionais de *coaching*: (1º) estimulam os integrantes do grupo a se tornarem mais abertos a mudanças; (2º) ajudam essas pessoas a ganhar mais confiança e a obter validação para suas ações; (3º) encorajam o empreendedorismo, o comportamento de time, a prestação de contas e o comprometimento; (4º) ajudam os executivos a lidar com os dilemas diários de suas funções e com os paradoxos inerentes ao trabalho que executam; e (5º) colaboram no sentido de transformar esses indivíduos em cidadãos corporativos mais responsáveis. Considerando-se todos esses fatores de desenvolvimento, as sessões de *coaching* poderão contribuir bastante para os resultados finais da organização.

Entretanto, mais importante que tudo isso, é o fato de essas sessões ajudarem cada executivo a entrar em sintonia com sua própria inteligência emocional; a obter uma melhor compreensão de seus pontos fortes e fracos; e a ter uma percepção mais cristalina do impacto que exercem uns sobre os outros. Esse autoconhecimento ajudará cada integrante a monitorar seu próprio desempenho; a oferecer *feedback*, aprimorar suas habilidades para solucionar conflitos, e se tornar um melhor comunicador e tomador de decisões. Em última análise, o processo de *coaching* visa ajudar todos os participantes a desenvolverem todo o seu potencial, a se conhecerem profundamente e, a partir de tal conhecimento, a se sentirem mais confortáveis com os seres humanos que realmente são, agindo de maneira mais autêntica.

Outra função dos *coaches* de liderança é ajudar os executivos a compreender (na era da quebra do contrato psicológico entre empregador e empregado) que o desenvolvimento de carreira é uma responsabilidade individual e que o aprendizado contínuo é crucial. De modo geral, as empresas poderão até oferecer oportunidades de crescimento e aprendizado, mas a administração da carreira é, cada vez mais, uma responsabilidade de caráter pessoal. Cada executivo precisa ser o dono de sua própria carreira, e não esperar que a empresa em que trabalha assuma a responsabilidade pela sua vida profissional. Indivíduos que não continuam seu processo de aprendizado certamente perderão terreno para os demais.

Infelizmente, um grande número de líderes em várias empresas perde tempo e energia demais, e se frustra em demasia, lidando com ineficiências organizacionais e encarando a drenagem de recursos cruciais – elevado índice de rotatividade, funcionários problemáticos, baixa produtividade, falta de criatividade, um fraco (ou até medíocre) serviço de atendimento ao cliente, conflitos entre os times de trabalho, disputas territoriais, falta de cooperação entre os funcionários, sobrecarga no trabalho, falta de clareza no papel desempenhado pelos colaboradores, altos níveis de estresse, moral baixo e inúmeros outros fatores disfuncionais [13]. Porém, agentes de mudança como os *coaches* de liderança poderão ajudar os líderes a se manterem focados naquilo que é realmente essencial para o sucesso da organização.

O *coaching* de liderança também oferece às empresas um tipo de orientação não intrusiva que visa atender a necessidades de desenvolvimento de longa duração. Intervenções inteligentes realizadas no momento certo poderão ajudar a evitar que executivos e novos líderes se afastem de seus objetivos profissionais; elas também ajudarão a minimizar as dificuldades intrínsecas à integração de indivíduos menos experientes a times de liderança – quando estes assumem novos cargos executivos. Embora o processo de *coaching* não necessariamente elimine todas as falhas possíveis, ele contribuirá para que a organização alcance o sucesso de maneira mais rápida. A redução do tempo de desenvolvimento também significará uma agregação de valor, em especial se conseguir impedir que a empresa siga por caminhos inadequados.

Todavia, haverá situações em que o processo de *coaching* se revelará uma batalha sisífica.[2] Os resultados para quaisquer esforços nesse sen-

---

[2] Referência ao mito de Sísifo, que fora condenado pelos deuses a realizar um trabalho inútil e sem esperança por toda a eternidade: empurrar uma enorme pedra até o alto de uma montanha, somente para vê-la despencar morro abaixo e se ver obrigado a descer e empurrá-la novamente para cima, em uma repetição monótona e interminável através dos tempos. (N.T.)

tido se mostrarão reduzidos em empresas: (1º) caracterizadas pela falta de confiança, pelo medo e/ou por uma cultura baseada em acusações; (2º) em que prevalece um sistema de recompensas extremamente imediatista; e (3º) nas quais as pessoas são vistas como bens descartáveis. Organizações neuróticas não são, portanto, um terreno muito fértil para se operar [14]. Nesse sentido, tentar mudar o funcionamento dessas empresas é um desafio hercúleo; na maioria dos casos as chances de fracasso são bem elevadas. Em contrapartida, quando o *coaching* de liderança representa um elemento funcional do portfólio de desenvolvimento de liderança de uma empresa, os resultados comerciais visíveis são as melhorias amplas e de longo alcance, avaliadas pelos lucros obtidos, pela redução das despesas ou, até mesmo, por ambos. Em sua melhor forma, o programa de *coaching* de liderança atuará como um mecanismo de relacionamento profissional contínuo que ajudará as pessoas a produzirem resultados extraordinários, seja em sua vida particular, em sua vida profissional ou até mesmo dentro da organização em que trabalham. Quando executivos aprimoram seu desempenho e encontram maneiras mais criativas de lidar com seu ambiente de trabalho, o contágio ocorre através da rede organizacional. Neste sentido, eles atuam como catalisadores e espalham os benefícios por toda a empresa. O ato de expor executivos de nível sênior a programas de *coaching* (como costumo fazer em meus programas direcionados a executivos e/ou nos serviços de consultoria descritos anteriormente) irá promover a disseminação de uma cultura de *coaching* dentro do ambiente profissional. A partir daí, outras pessoas da organização acabarão seguindo os exemplos apresentados por esses executivos [15-18].

"O objetivo do *coaching* de liderança não é identificar 'o que está errado' na empresa, mas transformar executivos eficientes em profissionais ainda melhores."

Dito isso, é fundamental ressaltar que o objetivo do *coaching* de liderança não é identificar **"o que está errado"** na empresa, mas transformar executivos eficientes em profissionais ainda melhores. Portanto, em vez de se concentrar em enfatizar disfunções, o *coach* deverá adotar uma abordagem mais construtiva, ou seja, focar em soluções criativas e então seguir em frente – avaliando o ponto em que as pessoas se encontram e aonde elas desejam chegar. *Coaches* eficientes fazem o possível para salientar e desenvolver o potencial único e individual dos indivíduos com os quais trabalham, maximizando assim seu desempenho. O maior desafio para os *coaches* de liderança é implementar uma abordagem sistemática que promova mudanças reais ao disponibilizar: (1º) estruturas específicas para o estabelecimento de objetivos, (2º) padrões de assunção de responsabilidades e (3º) uma visão global. Tudo isso enquanto os participantes têm acesso a *feedbacks* honestos.

Embora seja importante considerar o que o *coaching* de liderança representa, também é fundamental compreender o que ele não é. Em um campo em pleno crescimento, e que oferece tantas opções diversificadas, isso pode se mostrar um pouco complicado. Em alguns momentos, o *coaching* poderá se parecer com processos de orientação profissional, consultoria, *mentoring* ou treinamento, mas nada disso se aplica aqui. Embora possam contribuir com (raras) sugestões, não necessariamente os *coaches* oferecerão respostas para as perguntas levantadas. Em essência, os *coaches* fazem perguntas – sua maior habilidade reside em levantar as questões certas, que sejam abertas e se revelem intrigantes. Estas ajudarão os participantes a raciocinar sobre os problemas mencionados, encorajando-os a propor suas próprias ideias e respostas.

O *coaching* de liderança funciona mais como uma arte de autodescoberta que como uma tecnologia de compartilhamento de informações. Por natureza, o processo de *coaching* ostenta uma qualidade socrática – ele envolve o levantamento de uma série de perguntas sobre uma questão central e a tentativa de se encontrar respostas satisfatórias por meio da troca de informações. O uso dessas perguntas e do diálogo significa que o *coach* inicia seus trabalhos a partir de uma posição de humildade e curiosidade, não de liderança ou de conhecimento. O *coach* de liderança precisa se lembrar constantemente de que ele é apenas um orientador, não um sargento instrutor; ele opera como catalisador na jornada do seu cliente em busca de autodescoberta. Aplicando esse método socrático, o cliente consegue estabelecer objetivos mais claros, adotar ações mais eficazes, tomar decisões mais adequadas, comandar equipes mais bem preparados e ostentar uma visão mais holística de sua própria organização; ele se torna capaz de utilizar seus próprios dons e talentos naturais de modo mais amplo e efetivo.

Se quiser que esse processo investigatório se mostre eficiente, é importante que o *coach* confie na *expertise* de seu cliente. Esse modelo de inquirição se baseia na crença de que o verdadeiro crescimento sempre ocorrerá a partir do outro. Utilizando tal método, enquanto agentes de mudança os *coaches* de liderança atuam como espelhos; eles ajudam seus clientes: (1º) a compreender o que realmente desejam; (2º) a atentar para seus pontos fortes e perceber seus pontos fracos; e (3º) a definir em que aspectos deverão se aprimorar e qual a melhor maneira de fazê-lo. *Coaches* de liderança realmente eficientes são mestres na arte da reestruturação cognitiva e emocional. Além disso, eles oferecem a seus clientes um espaço transicional seguro, em que todos possam experimentar novas perspectivas e novos planos de ação [19]. Eles sabem como efetivar mudanças transformacionais ao criar esse espaço transicional para os participantes, oferecendo um ambiente de confiança interpessoal suficientemente forte que permitirá a todos lidar com as questões **"que não devem ser discutidas"**. Ou seja, com os **"elefantes"** presentes no ambiente. Em geral, o ato de enfrentar esses **"assuntos proibidos"** abre caminho para novas discussões, bem mais produtivas, e desbloqueia os processos de mudança e tomada de decisões.

> "O *coach* de liderança precisa se lembrar constantemente de que ele é apenas um orientador, não um sargento instrutor; ele opera como catalisador na jornada do seu cliente em busca de autodescoberta."

COACHING DE GRUPO: MULTIPLICANDO O PODER DE CADA INDIVÍDUO

Como discutido nos capítulos anteriores, e assim como muitos outros profissionais já relataram, também considero o *coaching* de grupo uma ótima maneira de criar não apenas **times de alto desempenho**, mas também **organizações mais eficientes**. Essa técnica de intervenção se revelou um método bastante eficaz para se obter percepções sistêmicas sobre funcionalidades e disfuncionalidades de times e empresas.

Todavia, essa tecnologia de mudança ostenta várias outras vantagens. Um benefício óbvio da técnica de intervenção de grupo é a economia alcançada pela reunião de um grupo completo, tanto no que diz respeito à própria dimensão do evento quanto à otimização de tempo e recursos. Esta abordagem é, sem dúvida, mais eficiente que a individual. Além disso, por meio do compartilhamento de experiências, o *coaching* de grupo poderá ajudar a aprofundar o conhecimento do time sobre os vários diferentes setores da empresa. O ato de discutir questões inerentes a diversas áreas da companhia promove um maior entendimento sobre os meios mais adequados de se resolver problemas compartilhados por vários departamentos; quando essas discussões ocorrem entre membros do alto escalão da empresa, elas tendem a tornar a colaboração mais provável, pois enfraquecem a mentalidade de silo responsável por causar grande disfuncionalidade na organização. Além disso, o *coaching* de grupo promove a sinergia – uma entidade elusiva em várias empresas. A gestão do conhecimento real é outra área que se beneficia dessa técnica de intervenção. Em geral, as pessoas não compartilham conhecimentos se não confiarem umas nas outras. Considerando que a confiança é um aspecto fundamental do *coaching* de grupo, é bem provável que essa troca de informações venha a ocorrer.

Além do que já foi exposto, e como vimos na ilustração apresentada no Capítulo 2, o *coaching* de grupo ajuda os participantes em vários outros aspectos. Ele:

- Promove um senso de pertencimento, ou de comunidade, o que, por sua vez, cria um ambiente diversificado e estimulante em que os participantes podem crescer e aprender juntos.
- Estimula o apoio mútuo e a interdependência.

- Aguça habilidades de empatia e oferece aos integrantes a oportunidade de se colocarem no lugar uns dos outros.
- Possibilita a afirmação da individualidade e, ao mesmo tempo, desenvolve nos participantes a percepção de que cada um dos presente possui características e habilidades únicas e especiais.
- Permite que pares atuem como modelos entre si.
- Desenvolve o respeito e a sensibilidade em relação às limitações e peculiaridades dos colegas.
- Ensina **habilidades colaborativas** para a resolução de problemas e, ao mesmo tempo, disponibiliza as capacitações necessárias para a realização de trabalhos realizados em times.

O *coaching* de grupo é, portanto, fundamental para promover o contágio social e outros processos indutores de mudanças.

Como será descrito nos capítulos subsequentes, os times também existem como entidades que vão muito além dos próprios indivíduos que as formam. Juntos, os membros de um grupo sentem, pensam e agem de maneira diferenciada em relação ao que ocorreria se estivessem sozinhos. A dinâmica de atuação em grupo – essa experiência de "nuvem" – pode se revelar extremamente poderosa. De vez em quando, a enorme confiança que um indivíduo sente em pertencer a um grupo produz comportamentos dramáticos. A intensa conformidade de sentimentos pode se mostrar avassaladora; de fato, as pessoas podem ser completamente dominadas pela intensidade de tal processo, criando assim uma sinergia em termos de comprometimento, energia e excitação. Encorajados pelo *coach* de grupo, os membros do time aprenderão não apenas a partir de suas próprias experiências, mas também das alheias – aliás, o aprendizado observacional é uma ótima maneira de se perceber o próprio comportamento.

A técnica de intervenção de *coaching* de grupo também oferece ao indivíduo uma oportunidade de desenvolver-se não apenas através dos sucessos alcançados pelos demais membros do time, mas também dos desafios a eles apresentados. Esse tipo de *coaching* também brinda os participantes com a chance de descobrirem similaridades e diferenças entre si, à medida que veem a si mesmos refletidos nos colegas que participam da sessão de *coaching* de grupo. O grupo se transforma em uma grande sala de espelhos, em que todos são capazes de testemunhar a maneira pela qual os demais participantes adotam comportamentos autodestrutivos; nessa situação, todos passam a explorar o quanto eles próprios também estão engajados em atitudes similares. Isso leva a uma crescente sensação de autodomínio e ao desenvolvimento de habilidades de liderança mais eficientes, conforme cada integrante não apenas apoia, mas atua como um *coach* para os demais colegas. Ademais, embora, em geral, cada membro do time já saiba perfeitamente o que precisa aprimorar, as discussões proporcionam mais clareza e podem inclusive criar situações que tornam essas mudanças inevitáveis. Todavia, a escalabilidade de todo esse processo é justamente sua mais importante característica, e torna as mudanças transformacionais nas organizações mais prováveis.

Existem, contudo, outras vantagens no *coaching* de grupo. Com frequência, os membros de times de liderança sênior não possuem um fórum para discutir os desafios que eles enfrentam ou o modo como eles se sentem em relação à situação. Uma grande dificuldade comum à maioria dos times (considerando-se a competitividade que normalmente impera entre os integrantes) é estabelecer um clima que encoraje transparência e segurança suficientes para garantir a realização de um trabalho conjunto. A intervenção por meio do *coaching* de grupo reduz esse tipo de ansiedade.

O *coaching* de grupo agiliza o processo de levar times de trabalho a um estágio de produtividade. Em contrapartida, o oferecimento desse tipo de *coaching* poderá, em caráter excepcional, revelar que alguns dos integrantes simplesmente não conseguem trabalhar juntos. Neste caso, em vez de permitir que esta situação difícil e contraproducente piore ainda mais, o *coaching* ajudará o grupo a aceitar as consequência disso e a reconsiderar os profissionais que deverão ser incluídos no time. Conforme os participantes se acostumam ao processo, eles próprios se tornam "especialistas" no assunto, e, assim, mais aptos a discutir conflitos manifestos e velados de maneira aberta e franca, o que, de certo modo, exige responsabilidades mútuas implícitas e explícitas. Essas pessoas são agora capazes de reunir times eficientes por conta própria, sem a necessidade de intervenção por parte de um *coach* de grupo.

O fato é que a capacidade desses indivíduos para reunir grupos de trabalho eficientes garantirá rapidamente uma enorme vantagem competitiva para a organização. Quando um time opera em toda a sua capacidade, todos os membros colaboram e são responsáveis pela contribuição que oferecem para o bom desempenho do grupo. O *coaching* de times de trabalho também é bastante recomendado para grupos que estejam enfrentando esforços significativos de mudança que, em geral, causam grandes conflitos – como a contratação de um novo CEO, por exemplo. O processo também é ideal para times recém-criados que desejam começar com o pé direito.

O QUADRO HOLÍSTICO: MICRO, MÉDIO E MACRO

O processo de *coaching* pode ser um método poderoso para se alterar comportamentos, aumentar o engajamento e aprimorar raciocínios. Em geral, ele é capaz de mudar a maneira como as pessoas fazem seus negócios. Em um nível "micro", o *coaching* de liderança poderá contribuir para elevar o grau de satisfação nos ambientes profissional e pessoal; isso poderá, inclusive, resultar em níveis mais baixos de estresse e frustração e, ao mesmo tempo, aumentar a autoestima dos envolvidos [20-22]. A congruência entre as vidas pública e privada poderá ajudar os executivos a adquirirem um maior senso de autenticidade ao lidar com o seu público, o que contribuirá para a criação de lugares melhores para se trabalhar. A partir dessa perspectiva, o *coaching* de liderança eficiente poderá ser observado como uma parceria contínua que ajudará os **"participantes"** do processo a produzirem resultados gratificantes tanto em sua vida pessoal quanto profissional.

Porém, nos níveis **"médio"** (de time/equipe/grupo) e "macro" (de empresa), o *coaching* de liderança poderá ajudar a transformar não somente a cultura da organização, mas também os estilos de liderança e até mesmo os padrões de tomada de decisões. No nível "médio", atenção especial deverá ser dispensada às dinâmicas de grupo. A partir de um ponto de vista sistêmico, se a intenção é fazer com que o *coaching* de liderança realmente funcione, é preciso atentar para o desenvolvimento dos times e também para a própria cultura corporativa. [23, 24] Já em um nível "macro", os processos de *coaching* de liderança aplicados nas organizações poderão exercer um impacto significativo se aprenderem a utilizar os aspectos mais notáveis da própria cultura organizacional para cultivar a criatividade, a produtividade, a inovação e a motivação humana. Uma cultura corporativa que aprecia a comunicação e recompensa a inovação, contribui para a construção de uma relação duradoura com seus "colaboradores", estimula práticas de liderança fortes e legítimas, sabe como se diferenciar dos concorrentes e revela uma identidade única a seus vários públicos.

CRIANDO UMA CULTURA DE *COACHING* NAS ORGANIZAÇÕES

Compreender o papel que a cultura corporativa exerce na definição das oportunidades disponíveis na organização é como receber as proverbiais "chaves do reino".[3] O *coaching* de liderança eficiente é capaz de alterar a cultura organizacional e influenciar comportamentos, de modo a transformar o ambiente de uma empresa, tornando-o mais inclusivo e respeitador de todas as diversidades existentes, sejam elas de pensamentos ou de personalidades; de estilos de vida ou de caráter étnico. As pessoas familiarizadas com as vicissitudes intrínsecas a mudanças na cultura corporativa, e que estão à frente de auditorias culturais por meio da realização de pesquisas e entrevistas, e/ou utilizando-se de métodos de grupo de discussão, saberão exatamente

---

[3] Esta expressão pode ser vista como uma metáfora (controle), ou de maneira mais profunda e filosófica. No texto de Mateus 16,19, Cristo - que possui as chaves de Davi - diz a Pedro: "E te darei as chaves do reino dos céus." Neste contexto, "dar as chaves" significa entregar a Pedro o poder vicarial e transformá-lo no "porteiro do céu", capaz de permitir ou impedir a entrada no local. (N.T.)

como estabelecer a base para transformação. Valendo-se das informações obtidas, elas são capazes de levantar perguntas que irão encorajar as lideranças da empresa a identificar e articular os elementos cruciais da cultura organizacional que permitirão o engajamento da empresa em um programa de mudanças adequado.

Uma cultura de *coaching* oferece à empresa a estabilidade e os protocolos necessários a todas as interações dentro do grupo. Ela serve como um mecanismo que define os parâmetros comportamentais aceitáveis (o modo como agimos e aquilo que dizemos) e as atividades desejadas que irão reforçar os valores sustentados pela organização. Essa cultura apresenta o tipo de ambiente no qual o aprendizado contínuo, a troca de conhecimentos explícitos e tácitos, o aconselhamento entre colegas e o autodesenvolvimento são profundamente encorajados e facilitados. Organizações caracterizadas por esse tipo de cultura demonstram uma forte identidade corporativa. Em contrapartida, seus colaboradores se revelam totalmente comprometidos com a empresa e muito orgulhosos por trabalharem nela. Todos eles compreendem os objetivos da empresa, assim como o tipo de contribuição individual que se fará necessária para atingi-los. Esses indivíduos também ostentam um forte senso de propriedade. Todos já aprenderam a valorizar a troca de *feedback* e sabem como utilizá-lo de maneira efetiva; eles sabem como construir times de alto desempenho permeadas por uma forte motivação e pelo amor ao aprendizado. Os funcionários desse tipo de organização reconhecem o valor do diálogo corajoso e não permitem que eventuais problemas se tornem cada vez mais graves.

"Em empresas que possuem uma cultura de *coaching*, as pessoas descobrem continuamente como criar sua própria realidade - e como serão capazes de alterá-la."

A partir de experiências realizadas por mim mesmo, e também por outros profissionais, percebi que as empresas que desenvolveram uma cultura de *coaching* efetiva reportam taxas de rotatividade significativamente reduzidas, assim como graus mais elevados não apenas de produtividade, mas também de prazer e satisfação no trabalho. Em organizações desse tipo, os colaboradores se beneficiam bastante ao ter acesso a uma comunicação mais aberta, a atitudes mais compassivas, a um nível reduzido de estresse, a mais atenção por parte da companhia no desenvolvimento dos talentos dos colaboradores, e a um senso mais profundo de bem-estar. Habilidades como as de ouvir e escutar, de questionar e de explorar encontram-se arraigadas na cultura organizacional. A cultura de *coaching* também contribui para: (1º) a criação de um senso de propriedade na companhia; (2º) a existência de um *networking* mais eficiente; (3º) o surgimento de práticas de liderança mais eficazes e; (4º) a prevalência de um maior comprometimento dos funcionários, criando assim melhores resultados em toda a organização. Em empresas que possuem uma cultura de *coaching*, as pessoas descobrem continuamente como criar sua própria realidade – e como serão capazes de alterá-la [25-27].

Implementar uma cultura de *coaching* exige várias intervenções. O maior desafio é manter a vantagem competitiva da empresa. Contudo, muitas perguntas precisarão ser respondidas. Se criarmos uma cultura de *coaching*, o quão diferentes poderemos nos tornar em

---

O que é uma cultura de *coaching*?

As pessoas em sua organização possuem:

- Relações caracterizadas pela confiança interpessoal, pela disposição em revelar informações de caráter pessoal e abertura?
- Um foco no autoconhecimento e no desenvolvimento pessoal (e estão preparadas para avaliar seus pontos fortes e fracos)?
- Preparo para manter diálogos corajosos?
- Disposição para oferecer *feedback* claro e construtivo?

Se você responder de modo afirmativo a todas essas questões, sua organização está preparada para uma cultura de *coaching*.

relação aos nossos concorrentes? Se operarmos mudanças internas, continuaremos a atender as necessidades de nossos clientes? Será que os membros da organização são capazes de promover essas mudanças? Serão eles fortes o suficiente para suportar todas as dificuldades do processo de mudança? As respostas para essas questões irão depender das lideranças da organização, do tipo de funcionários que a empresa costuma atrair e também do contexto em que a companhia opera.

Uma estratégia multifacetada, e que promova várias intervenções simultâneas, será necessária para que se consiga efetivar mudanças reais e duradouras em uma empresa. As lideranças organizacionais precisam estar comprometidas com todo o processo, e não se acovardarem diante de obstáculos que possam surgir no percurso. O apoio de um *coach* de liderança que saiba exatamente como operar nos níveis micro, médio e macro (particularmente de um profissional que tenha muita experiência em mudanças e transformações organizacionais) poderá contribuir de maneira dramática para o sucesso dos esforços de transição e da mudança cultural.

Todavia, é preciso alertar o leitor para o fato de que uma cultura de *coaching* implementada de modo isolado não será suficiente para promover mudanças, aprimorar o desempenho dos funcionários, aumentar a satisfação no emprego ou elevar o nível de comprometimento dos colaboradores de uma organização. Ela deve ser adotada em conjunto com uma estratégia viável de negócios. Concentrar-se somente em uma "cultura de *coaching*" como meio de transformação poderá fazer com que a empresa se arrisque a perder de vista seu objetivo final. O comprometimento e o engajamento com o processo de *coaching* funcionam melhor quando abordados em um duplo contexto: o aprimoramento das habilidades de *coaching* de liderança sempre deverá ocorrer no contexto dos negócios. O *coaching* sempre será parte do processo de tornar o trabalho mais eficiente. Em outras palavras, o *coaching* não deve ser apenas mais um item para se acrescentar à lista de afazeres; ele deve ser visto como uma maneira de

> "Com enorme frequência, os 'reis' do mundo organizacional acabam saindo por aí completamente nus."

se reduzir a carga de trabalho de cada indivíduo, tornando os processos mais eficientes. Os contextos permitem que os executivos percebam o *coaching* não somente como um instrumento de apoio organizacional, mas também como uma solução – e não como a última moda do setor de recursos humanos.

De vez em quando os agentes de mudança – como os *coaches* – precisam assumir o papel de sábios tolos[4] [28, 29]. A bem da verdade, os tolos sempre existiram em todas as culturas mundiais – e ao longo de toda a história. O fato é que, muitas vezes, os líderes das organizações precisam contar com a ajuda de pessoas que estejam realmente dispostas a dizer a verdade sobre a situação. Com enorme frequência, os "reis" do mundo organizacional (como aquele do conto de fadas de Hans Christian Andersen[5]) acabam saindo por aí completamente nus. Altos executivos raramente têm acesso à verdade nua e crua, e a maioria das culturas organizacionais não encoraja as pessoas a dizerem o que realmente pensam. Essa falta de verdade acaba provocando um ciclo de arrogância que se retroalimenta. A partir daí ocorre o surgimento do narcisismo.

Na verdade, ao desafiar o *status quo*, iluminar pontos obscuros e reforçar a capacidade do executivo sênior em testar a realidade, a figura do "sábio tolo" pode se revelar um importante contrapeso na luta contra as forças regressivas inerentes à liderança. O *coach* é perfeitamente capaz de assumir uma postura "ultrajante" na empresa. Sendo assim, se o objetivo da organização é buscar aprimoramento contínuo, esse agente de mudança se revela um importante patrimônio para a empresa.

Dito isso, permita-me terminar este capítulo lhe contando uma pequena história que me foi contada por uma de minhas alunas de *coaching*, que na época se mostrou bastante preocupada com um de

---

[4] Referência à expressão aparentemente contraditória "sabedoria dos idiotas" (*wisdom of the fool*). O conceito surgiu bem cedo no processo de civilização e se desenvolveu durante a Idade Média, tornando-se mais proeminente na Renascença. (N.T.)

[5] Referência à fábula conhecida no Brasil com o título *A roupa nova do rei*. (N.T.)

seus clientes, um homem trabalhador e bastante criativo em cuja carreira ela havia colaborado. Quando ela o encontrou pela primeira vez durante uma sessão de *coaching* de time de trabalho, ela ficou impressionada com sua abnegação e disposição para ajudar os outros membros do grupo. A partir daí, o talento daquele homem o levou ao topo da empresa e passaram-se muitos anos sem que eles se encontrassem. Sendo uma das conferencistas que participariam de um evento na mesma cidade onde aquele seu cliente mantivera o escritório, ela decidiu contatá-lo e dizer a ele que seria uma ótima oportunidade para se encontrarem novamente. O homem ficou bastante feliz com a ideia de reencontrá-la – para ela, entretanto, a reunião foi frustrante.

Seu antigo cliente a apanhou na frente do hotel. A conversa ficou truncada enquanto ele se esforçava para mostrar-lhe alguns pontos turísticos da cidade. Ele então perguntou a ela sua opinião sobre seu novo carro esportivo; durante a conversa ele fez questão de mencionar *em passant* (de passagem) o nome de várias pessoas conhecidas, demonstrando que tinha acesso a indivíduos importantes; ele também queria muito mostrar-lhe seu avião particular. Então ela se lembrou de que mesmo antes de alcançar o sucesso como executivo, ele sempre se mostrara bastante interessado em circular nas altas esferas – o *status* sempre se revelara fundamental para aquele homem –, mas agora ele parecia se importar somente com os luxos que aquele mundo podia lhe garantir. Depois de retornarem para o hotel, ela decidiu convidar seu ex-cliente para um drinque no *lounge* do hotel.

Quando ele se levantou para ir embora, ela lhe pediu que olhasse pela janela, e então perguntou: "O que você vê?". O homem olhou e respondeu: "Vejo um monte de pessoas cuidando de suas próprias vidas." Então ela olhou para ele, apontou para a grande lareira do hall, dizendo: "Por favor, agora olhe para aquele espelho sobre a lareira. O que vê?". Então o antigo cliente olhou, sorriu e respondeu. "Vejo a mim mesmo." "Sabe de uma coisa," disse a *coach*, "a diferença entre o vidro comum e um espelho é apenas a camada metalizada que se encontra na parte de trás. Às vezes, quando colocamos algo por trás de um vidro tudo o que conseguimos ver é nossa própria imagem refletida."

Com esse comentário ela esperava fazer com que aquele homem se lembrasse não apenas do seu lado mais altruísta, que, aliás, parecia ter se perdido ao longo dos anos, mas principalmente da humildade, das emoções e da gratidão que ele expressara ao receber o *feedback* honesto de seus colegas sobre seu estilo de liderança, durante uma sessão de *coaching* por ela facilitada há vários anos. Ela esperava fazê-lo se recordar de que a opinião dos outros sobre nós mesmos é, em geral, menos deturpada, e, portanto, pode se revelar bem mais valiosa.

REFERÊNCIAS BIBLIOGRÁFICAS

1. Kets de Vries, M. F. R. (2001b). *The Leadership Mystique (A Mística da Liderança)*. Londres: FT Prentice-Hall.
2. Kets de Vries, M. F. R. (2006a). *The Leader on the couch: A Clinical Approach to Changing People and Organizations (O Líder no Divã: Uma Abordagem Clínica para Mudar Pessoas e Empresas)*. Nova York: Wiley.
3. Kets de Vries, M. F. R. e Korotov, K. (2007). *Creating Transformational Executive Education Programs (Criando Programas Educacionais para Transformação de Executivos)*. Academy of Management Learning & Education, 6(3), 375-87.
4. Kets de Vries, M. F. R. e Miller, D. (1984). *The Neurotic Organization (A Empresa Neurótica)*. São Francisco, CA: Jossey-Bass.
5. Kets de Vries, M. F. R. e Miller, D. (1987). *Unstable at the Top (Instável no Topo)*. Nova York: New American Library.
6. Flaherty, J. (2005). *Coaching: Desenvolvendo a Excelência Pessoal e Profissional*. Rio de Janeiro: Qualitymark, 2010.

7. Kets de Vries, M. F. R. (2005a). *Leadership Group Coaching in Action: The Zen Of Creating High Performance Teams (Coaching de Grupos de Liderança em Ação: O Zen da Criação de Times de Alto Desempenho). The Academy of Management Executive,* 19(1), 61-76.
8. Kets de Vries, M. F. R.; Korotov, K. e Florent-Treacy, E. (2007). *Experiências e Técnicas de* Coaching: *A Formação de Líderes na Pratica* (Bookman, 2009).
9. Kilburg, R. R. (2000). *Executive Coaching: Developing Managerial Wisdom in a World of Chaos (Coaching Executivo: Desenvolvendo Sabedoria Gerencial em um Mundo de Caos).* Washington, DC: American Psychological Association.
10. Palmer, S. e Whybrow, A. (2007). *Handbook of Coaching Psychology: A Guide for Practitioners. (Livro-Texto da Psicologia do Coaching: Guia Para Praticantes).* Londres: Routledge.
11. Ibid.
12. Kilburg, R. R. (2000). *Executive Coaching: Developing Managerial Wisdom in a World of Chaos. (Coaching Executivo: Desenvolvendo Sabedoria Gerencial em um Mundo de Caos).* Washington, DC: American Psychological Association.
13. Kets de Vries, M. F. R. e Miller, D. (1984). *The Neurotic Organization (A Empresa Neurótica).* São Francisco, CA: Jossey-Bass.
14. Ibid.
15. Grant, A. M. e Stober, D. R. (2006). *Evidence-Based Coaching Handbook (Livro-Texto de Coaching Baseado em Evidências).* Londres: John Wiley& Sons Ltd.
16. Hunt, J. M. e Weintraub, J. R. (2002). *The Coaching Manager (O Gerente Coach).* Londres: SagePublications.
17. Peterson, D. B. e Hicks, M. D. (1995). *Leader as Coach: Strategies for Coaching and Developing Others (O Líder como Coach: Estratégias para Orientar e Desenvolver Outras Pessoas).* Minneapolis, MN: PersonnelDecisions.

18. Whitmore, J. (2002). *Coaching para Performance: Aprimorando Pessoas, Desempenho e Resultados.* Rio de Janeiro: Qualitymark, 2006.
19. Winnicott, D. W. (1951). *Da Pediatria à Psicanálise: Obras Escolhidas.* Rio de Janeiro: Ímago, 2000.
20. Flaherty, J. (2005). *Coaching: Desenvolvendo a Excelência Pessoal e Profissional.* Rio de Janeiro: Qualitymark, 2010.
21. Hudson, F. M. (1999). *The Handbook of Coaching: a Comprehensive Resource Guide for Managers, Executives, Consultants, and Human Resource Professionals (O Manual do Coaching: Um Guia Fácil para Gestores, Executivos, Consultores e Profissionais de Recursos Humanos).* São Francisco, CA: Jossey-Bass.
22. Hunt, J. M. e Weintraub, J. R. (2002). *The Coaching Manager (O Gerente Coach).* Londres: SagePublications.
23. Schein, E. H. (1985). *Cultura Organizacional e Liderança.* São Paulo: Atlas, 2009.
24. Schein, E. H. (1992). *Cultura Organizacional e Liderança.* São Paulo: Atlas, 2009.
25. Hudson, F. M. (1999). *The Handbook of Coaching: A Comprehensive Resource Guide for Managers, Executives, Consultants, and Human Resource Professionals (O Manual do Coaching: Um Guia Fácil para Gestores, Executivos, Consultores e Profissionais de Recursos Humanos).* São Francisco, CA: Jossey-Bass.
26. The Executive Coaching Forum. (2004). *The Executive Coaching Handbook: Principles and Guidelines for a Successful Coaching Partnership (Manual do Coaching Executivo: Princípios e Conselhos para uma Parceria de Sucesso).* Disponível *on-line* em 17 de maio de 2011 em <www.executivecoachingforum.com>.
27. Hunt, J. M. e Weintraub, J. R. (2006). *The Coaching Organization: a Strategy for Developing Leaders (A Empresa Orientadora: uma Estratégia para Desenvolver Líderes).* Nova York: Sage.

28. Kets De Vries, M. F. R. (1990). *The Organizational Fool: Balancing a Leader's Hubris (O Bobo Corporativo: Equilibrando o Orgulho do Líder).* Human Relations, 43(8), 751-70.
29. Kets de Vries, M. F. R. (1993). *Leaders, Fools and Impostors: Essays on The Psychology of Leadership (Líderes, Tolos e Impostores: Ensaios Sobre a Psicologia da Liderança).* São Francisco: Jossey-Bass.

PARTE DOIS:

UMA PERSPECTIVA PSICODINÂMICA SOBRE INDIVÍDUOS E GRUPOS

CAPÍTULO 4:

COMPREENDENDO OS INDIVÍDUOS DENTRO DOS GRUPOS

Cada extensão do conhecimento decorre de tornar consciente o que é inconsciente.
— Friedrich Nietzsche

O objetivo do trabalho analítico não é impossibilitar as reações patológicas, apenas oferecer ao ego do paciente a liberdade para decidir qual o melhor caminho a tomar.
— Sigmund Freud

Tudo o que nos irrita em relação aos outros é capaz de nos levar a um melhor entendimento sobre nós mesmos.
— Carl Jung

O homem vive de maneira consciente para si mesmo, mas serve de instrumento inconsciente para os fins históricos e universais da humanidade.
— Leo Tolstoy

Havia um garotinho que costumava tocar seu pequeno tambor o dia todo. Ele adorava aquele instrumento e, independentemente do que os outros dissessem ou fizessem, ele se recusava a parar. Muito irritados com a situação, os vizinhos do menino foram em busca de ajuda e conversaram com várias mulheres considerados grandes sábias, por assim dizer, e pediram a cada uma delas que tomasse uma atitude em relação a criança. A primeira senhora consultada disse ao garoto que se ele continuasse a fazer tanto barulho acabaria perfurando seus próprios tímpanos; todavia, aquele nível de raciocínio era demasiadamente avançado para o menino, que não era cientista, tampouco uma criança muito brilhante. A segunda mulher explicou ao jovem que o toque do tambor era um ato sagrado e, portanto, deveria ser reservado apenas para ocasiões especiais. Mas isso não resolveu o problema, e o garoto continuou a tocar alegremente. Foi então que a terceira sábia encontrou uma solução bem simples: ela distribuiu aos vizinhos protetores auriculares. Visando fazer com que o garotinho concentrasse suas energias em outra atividade, a quarta mulher decidiu presenteá-lo com um livro. Mas o presente não causou muito interesse na criança. A quinta senhora ofereceu aos moradores alguns livros sobre **"gestão de agressividade."** Com o intuito de acalmá-lo, a sexta sábia prescreveu exercícios de meditação para o menino, e explicou que toda a realidade era apenas imaginação.

Assim como todo e qualquer placebo, algumas dessas soluções até funcionaram por algum tempo, mas nenhuma delas teve o efeito duradouro esperado. Finalmente, surgiu na cidade uma verdadeira sábia. Ela procurou o menino, deu a ele um martelo e um cinzel, e perguntou: "O que será que tem dentro desse tambor?"

Essa história me parece bastante apropriada para os *coaches* executivos. Particularmente, sempre defendi a ideia de que, enquanto profissionais na área de *coaching*, deveríamos trabalhar não apenas de fora para dentro, mas também de dentro para fora. De maneira geral, o processo de *coaching* pode ser definido como um método para ajudar o indivíduo – ou grupo de indivíduos – a atingir um objetivo específico ou desenvolver determinadas habilidades. Contudo, todos os

> "Enquanto profissionais na área de *coaching*, deveríamos trabalhar não apenas de fora para dentro, mas também de dentro para fora."

profissionais dessa área precisam ir além de soluções temporárias e lidar com os problemas que realmente são capazes de prejudicar e emperrar os processos organizacionais.

A necessidade de promover mudanças reais e duradouras por meio dos processos de *coaching* é a razão pela qual a maior parte do trabalho que realizo nas empresas está fundamentado em paradigmas clínicos. Pessoalmente, observo esses paradigmas como uma caixa de ferramentas bastante útil e eficiente nas mãos de um *coach* organizacional. Tecnicamente, a palavra **clínico** vem do latim *clinicus*, e significa **"médico que visita o paciente em seu leito"**. Dentro de meu contexto profissional, utilizo o termo **clínico** para demonstrar que, pessoalmente – assim como todas as pessoas que possuem uma orientação similar para mudanças organizacionais –, sempre procuro trabalhar bem próximo dos meus clientes, considerando suas próprias vidas e experiências como fontes importantes de aprendizado e desenvolvimento, em vez de simplesmente aplicar conceitos teóricos genéricos e típicos da famigerada **torre de marfim**.[1] Sempre procuro extrair o melhor das mais diferentes correntes de pensamento na área de psicologia (e, felizmente, muitas dessas linhas no campo da psicoterapia parecem convergentes) e devo admitir que, considerando meu treinamento psicanalítico, sinto-me um pouco mais inclinado a adotar um ponto de vista de caráter psicodinâmico. Atualmente, a maioria das correntes psicoterápicas, seja qual for sua convicção, cada vez mais presta atenção à vida emocional dos clientes; elas reconhecem que a maior parte do comportamento das pessoas está além dos níveis de consciência. Os defensores desse pensamento também consideram que a aliança estabelecida entre o terapeuta e o cliente é o que faz toda a diferença [1]. Portanto, enfatizo que uma profunda exploração do *self* na relação com o outro poderá nos ajudar a compreender melhor a vida mental consciente e inconsciente do indivíduo. Como observado pelo filósofo Kierkegaard: "A vida somente pode ser compreendida de trás para frente; embora tenha de

---

[1] Desde o século XIX esta expressão, que, em geral, ostenta caráter pejorativo, tem sido utilizada para designar um mundo em que intelectuais se engajam em buscas supostamente alheias às preocupações práticas da vida cotidiana. (N.T.)

ser vivida para frente." Em meu trabalho, tento encorajar as pessoas a afrouxarem seus laços com o passado e, ao mesmo tempo, ajudá-las a vislumbrar novas possibilidades no futuro.

O paradigma clínico é capaz de aumentar consideravelmente a eficácia na análise individual e organizacional. Independentemente de o profissional de *coaching* estar trabalhando com um indivíduo ou com um grupo, os processos que se utilizam de uma abordagem psicodinâmica promovem uma orientação mais holística e sistêmica – atentando para os processos micro, médio e macro, descritos no capítulo anterior – que pode ser percebida nas interações entre indivíduos, grupos e a organização como um todo.

O PARADIGMA CLÍNICO EXPLICADO

A aplicação de um paradigma clínico pode ser descrita, de maneira metafórica, como um modo de explorar o teatro interno de um indivíduo. Por trás das cortinas do nosso próprio teatro interno desenrola-se uma tragicomédia riquíssima, em que importantes atores representam as pessoas que amamos, odiamos, tememos e admiramos ao longo de nossas vidas. Alguns deles evocam memórias dolorosas; outros nos preenchem com sentimentos de bem-estar. O fato é que essas figuras internas exerceram uma forte influência no desenvolvimento de nossas crenças, nossas atitudes e nossos valores pessoais, que, por sua vez, estabeleceram a base para nossa personalidade, nossos padrões comportamentais, nosso estilo de liderança e nossos cursos de ação. É claro que o que vemos de maneira mais proeminente são as ações que resultam dessas influências subjacentes.

"Por trás das cortinas do nosso próprio teatro interno desenrola-se uma tragicomédia riquíssima, em que importantes atores representam as pessoas que amamos, odiamos, tememos e admiramos ao longo de nossas vidas."

Se quisermos compreender melhor a nós mesmos (e este conselho se destina tanto aos agentes de mudança – como os *coaches* – quanto aos seus clientes), precisamos explorar os temas contidos em nosso próprio teatro interno e atentar para os nossos desejos, nossas vontades e fantasias. Devemos identificar os temas, padrões e esquemas recorrentes, e então explorar tentativas repetidas de evitar pensamentos e sentimentos dolorosos. De modo específico, temos de prestar atenção aos nossos laços interpessoais, uma vez que nossas primeiras experiências de vida poderão ser reencenadas muitas e muitas vezes em nossas relações atuais, na forma de reações de transferência ou de contratransferência – repetições inadequadas (mas interessantes) de relacionamentos que foram importantes em nosso passado (com nossos pais ou irmãos, por exemplo), mas que agora são inconscientemente redirecionadas e interpretadas [2, 3].

Estas forças inconscientes afetam não apenas o modo como amamos, escolhemos nossos amigos ou nos expressamos; elas influenciam nossos padrões de relacionamento com nossos chefes, colegas e subordinados. As reações de transferência permeiam todas as nossas experiências de vida. Assim como um projecionista que exibe um filme na tela, também projetamos nossas primeiras experiências sobre os outros; estas afetam o modo como tomamos nossas decisões, nosso estilo de liderança, o modo como nos comunicamos e, como no caso dos porcos-espinhos de Schopenhauer, o quanto somos capazes de trabalhar juntos em um time. No contexto do desenvolvimento da liderança, se quisermos ajudar as pessoas a mudarem suas ações ou seu comportamento – em vez de simplesmente atuarem juntas, como se fosse uma colcha de retalhos, mas de modo desconexo – precisamos aprender a considerar essas camadas mais profundas do ser humano.

As premissas do paradigma clínico

O paradigma clínico é, portanto, uma orientação que nos ajuda a examinar nosso próprio comportamento e a refletir sobre ele. Isso nos permitirá alterar alguns de seus elementos. Veja a seguir algumas premissas importantes do paradigma clínico:

- *A racionalidade é uma ilusão.*
  A irracionalidade se baseia na racionalidade. O comportamento irracional é um padrão comum em nossas vidas, embora sempre apresente uma lógica ou um significado. Nada do que fazemos ocorre por acaso. Elementos do determinismo psíquico[2] são um fato da vida. Compreender este raciocínio é crucial para que possamos entender nosso próprio teatro interno, assim como o das outras pessoas – os temas centrais que afetam a personalidade, o comportamento e o estilo de liderança de cada ser humano.
- *O que vemos não é necessariamente o que realmente acontece.*
  Muito do que nos acontece está além de nossa percepção consciente. A maior parte do nosso comportamento é estimulado por forças inconscientes. Para que possamos compreender melhor esses padrões inconscientes, precisamos explorar nossas vontades, nossas fantasias e nossos desejos pessoais, assim como os dos outros; devemos prestar muita atenção aos temas e padrões que se repetem constantemente em nossa vida e na vida dos ouros.
- *O passado são as lentes através das quais podemos compreender o presente e formatar o futuro.*
  Cada um de nós é um produto do seu próprio passado. Gostemos disso ou não, há uma continuidade entre o passado e o presente. Sentimo-nos inclinados a observar o presente através do microscópio de nossas experiências passadas. A estrutura de nossa personalidade se deve não apenas à nossa herança genética, mas também resulta do ambiente em que vivemos no início de nossas vidas. Para que possamos compreender nosso próprio comportamento, precisamos explorar nossa história interpessoal, incluindo nessa análise nossos laços relacionais originais.

---

[2] Trata-se de um princípio psicanalítico segundo o qual todos os fenômenos psíquicos e comportamentais, inclusive aqueles que são aparentemente irracionais, fortuitos e sem importância, são passíveis de explicação e compreensão dentro do contexto de vida de um indivíduo. (Fonte: http://www.anaclaudia.psc.br/psicoterapia.asp) (N.T.)

- *O significado das relações de transferência e contratransferência.*
  Em função do forte *imprinting*[3] que ocorre nos estágios iniciais da vida, tendemos a repetir certos padrões comportamentais. Para compreendermos a razão pela qual agimos de uma determinada maneira, precisamos explorar nossas relações interpessoais. Aspectos adaptativos e não adaptativos de nosso modo operacional sempre serão afetados pela maneira como nossas relações de ligação originais – o relacionamento com nossos primeiros cuidadores – se desenvolveram. Uma vez que sempre existirão temas repetitivos em nossa vida – e também na vida dos outros –, estes serão reativados nos relacionamentos que mantivermos com as pessoas no presente. Para entendermos nosso próprio comportamento, assim como o daqueles que nos rodeiam, temos de identificar esses temas e padrões recorrentes. Esses padrões relacionais problemáticos (reações de transferência e contratransferência) nos oferecem uma grande oportunidade de explorarmos e trabalharmos questões complexas no presente. O ato de explorar as relações entre passado e presente nos libertará de comportamentos arraigados e automatizados.
- *Nada é mais central para definir quem somos que o modo como expressamos e controlamos nossas emoções.*
  Insight intelectual não é o mesmo que *insight* emocional. Este último nos afeta em um nível bem mais profundo. As emoções desempenham um papel vital na formatação daquilo que somos e do modo como agimos. Nada é mais importante para definir quem somos que a maneira como expressamos e controlamos nossas emoções.
- *Todos nós possuímos pontos cegos.*
  Há muitas coisas que simplesmente não queremos saber sobre nós mesmos. Todos nós possuímos um lado obscuro. Utilizamos processos defensivos e de resistência para evitar aspectos problemáticos

---

[3] Trata-se de um conceito da psicologia que descreve um rápido processo de aprendizado que acontece precocemente na vida de animais e seres humanos, estabelecendo um padrão comportamental. (N.T.)

de nossas experiências. Muitos indivíduos acabam saindo dos trilhos por conta dos pontos cegos existentes em sua personalidade. Explorar a evitação de pensamentos e sentimentos dolorosos nos oferece um retrato da nossa própria personalidade e também da dos outros. Nossas resistências se evidenciam por causa de conflitos internos; precisamos aceitar o fato de que dissonâncias interiores fazem parte da condição humana.

- *Sistemas de necessidades motivacionais determinam nossa personalidade.*

Os sistemas de necessidades motivacionais que compõem a interligação entre **"natureza"** e **"criação"**[4] criam o firme triângulo que retrata nossa vida mental (e cujos três lados representam a cognição, o afeto e o comportamento). Há cinco sistemas básicos de necessidades motivacionais, três dos quais impactam o ambiente de trabalho de modo apenas periférico. O primeiro engloba nossas necessidades fisiológicas, tais como alimento, água, excreção, sono e respiração; o segundo, nossa necessidade por prazer sensorial e, posteriormente, intimidade sexual; o terceiro diz respeito a nossa necessidade de responder de maneira aversiva a certas situações por meio de antagonismos e/ou retraimento. Além desses três sistemas, há outros dois que afetam o ambiente de trabalho de modo direto e poderoso. O primeiro é a **necessidade de ligação**[5]**/afiliação** – a busca por relacionamentos

---

[4] Referência ao debate entre natureza e criação, que diz respeito à relativa importância das qualidades internas do indivíduo (nativismo) em comparação às experiências pessoais (empirismo ou behaviorismo) na determinação de diferenças individuais em traços físicos e comportamentais. (N.T.)

[5] A noção de *attachment* de Bowlbi faz referência à capacidade de uma pessoa se ligar (no sentido de estabelecer vínculo) a outra pessoa. De acordo com a teoria, a relação de apego estabelecida entre a criança e seu (sua) cuidador (a) nos primeiros 2 anos de vida forma os padrões de ligação que orientarão a percepção, as emoções, os pensamentos e as expectativas em relacionamentos futuros. Nas traduções para o português da obra de Bowlbi, *attachment* ora é traduzido como apego, ora como ligação. Para efeito dessa obra, para ser o mais fiel possível ao conceito que o autor quer transmitir, também usaremos as duas formas de tradução. (N.R.T.)

com outras pessoas e a luta para se tornar parte de algo maior. Vale ressaltar que a necessidade de ligação impulsiona o processo de engajamento com outro ser humano; trata-se da experiência universal de querer estar próximo do outro, e sentir o prazer do compartilhamento e da afirmação. Quando essa necessidade de conexão íntima extrapola para os grupos, o desejo de se associar com outras pessoas pode ser descrito como necessidade de afiliação. Tanto a ligação quanto a afiliação desempenham um papel de equilíbrio emocional ao confirmarem nosso valor pessoal e contribuírem para o nosso senso de autoestima. O segundo sistema de necessidade motivacional fundamental no ambiente de trabalho é a necessidade de exploração/asserção, que envolve a habilidade de "brincar", pensar, aprender e trabalhar. Assim como no caso da ligação/afiliação, tais necessidades também aparecem precocemente em nossa vida. A exploração e a manipulação ativas do ambiente em resposta à motivação de caráter exploratório--assertivo produzem um senso de eficiência, competência, autonomia, iniciativa e dedicação.

O que em um dado momento pode ser visto como uma dificuldade psicológica (um comportamento inadequado no ambiente de trabalho, por exemplo) talvez possa ser mais bem compreendido, e até modificado, se o considerarmos como um efeito residual das soluções adaptativas ao problema que representa o viver. Para ilustrar esse conceito, considero útil compartilhar uma história que me foi contada por um executivo libanês. Segundo ele, os comentários contidos no relatório de *feedback* em 360 graus, preenchidos por observadores externos, colegas e familiares, estavam relacionados à maneira agressiva com que ele se dirigia ao seu chefe e ao estilo superprotetor que utilizava em relação ao seu próprio time de trabalho. Durante a apresentação do seu autorretrato, ele explicou que havia crescido em meio à guerra civil em seu país, e que posteriormente, teve de abandonar o local. Sem entrar em detalhes sobre aquilo que parecia um assunto bastante doloroso e desconfortável, o grupo o ajudou a perceber a conexão

> **Ao utilizar lentes clínicas para estudar a vida das pessoas dentro das organizações, lembre-se das seguintes premissas:**
> Avalie as perguntas abaixo:
>
> 1. A racionalidade é uma ilusão.
> 2. Muito do que nos acontece está além de nossa percepção consciente.
> 3. O passado são as lentes através das quais podemos compreender o presente e formatar o futuro.
> 4. Nada é mais central para definir quem somos que o modo como expressamos e controlamos nossas emoções.
> 5. Todos nós possuímos um ponto cego.
> 6. Sistemas de necessidades motivacionais determinam nossa personalidade.

entre o comportamento que fora necessário para sobreviver enquanto criança em um país assolado pela guerra e a atitude mais adequada para um líder em uma organização sólida. O objetivo de se aplicar o paradigma clínico é ajudar as pessoas a reviverem experiências passadas e se tornarem mais conscientes de suas escolhas e do modo como se comportam na atualidade. Para garantir um funcionamento saudável, é, portanto, fundamental que o indivíduo deixe de ser um estranho para si mesmo. Precisamos nos libertar das amarras que nos prendem ao passado para conseguirmos explorar novos desafios em nossa vida.

"Para garantir um funcionamento saudável, é, portanto, fundamental que o indivíduo deixe de ser um estranho para si mesmo."

Aplicar o paradigma clínico em situações de *coaching* ajuda o profissional a evidenciar o papel interpessoal central que cada cliente assume, seja de maneira consciente ou inconsciente. Aliás, isso também nos ajuda a explorar os papéis nos quais outras pessoas são colocadas em uma constelação executiva. Esse termo descreve o modo como os pontos fortes e fracos de cada membro do time de trabalho podem completar uns aos outros, criando assim um grupo bem mais equilibrado do que a mera soma de suas partes poderia sugerir. Por exemplo, embora a princípio um grupo de indivíduos com especialização técnica ou em áreas criativas talvez se sentisse mais confortável trabalhando ao lado de pessoas que compartilham o mesmo modo de pensar, é bem provável que o objetivo do time seja atendido de modo mais satisfatório se houver uma mescla de personalidades e conhecimentos [4, 5].

O paradigma clínico também nos ajuda a identificar expectativas autodestrutivas, percepções ultrapassadas e também autoavaliações negativas que o indivíduo possa ter ou fazer de si mesmo. Essa abordagem também ajuda o *coach* a identificar e trabalhar tentativas por parte dos integrantes do grupo de evitar pensamentos ou sentimentos dolorosos. Em certos momentos, o que não é discutido pode ser tão importante quanto aquilo que é. Na história de *coaching* de grupo mencionada no Capítulo 2, coube a Jorgen e a Maria mencionar o fato de que Robert não se mostrava engajado no processo – ele parecia estar evitando alguma coisa. Talvez a abordagem utilizada por ambos tenha sido um pouco desajeitada – e até contundente demais, em alguns momentos – mas o profissional que direcionava os trabalhos permitiu que a situação se desenrolasse e, ao fazê-lo, possibilitou a todos os participantes adquirirem novos *insights* a partir daquela interação.

Sempre que possível, o *coach* responsável pelo grupo deverá tentar investigar as relações atuais entre os membros do time. E, considerando que as interações de transferência e contratransferência são uma ótima fonte de informações, também deverá ser verificada a relação entre esse mesmo time e o próprio *coach*. [6] Os *coaches* não são observadores ascéticos posicionados à margem do grupo; eles fazem parte do processo. Assim como no caso do projecionista e de sua tela, os membros do grupo também irão projetar várias fantasias no *coach*. Portanto, esses profissionais devem atentar para as reações de seus clientes em relação a eles próprios e constantemente se perguntar o que elas significam. Por exemplo, demonstrações de hostilidade, desconfiança, bajulação, ou até mesmo de que o participante esteja, de algum modo, se sentindo rejeitado, podem ser bastante significativos e sugerir padrões comportamentais mais generalizados que valem a pena ser explorados em profundidade.

UM OLHAR MAIS PROFUNDO NOS PADRÕES DE RELACIONAMENTO

Muitos terapeutas [7, 8], já ressaltaram a importância de examinarmos não apenas as relações entre as pessoas, mas também seus padrões de comunicação, em vez de nos focarmos meramente nos desejos mais íntimos e nas fantasias do indivíduo. Para o antropólogo Gregory Bateson, o conceito de comunicação representava: formas e regras de interação, palavras significativas e gestos que envolviam um transmissor e um receptor. A comunicação deveria ser compreendida, não apenas do ponto de vista do indivíduo, mas, especificamente no contexto de uma relação entre pessoas.

O duplo vínculo

Ao aplicar esse conceito relativo a comunicação aos distúrbios mentais (por exemplo, a indivíduos portadores de esquizofrenia), Bateson e outros especialistas em comunicação sugeriram que o problema dos distúrbios psicológicos não se originava meramente no paciente em particular, mas também estava relacionado com a natureza do padrão de interação na rede familiar do paciente. Bateson demonstrou como certos tipos de padrões de comunicação incorporam erros lógicos que impedem que uma mensagem seja recebida corretamente – criando assim o que ele próprio descreve como **"duplo vínculo"**.

O duplo vínculo é uma situação que ocorre na comunicação interpessoal. Nela o indivíduo recebe mensagens conflitantes, sendo uma delas verbal e outra de caráter mais dissimulado. A tensão criada pela contradição dessas mensagens gera um impasse psicológico para

COMPREENDENDO OS INDIVÍDUOS DENTRO DOS GRUPOS

o indivíduo que a recebe. Independentemente de qual mensagem for aceita, a resposta será interpretada como incorreta, já que uma escolha precisará ser feita entre duas alternativas igualmente insatisfatórias. O exemplo clássico de duplo vínculo negativo é o da mãe que diz a seu filho(a) que o(a) ama, enquanto o(a) negligencia (há neste caso uma clara contradição entre as palavras proferidas e o comportamento adotado pela mãe). Naturalmente, em qualquer relação em que as pessoas são dependentes umas das outras para sobreviverem, seja em termos físicos ou psicológicos (como no caso da família), os efeitos da comunicação paradoxal podem se mostrar devastadores. Infelizmente, como já tive a oportunidade de experimentar, a comunicação do tipo duplo vínculo é bastante comum nos grupos.

Recordo-me de um exemplo ocorrido durante uma sessão de *coaching* de grupo que reunia o comitê executivo de uma empresa de serviços de tecnologia de informação (TI). Na época, o profissional encarregado de conduzir a sessão testemunhou várias situações em que o CEO da empresa simultaneamente elogiava e repreendia os membros do time de trabalho. Em um dos incidentes, o CEO enalteceu o desempenho do diretor financeiro da empresa que, por conta de sua visão

"O duplo vínculo é uma situação de comunicação interpessoal em que o indivíduo recebe mensagens conflitantes, sendo uma delas verbal e outra de caráter mais dissimulado."

conservadora da economia – segundo as próprias palavras do CEO –, teria evitado que a companhia se envolvesse em uma grave crise financeira. Contudo, logo na sequência, esse mesmo indivíduo repreendeu o diretor em questão pela falta de criatividade em oferecer recursos suficientes aos demais membros do time para que estes pudessem desenvolver melhor suas funções. O fato é que, embora o diretor financeiro não tivesse se mostrado tão "comercial" como poderia, sua atuação salvou a empresa. Apesar de o profissional inicialmente se sentir feliz pelo elogio oferecido pelo chefe – e até começasse a agradecê-lo – o segundo comentário o fez adotar uma postura mais formal; ele simplesmente já não sabia como responder às afirmações nem como agir naquela situação. Ao perceber a insegurança do colega, o CEO lhe perguntou se ele considerava as observações feitas corretas. O diretor financeiro hesitou e então o CEO respondeu que o colega não deveria se deixar desencorajar tão fácil, nem temer expressar sua opinião; segundo o CEO, o rapaz deveria se soltar um pouco mais. Esse foi apenas um entre os inúmeros exemplos de comunicação de duplo vínculo feitos por aquele CEO. Não surpreende o fato de o diretor financeiro ter permanecido em silêncio pelo resto da sessão, enquanto os demais membros do time passaram a agir como se estivessem caminhando sobre ovos.

Façamos agora uma análise mais cuidadosa do que realmente está de fato acontecendo neste caso: se o diretor financeiro interpretasse as mensagens do CEO da maneira correta, ele certamente iria concluir que para permanecer "nas graças" do chefe, ele não deveria demonstrar gratidão por seus elogios; contudo, se não externasse essa mesma gratidão (adotando uma postura mais séria e se mantendo em silêncio), ele não contaria com a ratificação do chefe para suas ações. Ou seja, qualquer que fosse sua reação, ainda seria visto como um **"perdedor"**. O maior talento desse CEO em especial era, portanto, sua habilidade de levar seus subordinados à loucura.

Entretanto, mais tarde naquela mesma sessão de *coaching* – depois que o grupo já havia aprendido um pouco mais sobre o passado do CEO –, tornou-se claro para todos os integrantes que aquele homem estava apenas repetindo padrões aprendidos em sua infância, quando sua mãe insistia no terrível hábito de expressar seu amor pelo filho e, ao mesmo tempo, rechaçá-lo. Como bem ilustra esse exemplo, indivíduos que se utilizam de padrões de comunicação confusos não conseguem ser compreendidos sem que a matriz de seus relacionamentos de infância seja analisada. Assim como não existe um filho sem uma mãe, nem uma criança sem família, também não há muito em uma comunicação truncada que não possa ser compreendido através das lentes da psicodinâmica.

COMPREENDENDO OS INDIVÍDUOS DENTRO DOS GRUPOS 107

O duplo vínculo descreve bem a maneira pela qual algumas famílias criam um ciclo de *feedback* disfuncional e seus membros se veem aprisionados em círculos viciosos de comunicação – temas estes que provavelmente se repetirão em conformações de grupo. Embora de modo inconsciente, muitos desses padrões profundamente arraigados serão reencenados e dramatizados. Dessa vez, entretanto, no lugar dos familiares as vítimas serão os colegas de trabalho. Esses padrões de interação poderão reforçar os laços entre os membros de times de trabalho, ainda que de maneira destrutiva. Durante sessões de *coaching* de grupo, é preciso averiguar a ocorrência do padrão de duplo vínculo nos times de profissionais que naturalmente desenvolvem trabalhos conjuntos.

Considerando que a evolução biológica é o crisol dos relacionamentos sociais, faz-se necessário compreender não apenas os processos psicológicos, evolucionários e etológicos que determinam o tipo de relação existente entre os seres humanos, mas também o modo como elas ocorrem dentro de grupos e a maneira como esses antecedentes afetam a habilidade individual de administrar suas emoções. Essas relações iniciais também formam a estrutura básica que determinará o modo como as pessoas irão se relacionar umas com as outras; elas são ainda responsáveis por dar cor às interações individuais em situações de grupo.

"O princípio básico de organização que impulsiona e fornece estrutura a existência humana é sua necessidade de afiliação."

Comportamento de ligação

Para começarmos pelo início, até por questões de sobrevivência, é biologicamente imperativo para o ser humano que mantenha grande proximidade com sua principal figura de conexão. O princípio básico de organização que impulsiona e fornece estrutura a existência humana é sua necessidade de afiliação.

Essas necessidades de conexão (apego) continuarão a se manifestar ao longo de toda a vida. A quebra desses laços poderá levar a sentimentos de destruição, perseguição e perda. Porém, é preciso lembrar que, assim como no caso dos porcos-espinhos de Schopenhauer, os seres humanos necessitam, ao mesmo tempo, de proximidade e de espaço entre si, não apenas para serem capazes de sobreviver, mas também de regular a intensidade de suas interações. É fundamental que encontremos um equilíbrio satisfatório entre ambas as forças para que possamos alcançar harmonia psicológica. Uma vez que os bebês da raça humana, assim como os de outros mamíferos, não conseguem se alimentar nem proteger a si mesmos sozinhos, eles dependem dos cuidados e da proteção dos adultos. Quando nascemos, dispomos de comportamentos instintivos que nos ajudam a sobreviver. Nossa capacidade de chorar, sorrir, vocalizar sons, agarrar objetos e buscar aconchego nos mantém próximos de nossos cuidadores, que, por sua vez, nos protegem de predadores, nos confortam e nos ensinam sobre as coisas boas e ruins do ambiente em que vivemos. A natureza equipa essas figuras de apego com comportamentos complementares e inatos, que envolvem, por exemplo, as capacidades de tranquilização, busca de objetivos e refreamento. Essas figuras mantêm as crianças seguras e consolidam os laços entre mãe e filho. Todavia, de acordo com o psiquiatra John Bowlby [9], há diferenças individuais na maneira como as crianças avaliam o acesso à figura de conexão e no modo como regulam seu próprio comportamento de ligação.

O mais importante princípio da **teoria do comportamento de ligação** é a proposição de que, para garantir o desenvolvimento social e emocional normal, qualquer criança pequena precisa necessariamente desenvolver um relacionamento com pelo menos um cuidador primário. Sem o estabelecimento de tal relação, a criança enfrentará danos psicológicos e sociais permanentes. De acordo com as primeiras experiências com seus cuidadores, surge na criança um sistema de pensamentos, memórias, crenças, expectativas, emoções e comportamentos, que diz respeito não apenas a si mesma como também aos outros; isso possibilita o comportamento social [10, 11, 12].

COMPREENDENDO OS INDIVÍDUOS DENTRO DOS GRUPOS

Descubra seu estilo de ligação

Avalie as afirmações a seguir e classifique-as como, **verdadeiras ou falsas**

	Verdadeira	Falsa
1. Para mim é relativamente fácil estabelecer uma ligação emocional próxima com outras pessoas. Sinto-me confortável em depender dos outros e também com o fato de outros indivíduos dependerem de mim.	☐	☐
2. Eu quero estar emocionalmente próxima(o) a outras pessoas, mas, com frequência, sinto que elas se sentem relutantes em se aproximar de mim tanto quanto eu gostaria.	☐	☐
3. Sinto-me plenamente confortável com o fato de não manter relacionamentos emocionais próximos. Para mim os sentimentos de independência e autossuficiência são muito importantes, portanto, prefiro não depender dos outros e que ninguém dependa de mim.	☐	☐

Se considera a afirmação 1 como verdadeira, você possivelmente se liga (vincula) com segurança; se considera a afirmação 2 como verdadeira, você talvez caia no grupo de pessoas que se ligam (vinculam) com ansiedade; se, entretanto, considera a afirmação 3 como verdadeira, é possível que você se encaixe na categoria dos que evitam ligação (vinculação).

A psicóloga especializada em desenvolvimento humano, Mary Ainsworth (cujo trabalho tem como base as pesquisas de Bowlby) introduziu o conceito de **"base de segurança"** e desenvolveu uma teoria que abriga vários padrões de ligação entre as crianças [13, 14, 15]. Esses padrões são internalizados e podem ser observados à medida que a criança amadurece. No caso de separação ou de ameaça de afastamento de uma figura de ligação principal, diferentes formas de "comportamento de ligação" aparecerão, indicando que tipo de padrão foi internalizado. (Na vida adulta, esses padrões de apego aparecerão nos relacionamentos entre parceiros. Contudo, as "parcerias" profissionais também serão afetadas). A natureza das relações de apego de cada indivíduo determinará se os resultados levarão a sentimentos de segurança ou insegurança [16].

Por exemplo, respostas rápidas, suficientemente positivas e consistentes por parte do cuidador serão associadas a um estilo de ligação segura. Ao longo do tempo, as crianças se tornarão adultas e esperarão que seus parceiros sejam confiáveis e responsivos, reações estas que os ajudarão a perceber a si mesmos como dignos de amor. Adultos seguros consideram relativamente fácil se aproximar de outros indivíduos; eles se sentem confortáveis em depender do outros e em permitir que os outros dependam deles. Em geral, essas pessoas não se preocupam com ideias de abandono ou de proximidade, e tendem a manter uma visão positiva da vida. Elas sabem como administrar e expressar seus próprios sentimentos e possuem boas habilidades sociais. Adultos seguros ostentam um senso de autoestima relativamente elevado; eles se sentem apreciados pelos outros e conseguem fazer novos relacionamentos com certa facilidade [17, 18]. Eles se parecem bastante com os porcos-espinhos que, a despeito do eventual risco de se machucarem, precisam se manter próximos uns dos outros.

Em contrapartida, o padrão de ligação ansioso/inseguro-ambivalente resulta de respostas inconsistentes por parte do cuidador. Indivíduos que se mostram ansiosos ou preocupados com questões relativas a apego tendem a demonstrar uma visão menos positiva de si mesmos. Com frequência eles duvidam do seu valor como parceiros e culpam a si mesmos pela falta de responsividade dos outros. Aquilo que talvez tenha começado como uma tentativa de se manter ligado a um cuidador não confiável acaba fazendo com que o indivíduo tente se manter conectado aos outros por meio de estratégias que, em geral, funcionam de maneira oposta ao esperado. Adultos ansiosos/ambivalentes descobrem que as outras pessoas se sentem relutantes em se aproximar deles tanto quanto estes gostariam. De modo previsível, esses indivíduos frequentemente se preocupam se, de fato, são amados por seus parceiros ou se serão abandonados por eles. Considerando o

"Nosso *script* familiar [...] se transforma no roteiro que utilizamos em outros contextos interrelacionais - como, por exemplo, nas equipes."

nível de ansiedade prevalente, talvez essas pessoas sintam a necessidade de se "fundir" completamente ao outro. De modo irônico, esse desejo é capaz de assustar o parceiro. Além disso, valendo-se dessas atitudes no ambiente profissional, esses indivíduos poderão provocar conflitos com os que se encontram em posição de autoridade, apenas para atrair sua atenção. Neste caso, esses indivíduos atuam como porcos-espinhos que lutam para encontrar a distância segura mais adequada.

Por fim, o estilo de apego inseguro/evitativo está associado a um padrão consistente de não responsividade e indisponibilidade por parte do cuidador. Indivíduos esquivos se sentem desconfortáveis quando estão próximos de outras pessoas; embora elas tenham o desejo de manter uma relação emocional mais íntima, demonstram, ao mesmo tempo, uma enorme dificuldade de confiar completamente nos outros e de se tornarem dependentes. A proximidade os enerva e incomoda. Em geral eles não demonstram empatia, talvez sintam inclusive prazer em ver o sofrimento alheio e podem ser percebidos como indivíduos irritantes. Estes são justamente os porcos-espinhos que se mantêm à distância por temerem a possibilidade de saírem machucados.

Todavia, indo um pouco além das relações existentes entre mães e filhos, e cuidadores e crianças, é preciso lembrar que a situação se torna ainda mais complexa conforme outros membros da família e outras figuras significativas passam a fazer parte do quadro. A família se transforma em uma matriz que oferece à criança significados cruciais para que esta forme uma imagem estável de si mesma. A criança, por sua vez, transforma tais significados em suas próprias interpretações do mundo. Tais visões desempenharão um papel específico no desenvolvimento e na configuração das habilidades relacionais e de ligação dessa criança – e, posteriormente do indivíduo adulto [19].

Nosso *script* familiar, ou seja, nosso modelo de relacionamento pessoal (compartilhado nos mitos, nas lendas, nas histórias e nos romances que envolvem famílias), se transforma no roteiro que utilizamos em outros contextos inter-relacionais – como, por exemplo, nos times de trabalho. Em configurações de grupo ou de time, relações de apego acontecerão de várias maneiras. Mas pelo fato de os *scripts* internos de cada indivíduo serem distintos, a maneira pela qual essas pessoas irão interagir e se integrar determinará a dinâmica do grupo-como-um-todo (ver figura 4.1). O **"mundo secreto"** em que os padrões de ligação dos vários participantes atuam simultaneamente garante características especiais à própria interação do grupo.

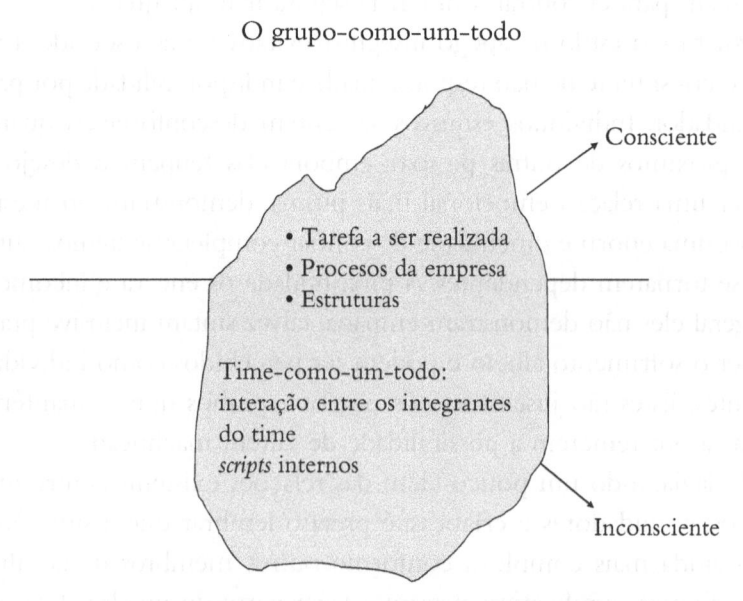

O grupo-como-um-todo

Consciente

- Tarefa a ser realizada
- Procesos da empresa
- Estruturas

Time-como-um-todo:
interação entre os integrantes do time
scripts internos

Inconsciente

Figura 4.1 – O grupo-como-um-todo

Isso explica não apenas a razão pela qual alguns temas específicos surgem e se evidenciam quando um grupo se reúne, mas também porque a soma das consciências de todos os indivíduos do grupo se mostra maior que suas partes isoladas (Figura 4.1).

O comportamento de ligação conta. Aliás, este é o cerne do dilema presente na fábula dos porcos-espinhos de Schopenhauer. Tudo gira em torno do nosso posicionamento pessoal no eixo ligação--esquiva. Nosso *script* pessoal afeta a maneira como administramos nossos aspectos emocionais e determina os papéis que desempenhamos em um contexto de grupo.

Como demonstra essa discussão sobre a abordagem psicodinâmica para o *coaching* de grupo, a variedade e a intensidade das interações nessas sessões dependem bastante do histórico pessoal de cada um dos participantes. Em uma intervenção de grupo, é possível que vários temas-chave dos *scripts* pessoais se tornem evidentes: fantasias de morte, de doenças e/ou de perda de pessoas amadas; amor intenso e agressões; sentimentos de inveja, ciúmes, perseguição, vergonha e culpa. Essas emoções fortes e subjacentes exercem um impacto fortíssimo em nossa vida interior e, consequentemente, em nosso comportamento. A natureza emocional desses *scripts* se revela no grau de proximidade que pode ser tolerado por um determinado indivíduo. Este é o ponto crucial na dramatização do dilema dos porcos-espinhos de Arthur Schopenhauer. Tudo gira em torno da posição que adotamos no eixo ligação-esquiva; nosso *script* de apego afeta a administração de nossas emoções.

OS DEMÔNIOS DA VERGONHA E DA CULPA

A vergonha é uma das emoções humanas mais arcaicas e poderosas do universo, e, infelizmente, o ambiente de grupo – ou de time – é o contexto ideal para que ela venha à tona. Sentimentos velados de vergonha são uma força descomunal para se lidar. Eles diminuem a confiança interpessoal, a disposição do indivíduo em relevar informações sobre si mesmo e prejudicam a reciprocidade social. Quando

> **Você se sente assombrado por sentimentos de vergonha e culpa?**
>
> Avalie as afirmações a seguir e classifique-as como **verdadeiras ou falsas**
>
> | | Verdadeira | Falsa |
> |---|---|---|
> | • Penso constantemente em fracassos do passado ou em experiências de rejeição. | ☐ | ☐ |
> | • Sempre tive um senso de inferioridade. | ☐ | ☐ |
> | • Sinto-me geralmente descontente em relação a mim mesmo. | ☐ | ☐ |
> | • Nunca gostei de minha aparência. | ☐ | ☐ |
> | • Sou extremamente sensível a críticas. | ☐ | ☐ |
> | • Quando criticado(a), demonstro uma tendência a culpar os outros. | ☐ | ☐ |
> | • Sinto-me ansioso(a) em situações públicas. | ☐ | ☐ |
> | • Sou considerado(a) uma pessoa tímida. | ☐ | ☐ |
> | • Sempre tive dúvidas em relação a mim mesmo(a) | ☐ | ☐ |
>
> **Se você considera a maioria dessas afirmações verdadeiras, você demonstra uma tendência a fortes sentimentos de vergonha, e é um indivíduo extremamente autocrítico. Você abriga um medo constante de rejeição.**

prevalece um sentimento de vergonha, há também o medo e a relutância em relação a qualquer forma de autorrevelação. Porém, não é necessariamente fácil reconhecer tais sentimentos quando eles se evidenciam: a vergonha ostenta vários disfarces.

Sentir vergonha é ter medo de ser condenado(a) ou mal interpretado(a) por outras pessoas. É como sentir-se como um estranho. Tem a ver com sensações de rejeição, de não pertencimento e de exclusão. A vergonha evoca ainda sentimentos de autodepreciação, medo de auto-exposição, embaraço e extrema vulnerabilidade. Ela nos faz sentir fracassados e indignos de sermos aceitos

Indivíduos com tendência a se sentir envergonhados se mostram preocupados com aspectos negativos do *self*, o ser essencial e completo que somos. Para essas pessoas, a vergonha se torna uma reação automática e insidiosa em todas as situações da vida ("Sou horrível por agir dessa maneira"; "É óbvio que todos me odeiam; sei que ninguém gosta de mim.") E essa voz interior insiste em condenar o indivíduo, dizendo: "Algo deve estar errado comigo"; "Sou inferior às outras pessoas"; "Não mereço que coisas boas me aconteçam" [20, 21, 22, 23]. A vergonha é um verdadeiro ataque contra nós mesmos; trata-se de um sentimento pessoal que pode causar embaraços mesmo em relação a coisas que estão além do nosso controle, como, por exemplo, sentir vergonha em relação à cor do próprio cabelo, pelo carro que dirige ou pelo fato de não ter condições de se vestir mais **"na moda"**.

A vergonha pesa sobre os ombros de qualquer um que seja autoconsciente em relação aos julgamentos negativos de outras pessoas, sejam eles reais ou imaginários. Quaisquer situações públicas exacerbam tais sentimentos – falar diante das pessoas é um exemplo típico. De fato, qualquer pessoa que atraia a atenção dos outros sempre estará sujeita a críticas e a julgamentos; porém, estar sob o escrutínio público pode fazer com que algumas pessoas se tornem ainda mais críticas de si mesmas. Como disse certa vez o antigo chanceler alemão, Conrad Adenauer: **"Ser insensível a críticas é uma dádiva divina."** Trabalhar em equipe é um enorme desafio para indivíduos com tendência a sentir-se envergonhados.

> **"A vergonha é um verdadeiro ataque contra nós mesmos."**

A vergonha e a baixa autoestima estão intimamente relacionadas – ambas estão associadas a percepções negativas de si mesmo. Tais sentimentos de autoconsciência podem se revelar extremamente dolorosos e difíceis de lidar, portanto, não surpreende o fato de que pessoas envergonhadas sejam capazes de fazer praticamente qualquer coisa para se protegerem, escondendo tais sentimentos dos outros. Uma tática comum desses indivíduos é simplesmente se afastar de ambientes públicos. Outra é partir para o ataque verbal ou até mesmo fazer brincadeiras desagradáveis com outras pessoas, como um meio de negar sentimentos similares dentro de si próprios; tal comportamento pode se mostrar bastante perturbador, particularmente em situações de grupo.

Essa desordem emocional torna-se ainda mais complicada por conta de outros sentimentos desconfortáveis relacionados, como o medo, a raiva, a vulnerabilidade, a carência, a dependência e a tristeza. A vergonha também já foi associada a ataques de fúria, agressão (incluindo violência doméstica), depressão, abuso de substâncias, distúrbios alimentares e até mesmo o suicídio. Infelizmente, em vez de tentar lidar de modo construtivo com qualquer uma dessas reações, indivíduos inclinados a sentir-se envergonhados preferem entregar-se a pensamentos deprecatórios [24].

Como indicam essas associações negativas, o sofrimento causado pela vergonha afetará nosso bem-estar pessoal. Um número crescente de evidências demonstra que esse tipo de estresse mental pode, inclusive, exacerbar problemas de ordem cardíaca e enfraquecer o sistema imunológico, o que sugere que a vergonha pode provocar efeitos extremamente indesejáveis nas pessoas.

A vergonha é uma emoção que se volta para dentro do indivíduo, enquanto a culpa segue o caminho inverso. Ambas, entretanto, podem afetar as dinâmicas de grupo. Embora a vergonha esteja intimamente relacionada à culpa, existem diferenças qualitativas fundamentais. Sentimos vergonha **daquilo que somos**, mas sentimo-nos culpados **por algo que fazemos**. A culpa diz: "O **que eu fiz** não foi correto", enquanto a vergonha denuncia: "**Não sou**

"**Nosso** *script* **familiar, ou seja, nosso modelo.**"

uma pessoa boa o suficiente." A culpa racionaliza: "**Fiz** algo errado," mas a vergonha afirma: "Há alguma coisa errada **em mim**." A vergonha envolve o desejo de se esconder algo sobre o *self* que é percebido como "ruim" em relação aos outros, contudo, tal sentimento é mantido em segredo. A culpa, em contrapartida, está associada a um desejo de pedir desculpas, reparar e esquecer certas atitudes tomadas. Como disse certa vez o escritor e filósofo romano Sêneca: **"Cada indivíduo culpado é o seu próprio carrasco."** A culpa pode ser vista como um modo mais moral e adaptativo de se lidar com as situações. Na realidade, o ato de experimentar a culpa pode nos fazer sentir virtuosos. Isso nos motiva a dizer: "Sinto muito;" ou a nos redimirmos de algum outro modo. A necessidade de nos livrarmos de algum sentimento de culpa poderá motivar confissões, porém, a tentativa de se evitar a humilhação da vergonha talvez impeça que tais confissões aconteçam. Sendo assim, de vez em quando, a vergonha e a culpa poderão eventualmente nos colocar em direções opostas.

Mais uma vez o *script* familiar desempenha um importante papel. As crianças aprendem estilos emocionais de seus pais e/ou cuidadores. A partir de uma perspectiva da teoria familiar sistêmica, conseguimos até mesmo discernir seguimentos intergeracionais em que uma tendência a sentimentos de vergonha e/ou culpa será adquirida através de modelagem direta e também de outras formas de identificação entre pais e filhos. Por meio de nossos pais, professores, líderes religiosos e colegas de trabalho, a sociedade em geral consegue impregnar em cada um de nós, desde a mais tenra infância – e seja de maneira intencional ou não intencional –, o impulso de nos sentirmos envergonhados ou culpados por nossas atitudes.

Em um ambiente familiar e cultural, humilhações constantes em geral levam a sentimentos de vergonha. Quando as crianças crescem em um ambiente em que são ridicularizadas e humilhadas, e suas necessidades são frustradas de modo consistente, é provável que elas comecem a se perguntar: "O que afinal está tão errado comigo a ponto de eu merecer tal tratamento?". Elas começarão a se questionar se ostentam algum tipo de deficiência ou se não merecem ser amadas.

Esse tipo de experiência é, em geral, o cenário relacional que torna o indivíduo vulnerável e suscetível a sentimentos de vergonha. Crianças que são humilhadas de modo contínuo provavelmente passarão a fingir ou a esconder seus sentimentos. Com medo de exposições negativas, elas reagem humilhando os outros ou se tornando incapazes de funcionar de modo normal. Quando alcançarem a vida adulta, tais sentimentos permanecem ativos.

Algumas pessoas são oriundas de famílias que colocaram sobre seus ombros, bem desde cedo, um fardo pesado em termos de responsabilidades. O problema disso é que, ao longo de toda a vida, até mesmo uma infração trivial percebida por alguém em posição de autoridade (pais, professores, chefes etc) poderão gerar sentimentos de fracasso, culpa e baixa autoestima.

É possível inclusive distinguir entre culturas mais caracterizadas por sentimentos de vergonha ou de culpa. Em comparação a sociedades que enfatizam sistemas mais privados, aquelas que se utilizam prioritariamente de sistemas disciplinares de caráter público, e também do ostracismo, instilam em suas crianças um grau mais elevado de vergonha. Muitas culturas não ocidentais estimulam a ideia do *self* interdependente, mais ligado ao grupo e com clara tendência a sentir-se envergonhado; em contrapartida, as culturas ocidentais contemporâneas encorajam o *self* independente, separado do grupo e, portanto, mais predisposto a sentimentos de culpa.

Ambas as tendências de um indivíduo sentir-se envergonhado ou culpado desempenharão papéis importantes no ambiente de grupo. Dependendo da intensidade de tais sentimentos, talvez se torne difícil para alguns executivos se abrirem para seu time de trabalho. Para alterar esse padrão, é fundamental a criação de um ambiente seguro. Somente quando as pessoas preocupadas com sentimentos de vergonha ou culpa se sentirem em absoluta segurança elas se mostrarão dispostas a abaixar a guarda e a participar das atividades propostas. Se tal ambiente seguro não for criado, o indivíduo responsável por desenvolver as dinâmicas de grupo possivelmente irá enfrentar grande resistência.

CONTÁGIO EMOCIONAL

Outra questão importante na estrutura de grupo é o contágio emocional. Pesquisas recentes já demonstraram que nossos temperamentos são bem mais influenciados pelas pessoas que nos rodeiam do que poderíamos imaginar [25]. Como parte de nossa herança paleolítica (uma época em que os humanos precisam estar continuamente alertas contra os predadores), todos nós demonstramos uma tendência a convergir emocionalmente; todos parecemos estar programados para sermos receptivos em relação às emoções apresentadas por outras pessoas; e todos nós temos uma tendência a reconhecer e a sentir emoções que são familiares às nossas.

Talvez seja possível inclusive tecer hipóteses de que a necessidade de imitarmos uns aos outros está embutida em nosso cérebro por meio de um mecanismo neural de *feedback;* este provavelmente teria se desenvolvido pelo fato de que um grau mais elevado de cooperação leva naturalmente a mais alimentos, a uma saúde melhor e também ao crescimento econômico para toda a comunidade. Como animais de rebanho dos dias de hoje, que se beneficiam da habilidade de rapidamente disseminar mensagens sobre riscos e recompensas, os seres humanos automaticamente imitam comportamentos alheios, sincronizando suas expressões faciais, vocalizações, posturas e linguagem corporal. Além disso, essas pessoas também experimentam as emoções associadas com os comportamentos específicos que estão copiando [26, 27, 28, 29, 30, 31, 32].

Alguns pesquisadores argumentam que, como um vírus, o estado de humor de terceiros (indivíduos que se encontram bem separados de nós e com os quais jamais nos encontramos em toda a nossa vida) é capaz de nos influenciar através da rede social em que vivemos. De maneiras não completamente compreendidas, uma grande diversidade de fenômenos nos é transmitida por meio de nossas redes de amigos: sentimentos de alegria e depressão; hábitos relacionados com a bebida, o fumo e a obesidade; saúde debilitada; uma inclinação para revelar os próprios pensamentos e, por exemplo, votar nas eleições;

> **O quão suscetível você se sente em relação ao contágio emocional?**
>
> - Você percebe o modo como automaticamente imita expressões faciais, vocalizações, posturas e movimentos alheios e sincroniza suas ações com aquelas de outras pessoas (bocejar, sorrir etc.)?
> - Você percebe o quão rápido você é influenciado(a) pelo estado de humor de outras pessoas?
> - Você percebe (de modo consciente) o quão rápido você é capaz de rastrear os comportamentos e as emoções de outras pessoas?
> - Você conscientemente se engaja em trabalho emocional – na administração emocional intencional consistente com as regras organizacionais e/ou ocupacionais (sorrir, usar frases educadas etc)?
>
> **Utilizamos meios conscientes e inconscientes para obter informações sobre os estados emocionais de outras pessoas. Uma maior consciência do contágio emocional (incluindo o espelhamento) nos ajuda a obter informações valiosíssimas sobre o que estimula outras pessoas. Isso também é bastante útil para se compreender melhor os diferentes comportamentos e humores apresentados pelos times de trabalho.**

o gosto por uma música ou um alimento específico; a preferência por privacidade no ambiente *on-line* e até mesmo a tendência de pensar (e até tentar) o suicídio [33]. De acordo com os cientistas sociais Nicholas Christakis e James Fowler, assim como acontece quando atiramos pequenas pedras em um lago, tais sentimentos se propagam e criam ondulações nas redes.

A partir da perspectiva de dinâmica de grupo, deveríamos reconhecer o fato de que somos todos criaturas intrinsecamente sociais e de que grande parte do que somos e fazemos é determinada por forças que estão além do pequeno círculo que delimitamos ao nosso redor. Nós influenciamos outras pessoas e somos influenciadas por elas. Em situações de grupo ou time de trabalho, tais processos de contágio podem se mostrar danosos ou vantajosos, dependendo do modo como são administrados. Com as informações que já possuímos sobre o contágio emocional, o maior desafio do homem é saber se – mencionando as palavras de Rudyard Kipling – "és capaz de manter tua calma quando todos ao seu redor já a perderam, e te culpam."[6] Considerando o contágio que ocorre entre os mais diferentes estados de espírito, essa tarefa não será fácil.

> "Grande parte do que somos e fazemos é determinada por forças que estão além do pequeno círculo que delimitamos ao nosso redor."

Em uma situação de grupo, em geral é o humor do líder que estabelece o tom: se ele for otimista e alto-astral, o humor dos demais membros do time será elevado. Contudo, se ele se mostrar depressivo, todos ao seu redor também ficarão deprimidos. Além disso, essas alterações no estado de espírito podem ocorrem rapidamente.

MIMETISMO E ESPELHAMENTO

Assim como acontece com essas rápidas mudanças de humor em situações de grupo, há também uma relação bem próxima entre o contágio social e nosso talento para o mimetismo e o espelhamento. O espelho é com frequência utilizado como uma metáfora para a nossa própria imagem obtida por intermédio de outras pessoas, tanto nos relacionamentos pessoais quanto na sociedade como um todo. O espelhamento é algo comum nas interações sociais, e estar consciente do processo é uma maneira poderosa de influenciar o comportamento de outros indi-

---

[6] Trecho extraído do poema *Se*, traduzido por Guilherme de Almeida. Vale ressaltar que a frase original começa pela partícula (conjunção) "se". (N.T.)

> "Costumamos espelhar a linguagem corporal e a postura de outros indivíduos como um meio de firmar laços, sermos aceitos e criar afinidade. Entretanto, geralmente nem percebemos tal atitude."

víduos. A partir de um ponto de vista clínico, o espelhamento (assim como o mimetismo) se refere à relação original entre pais e filhos – as respostas reflexivas que influenciam o desenvolvimento e a manutenção da autoestima [34, 35, 36, 37]. O espelhamento parece ter início ainda no útero, quando as funções corporais e o batimento cardíaco do feto acompanham os ritmos estabelecidos pelo corpo da mãe. Esses primeiros processos de espelhamento estabelecem a base para futuras reações dessa natureza.

Quando dizemos que **"nos sentimos bem"** ao lado de outra pessoa estamos, de modo involuntário, admitindo a ocorrência de um comportamento de sincronismo e espelhamento. Em situações em que encontramos pessoas pela primeira vez, e da mesma maneira como outros animais agem para garantir a própria sobrevivência, rapidamente avaliamos se elas demonstram uma inclinação positiva ou negativa em relação a nós. Costumamos espelhar a linguagem corporal e a postura de outros indivíduos como um meio de firmar laços, sermos aceitos e criar afinidade. Entretanto, geralmente nem percebemos tal atitude.

Nossa habilidade para transferir emoções uns aos outros colabora em nosso processo de adaptação a situações sociais, o que inclui nossa integração a times. Já reconhecemos que as redes sociais não podem ser vistas e compreendidas meramente pela perspectiva comportamental e psicológica dos indivíduos que as compõem. As redes também podem adquirir sua própria vida emocional. Os contágios e os processos de mimetismo e espelhamento nas redes sociais irão afetar (inconscientemente) o modo como trabalhamos em grupo.

A primeira vista, porém, a ideia de que somos capazes de capturar os diferentes humores, hábitos e até mesmo estados de saúde não apenas de pessoas que estão ao nosso lado, mas também de indivíduos que sequer conhecemos, pode nos parecer alarmante. Isso significa que, considerando o fato de que a maior parte da influência social opera em um nível inconsciente, em vez de atuarmos como protagonistas em nossa própria história de vida, somos, muitas vezes, apenas coadjuvantes.

O poder desses processos de espelhamento e contágio social dentro dos grupos me faz recordar um lindo conto folclórico indiano. A história discorria sobre um grupo de pássaros que se abrigava sob a copa de uma árvore e tranquilamente bicava suas sementes. De repente, surgiu um caçador e atirou uma pesada rede sobre as pobres aves, dizendo com satisfação: "Aha! Agora já tenho meu jantar!"

Naquele instante todos os pássaros começaram a bater suas asas. O grupo logo alçou voo, levando consigo a rede. Em seguida todos pousaram sobre a árvore, e, enquanto a rede ficava toda emaranhada nos galhos, as pequenas aves se soltaram e voaram rumo a liberdade.

O caçador ficou boquiaberto diante do que testemunhara. Ele coçou a cabeça e resmungou: "Enquanto aqueles pássaros cooperarem uns com os outros, jamais terei condições de capturá-los. Individualmente, cada uma daquelas aves é extremamente frágil, mas, em conjunto, são capazes de levantar a rede."

Como bem ilustra essa narrativa, a compreensão dos processos de espelhamento e contágio social nos times pode ser bastante interessante e útil, desde que conduzida da maneira correta. Isso explica a razão pela qual há sempre espaço para "observações em nuvem" – fenômenos de grupo precisam ser considerados em um cenário de grupo. Todavia, como as discussões anteriores deste capítulo –comunicação de duplo vínculo, apego, vergonha, culpa, contágio emocional e espelhamento – sugerem, tais comentários precisam ser feitos de maneira cuidadosa. Não é fácil criar uma ambientação adequada em um cenário de *coaching* de grupo; uma situação que permita que todos os membros desenvolvam confiança interpessoal, reciprocidade, autorrevelação e assunção de riscos. O ato de tecer observações em nuvem pode ser considerado ameaçador por alguns membros do time que talvez encarem tais comentários como bizarros e até intrusivos. Portanto, se os membros do grupo (ou do time) não estiverem no

> **O que o(a) deixa mais embaraçado?**
>
> Pense naquilo que você jamais imaginaria compartilhar com os demais membros de seu time de trabalho.
>
> Nossos segredos mais comuns são:
> - Uma forte convicção de inadequação– sentir-se como um impostor.
> - Um forte senso de alienação pessoal – a despeito das aparências, você realmente não ama (ou não consegue amar) outra pessoas, nem se importa com ela o quanto tenta demonstrar
> - Algo de caráter sexual
>
> **Em geral, todos os clientes que passam por processos de *coaching* ou psicoterapia ostentam uma profunda preocupação em relação ao senso pessoal de autoestima e à sua habilidade de se relacionar com os outros.**

local adequado, observações em nuvem não irão contribuir para atitudes de abertura e responsividade em relação aos próprios processos grupais. Pelo contrário, tais comentários poderão levar a reações defensivas por parte do foco da observação, e até mesmo a sua "saída" do time (seja tal afastamento de ordem física ou emocional). Contudo, a habilidade de uma pessoa para se abrir aos demais participantes e fazer revelações de caráter mais íntimo é um elemento crucial para o estabelecimento de autenticidade e credibilidade. Estar preparado para se apresentar de maneira aberta e honesta é, portanto, fundamental para transmitir confiabilidade aos outros.

A tarefa essencial das pessoas que desejam criar uma dinâmica de grupo mais eficiente é estabelecer e facilitar espaços seguros nos quais todos os sentimentos possam ser revelados de um modo construtivo, em vez de permanecerem aprisionados sob a superfície. Por exemplo, para agentes de mudança como os *coaches* de grupo, o desafio será ajudar os membros do time a se arriscarem e a perceberem que o ato de manterem sua vida emocional oculta pode se revelar uma estratégia

COMPREENDENDO OS INDIVÍDUOS DENTRO DOS GRUPOS

bastante custosa. Em situações de grupo (ou de time), todos precisam estar cientes do poder da comunicação de duplo vínculo, dos padrões de comportamento de ligação, dos papéis da vergonha e da culpa, do contágio emocional, do espelhamento e do mimetismo.

Apesar desses desafios descomunais, e não obstante os riscos de uma abertura emocional, dialogar sobre quem somos e como nos sentimos também pode ser uma forma de catarse. Em geral, indivíduos que já participaram de sessões voltadas para a construção de times afirmam que, ao finalmente terem a oportunidade de falar sobre questões sensíveis e contar suas próprias histórias, experimentaram uma sensação de grande alívio. A principal vantagem de sessões desse tipo é o fato de que, ao ouvir as histórias alheias, as pessoas percebem que não são as únicas que têm problemas e preocupações. Todos nós já enfrentamos momentos em que o ato de descarregar emoções reprimidas se mostrou absolutamente benéfico. Em contraste com o conhecimento intelectual, o processo de autorrevelação pode ser uma forma de aprendizado emocional capaz de contribuir para mudanças imediatas e duradouras. Durante a intervenção, o *coach* de grupo precisa possuir algumas das qualidades de um mestre Zen, e utilizar a si mesmo como um instrumento que permita que ambos os egos, o observador e o experimentador, se mantenham operacionais. Para ilustrar tal raciocínio, veja a seguir uma interessante história:

Certa vez, um estudante se aproximou de seu mestre Zen e disse: "Não consigo meditar de maneira adequada. Sinto-me tão distraído. Sempre me percebo pensando em questões terrenas. Minhas pernas doem. Constantemente acabo cochilando. É horrível." Então o mestre Zen olhou para ele e disse de maneira prosaica: **"Tudo isso passará."** Uma semana depois o mesmo aluno retornou ao mestre e disse: "Minha meditação está perfeita. Sinto-me tão consciente, tão em paz, tão vivo!" Entretanto, mais uma vez a resposta do mestre foi simplesmente: **"Tudo isso passará."**

A reação do mestre Zen demonstra que ele está acima do contágio emocional. Ele sabe que tudo na vida é transitório. Ele já percebeu que a própria natureza da vida é cíclica e emocional. Como bem ilustra essa narrativa, o desafio está em não se deixar levar por oscilações emocionais. Como agentes de mudança, temos de perceber que nossas respostas emocionais ocorrem sempre dentro de um contexto bem mais amplo. Devemos ter a habilidade de experimentar e observar. E, por fim, precisamos compreender que nossas respostas emocionais inevitavelmente sucederão umas às outras. Afinal, a vida possui seus próprios ciclos.

REFERÊNCIAS BIBLIOGRÁFICAS

1. Martin D. J.; Garske J. P. e Davis M. K. (2000). *Relation of The Therapeutic Alliance With Outcome and Other Variables: A Meta-Analytic Review (Relação da Aliança Terapêutica com Resultado e Outras Variáveis: Uma Revisão Meta-Analítica). Journal of Consulting and Clinical Psychology*, 68:438-50.
2. Eagle, M. N. (2000). *A Critical Evaluation of Current Conceptions of Transference and Counter Transference (Uma Avaliação Crítica Sobre as Atuais Concepções de Transferência e Contratransferência). Psychoanalytic Psychology*, 17(1), 24-37.
3. Etchegoyen, H. (2005). *Fundamentos da Técnica Psicanalítica*. Porto Alegre: Artmed, 2004.
4. Hodgson, R. C.; Levinson, D. J. e Zaleznik, A. (1965). *The Executive Role Constellation: Ananalysis of Personality and Role Relations in Management (A Constelação do Papel do Executivo: Uma Análise Sobre a Personalidade e as Relações Relativas ao Papel no Gerenciamento)*. Boston, MA: Harvard Business School Press.
5. Kets de Vries, M. F. R. (2007). *Decoding the Team Conundrum: the Eight Roles Executives Play (Decodificando o Enigma da Equipe: Os Oito Papéis Desempenhados pelos Executivos), Organizational Dynamics*, 36(1), 28-44.
6. Kets de Vries, M. F. R. (2009a). *Reflections on Leadership and Career Development (Reflexões Sobre Liderança e Desenvolvimento de Carreira)*. Nova York: John Wiley& Sons Inc.
7. Bateson, G., Jackson, D. D., Haley, J. e Weakland, J. (1956). *Toward a Theory of Schizophrenia (Rumo à Teoria da Esquizofrenia). Behavioral Science*, 1, 251-64.
8. Bateson, G. (1972). *Steps to an Ecology of Mind: Collected Essays in Anthropology, Psychiatry, Evolution, and Epistemology (Passos para uma Ecologia da Mente: Ensaios de Antropologia, Psiquiatria, Evolução e Epistemologia)*. Chicago: University of Chicago Press.

9. Bowlby, J. (1969). *Apego e Perda, Vol. 1 – A Natureza do Vínculo*. São Paulo: Martins Fontes, 2002.
10. Ibid.
11. Bowlby, J. (1973). *Apego e Perda, Vol. 2 – Separação: Angústia e Raiva*. São Paulo: Martins Fontes, 2004.
12. Bowlby, J. (1980). *Apego e Perda, Vol. 3 – Tristeza e Depressão*. São Paulo: Martins Fontes, 2004.
13. Ainsworth, M. (1967). *Suicidal Behavior and Attachment: A Developmental Model (Comportamento Suicida e Apego: Um Modelo de Desenvolvimento)*. In B. M. Sperling e H. W. Berman (Eds), *Attachment in Adults: Clinical and Developmental Perspectives (O Apego em Adultos: Perspectivas Clínicas e de Desenvolvimento)*. Nova York: Guilford Press, pp. 275-98.
14. Ainsworth, M. e Bowlby, J. (1965). *Cuidados Maternos e Saúde Mental*. São Paulo: Martins Fontes, 1995.
15. Ainsworth, M.; Blehar, M.; Waters, E. e Wall, S. (1978). *Patterns of Attachment (Padrões de Apego)*. Hillsdale, NJ: Erlbaum.
16. Ibid.
17. Collins, N. e Read, S. J. (1994). *Cognitive Representations of Attachment: The Structure and Function of Working Models (Representações Cognitivas do Apego: Estrutura e Função dos Modelos que Funcionam)*. In D. Perlman e K. Bartholomew (Eds), *Advances in Personal Relationships (Avanços nos Relacionamentos Pessoais)*, Vol. 5. Londres: Jessica Kingsley, pp. 53-90.
18. Hazan, C. e Shaver, P. R. (1990). *Love and Work: An Attachment Theoretical Perspective (Amor e Trabalho: Uma Perspectiva Teórica do Apego)*. Journal of Personality and Social Psychology, 59, 270-80.
19. Byng-Hall, J. (1999). *Family and Couple Therapy: Toward Greater Security" (Terapia de Família e de Casal: Visando Melhor Segurança)*. Em J. Cassidy e P. R. Shaver, *Handbook of Attachment: Theory, Research, and Clinical Applications (Manual do Apego: Teoria, Pesquisa e Testes Clínicos)*. Nova York: Guilford Press, pp. 707-31.
20. Nathanson, D. (Ed.) (1987). *The Many Faces of Shame (As Muitas Faces da Vergonha)*. Nova York: Guilford Press.
21. Goldberg, C. (1991). *Understanding Shame (Entendendo a Vergonha)*. Northvale, NJ: Jason Aaronson, Inc.
22. Kaufman, G. (1996). *The Psychology of Shame (A Psicologia da Vergonha)*. 2.ed. Nova York: Springer.
23. Tangney, J. P. e Dearing, R. L. (2002). *Shame and Guilt (Vergonha e Culpa)*. Nova York: Guilford Press.

24. Tracy, J. L.; Robins, R. W. e Price Tangney, J. (2007). *The Self-Conscious Emotion: Theory and Research (O Embaraço: Teoria e Pesquisa)*. Nova York: Guilford Press.
25. Christakis, N. A. e Fowler, J. (2009). *O Poder das Conexões: A Importância do Networking e Como Ele Molda nossas Vidas*. Rio de Janeiro: Campus-Elsevier, 2009.
26. Hatfield, E., Cacioppo, J. T. e Rapson, R. L. (1993). *Emotional Contagion (Contágio Emocional). Current Directions in Psychological Science*, 2, 96-99.
27. Hatfield, E.; Cacioppo, J. T. e Rapson, R. L. (1994). *Emotional Contagion (Contágio Emocional)*. Cambridge: Cambridge University Press.
28. Showalter, E. (1997). *Histórias Histéricas: A Histeria e a Mídia Moderna*. Rio de Janeiro: Rocco, 2004.
29. Barsade, S. G. (2002). *The Ripple Effect: Emotional Contagion and its Influence on Group Behavior (Efeito Dominó: O Contágio Emocional e sua Influência no Comportamento de Grupos)*. Administrative Science Quarterly, 47, 644-75.
30. Brower, L. (Ed.) (1988). *Mimicry and the Evolutionary Process (A Mímica e o Processo Evolucionário)*. Chicago: The University of Chicago Press.
31. Ruxton, G. D., Speed, M. P. e Sherratt, T. N. (2004). *Avoiding Attack. The Evolutionary Ecology of Crypsis, Warning Signals and Mimicry (Evitando o Ataque. A Ecologia Evolucionária do Crypsis, os Sinais de Alerta e o Mimetismo)*. Oxford: Oxford University Press.
32. Thornton, C. (2010). *Group and Team Coaching (Coaching de Grupos e Equipes)*. Londres: Routledge.
33. Christakis, N. A. and Fowler, J. (2009). *O Poder das Conexões: A Importância do Networking e Como Ele Molda nossas Vidas*. Rio de Janeiro: Campus (2009)
34. Bowlby, J. (1969). *Apego e Perda, V.1 – A Natureza do Vínculo*. Martins Editora (2002)
35. Bowlby, J. (1973). *Apego e Perda, V.2 – Separação, Angústia e Raiva*. Martins Editora (2004)
36. Bowlby, J. (1980). *Apego e Perda, V.3 – Tristeza e Depressão*. Martins Editora (2004)
37. Kohut, H. (1971). *Hans Kohut e a Psicologia do Self*. Casa do Psicólogo (2005)

CAPÍTULO 5

A VIDA SECRETA DOS GRUPOS

Porque no acúmulo de sabedoria, acumula-se tristeza; e aquilo que aumenta a ciência, aumenta a dor.
— Eclesiastes 1:18

Todas essas coisas são triviais pela repetição, efêmeras em relação ao tempo, perecíveis por sua matéria.
— Marco Aurélio

Ação e reação, vazante e maré alta, tentativa e erro, mudança – este é o ritmo da vida. Além de nossa confiança, vem o medo; além do medo, uma visão mais cristalina; esperança renovada e, além dela, o progresso.
— Bruce Barton

Três pessoas somente guardarão um segredo se duas delas já estiverem mortas.
— Benjamin Franklin

Ao se tornar monge, um jovem recebeu a tarefa de viajar até outro monastério levando consigo uma espada sagrada. Depois de vários anos de dedicação aos estudos, aquela jornada seria um teste para avaliar a astúcia com a qual ele aplicaria seus conhecimentos. A expedição o levaria por um caminho selvagem e desolado, repleto de perigos ocultos. Será que o jovem demonstraria a capacidade necessária para tal incumbência? Seria ele suficientemente observador e cuidadoso para avaliar as ameaças que encontraria em seu trajeto? Teria ele a capacidade de reconhecer quando ações específicas se fizessem necessárias?

Iniciada a viagem, já no final da manhã do primeiro dia o jovem monge percebeu que estava sendo seguido por três homens de aparência duvidosa. Ele imediatamente se preocupou com a segurança da espada sagrada, um objeto que era todo incrustado em prata e ouro. Mas então ele se recordou de um velho ditado Zen segundo o qual as pessoas estranhas são apenas amigos ainda desconhecidos. Seus medos logo se dissiparam, o que o levou a prestar pouca atenção aos homens que continuavam atrás dele. Ao interromper sua jornada para o almoço, os três viajantes se juntaram a ele e, com grande animação e interesse, perguntaram-lhe várias coisas sobre o pensamento Zen. Depois da refeição, os quatro homens continuaram a jornada juntos.

Enquanto caminhava, o monge começou a refletir sobre uma antiga história Zen sobre um fazendeiro que, considerando o filho de seu vizinho um ladrão, via falcatruas em cada um dos movimentos do jovem. Quando finalmente encontrou seu machado perdido sob uma pilha de madeira, repentinamente passou a olhar o filho do vizinho como diferentes olhos, ou seja, como um homem honesto.

Naquela noite, enquanto o grupo compartilhava um jantar simples, os novos amigos do monge se tornaram insultuosos e desordeiros. No início ele ficou muito preocupado, mas então novamente se lembrou de outra história Zen. Dessa vez era sobre um guerreiro Zen que adorava impressionar possíveis oponentes utilizando-se de sua grande habilidade para apanhar mosquitos no ar usando apenas as duas varetas que usava para se alimentar. Ainda absorto com tais pensamentos, o monge se concentrou em uma mosca que voava ao redor de sua cabeça e, de repente, tentou capturá-la com seus próprios palitos. Naquele mesmo instante, sem nada saber sobre antigas histórias Zen, um dos viajantes degolou o monge e tomou a espada sagrada.

Como essa narrativa nos alerta, quando lidamos com grupos precisamos atentar para forças interpessoais existentes em vários níveis. Do contrário, assim como no caso do jovem monge, nos arriscaremos a enfrentar sérios problemas. Não devemos somente respeitar forças ilusórias, mas também as reais. O contexto em que as situações acontecem jamais deve ser negligenciado. No campo interpessoal, existem inúmeros níveis.

O mesmo raciocínio se aplica à vida organizacional. Nas empresas, os grupos operam simultaneamente em vários níveis distintos. Por exemplo, há um nível de conteúdo e outro processual. O primeiro, é claro, diz respeito à tarefa e/ou ao objetivo estabelecido. O processo regula tudo o que os membros do grupo precisarão fazer para atingir as metas do time, o que inclui o modo como as necessidades pessoais serão atendidas e as emoções serão tratadas; há também os aspectos de autoridade e poder, que determinam quem estará no comando, como questões formais e informais de liderança serão abordadas e como os vários *stakeholders* serão atendidos. Outros processos incluem métodos de tomada de decisão, a qualidade das comunicações e o papel desempenhado por cada membro do time. Uma importante parcela do processo é a **dinâmica do grupo-como-um-todo** (algo que no Capítulo 2 descrevi como interação em "nuvem"), cuja maior parte ocorre sem uma percepção consciente.

Kurt Lewin, um dos fundadores da psicologia social, cunhou o termo **"dinâmica de grupo"** para descrever o modo como grupos e indivíduos agem e reagem a mudanças que são influenciadas por essas forças [1]. Sua definição de grupo é a seguinte: dois ou mais indivíduos conectados entre si por relações sociais. Pelo fato de as pessoas que formam esses grupos interagirem e influenciarem umas às outras, os grupos desenvolvem várias dinâmicas que os diferenciam de outras reuniões aleatórias de indivíduos. Entre tais processos, Lewin inclui normas, papéis, relações, necessidade de pertencimento, influência social e outros efeitos sociais que atuam sobre os comportamentos, alguns dos quais serão descritos neste mesmo capítulo.

"Cada time tem sua própria vida secreta; uma existência que é, de algum modo, independente da vida de cada um de seus membros."

Uma perspectiva popular sobre a vida de grupos ou times é a **longitudinal**. Tal panorama pressupõe que esses conjuntos de indivíduos passem por diferentes fases de desenvolvimento. Leva algum tempo para que um time seja reunido, concorde com os processos que serão implantados, alcance os objetivos desejados e, então, se disperse após conquistar suas metas. Todo esse processo sugere que os grupos tenham um ciclo de vida marcado por um começo, um meio e um fim. Ampliando um pouco mais nossa imaginação, podemos dizer, inclusive, que os grupos possuem uma história de vida, em que todos os seus membros embarcam em uma jornada que os leva até a conquista de um objetivo maior. Independentemente do modo como olhamos para elas, parece que cada time tem sua própria vida secreta; uma existência que é, de algum modo, independente da vida de cada um de seus membros.

TEORIAS LINEARES DO COMPORTAMENTO DE GRUPO

Uma das mais conhecidas teorias de desenvolvimento progressivo é a estabelecida por Bruce Tuckman [2]. Essa teoria de comportamento de grupo é composta por quatro fases: **formação** *(forming)*, **desorganização** *(storming)*, **organização** *(norming)* e **realização** *(performing)*. De acordo com esta teoria, o trajeto percorrido pela maioria dos grupos para atingir um alto desempenho segue esta sequência. Subsequentemente, em colaboração com um colega, Tuckman acrescentou um quinto estágio, denominado **finalização** *(adjourning)* ou **luto** *(mourning)*. [3]

Durante a fase de formação (ou "de cortesia"), os integrantes do grupo se comportam de maneira bastante positiva em relação uns aos outros. Trata-se do estágio inicial no processo de desenvolvimento, durante o qual todos os participantes estão ainda se conhecendo e abordando as necessidades, as questões inerentes a estrutura, as expectativas e os desafios que os aguardam. Nesta etapa, cada um dos integrantes se esforça para se orientar dentro do grupo e identificar os

> **Reexamine os diferentes estágios de desenvolvimento de seu time e avalie as maiores necessidades (individuais, do time ou relativas à tarefa) em cada uma das fases. A quais dessas necessidades você dará mais ênfase? Circule uma das opções oferecidas ("elevada", "média" ou "baixa") e estabeleça o grau de necessidade correto para cada estágio de desenvolvimento de seu time.**
>
> | | Necessidades individuais | Necessidades do time | Necessidades relativas a tarefas |
> |---|---|---|---|
> | Formação | Elevada | Elevada | Elevada |
> | | Média | Média | Média |
> | | Baixa | Baixa | Baixa |
> | Desorganização | Elevada | Elevada | Elevada |
> | | Média | Média | Média |
> | | Baixa | Baixa | Baixa |
> | Organização | Elevada | Elevada | Elevada |
> | | Média | Média | Média |
> | | Baixa | Baixa | Baixa |
> | Realização | Elevada | Elevada | Elevada |
> | | Média | Média | Média |
> | | Baixa | Baixa | Baixa |

limites comportamentais pessoais e também aqueles relativos à realização da tarefa. Conforme testam uns aos outros de modo interpessoal, esses indivíduos também desenvolvem relações de dependência com os líderes que começam a surgir e também com outros membros do grupo. Neste momento, pode ocorrer alguma discussão em relação ao processo. Contudo, se esta se prolongar por muito tempo, isso poderá levar à frustração aqueles que simplesmente desejam prosseguir com a tarefa que precisa ser executada. Este estágio é geralmente curto e, possivelmente, será conduzido e finalizado em uma única reunião.

Em seguida, o grupo (ou time) passa para a fase de desorganização, momento em que a implacável realidade poderá se estabelecer. Esta parte da sequência é geralmente caracterizada pelo conflito e pela polarização em torno de questões interpessoais. Nela ocorrem respostas emocionais concomitantes relacionadas ao conteúdo (a tarefa) e também ao processo. Essa fase é, provavelmente, a mais turbulenta – é o momento em que os membros do time lutam pela oportunidade de apresentar suas próprias ideias e tentam definir o rumo a seguir; com frequência esta etapa é caracterizada por debates intensos, críticas e por confrontações impulsionadas por dinâmicas do **grupo-como-um-todo**. A desorganização é uma forma de resistência não apenas às influências dos membros selecionados do time, como também à natureza de sua própria tarefa. Neste estágio de desenvolvimento, ocorre frequentemente uma disputa (caótica) pela liderança e também a experimentação com vários processos de tomada de decisão em grupo. Podem surgir coalizões.

Prosseguir de maneira bem-sucedida exige que o grupo permaneça fiel em relação às metas originais e evite se distrair ou ficar paralisado. Acordos talvez se façam necessários para garantir o avanço do processo e, consequentemente, o progresso. Os membros do time poderão se sentir como se estivessem em uma montanha-russa, conforme tentam se concentrar na tarefa que têm em mãos sem o devido apoio de estruturas previamente acordadas, processos estabelecidos ou relações específicas com seus colegas. Infelizmente, muitos grupos ficam imobilizados nesta fase – no caso de times organizacionais, tal situação levará ao fracasso no alcance dos objetivos propostos.

Na melhor das hipóteses, o grupo gradualmente atinge maior coesão e clareza, apesar das incertezas não solucionadas. Então ele chega a um estágio de organização, conforme os integrantes entram em acordo sobre o modo como o grupo irá operar. Durante essa terceira etapa do processo, resistências prévias são superadas, novos padrões se desenvolvem e novos papéis são adotados. Nesta fase, todos já começaram a compreender os hábitos e a ética de trabalho de cada integrante, e conseguem trabalhar em conjunto de maneira satisfatória. Responsabilidades e papéis são definidos de modo mais cristalino, expectativas são estabelecidas e a colaboração se dá de maneira mais efetiva, incluindo medidas facilitadoras e direcionamento por parte do líder. Todos os participantes se conhecem em maior profundidade (havendo, possivelmente, um processo de socialização fora do ambiente de grupo), conseguem pedir ajuda uns aos outros, mostram-se preparados para aceitar críticas construtivas e se engajam em diálogos corajosos. Os integrantes desenvolvem um compromisso forte com os objetivos do grupo, e estão conscientes do progresso que estão alcançando. O compromisso e a unidade são fortes, e os membros do time experimentam um senso de **"fluidez"** – eles sentem que estão dando o melhor de si [4]. Dito isso, pode ocorrer uma sobreposição prolongada nos processos de desorganização e organização: conforme novas tarefas são estabelecidas, o grupo pode retornar a um típico estágio de desorganização. Em circunstâncias normais, porém, o time saberá transpor as dificuldades inerentes à situação.

Quando o time chega ao estágio de realização, a estrutura interpessoal se transforma em uma catalisadora para as tarefas a serem realizadas. O grupo tem agora uma visão compartilhada e uma identidade que demanda um menor grau de facilitação. A intervenção por parte do líder torna-se mínima. Cada vez mais o time se autogoverna – uma autoridade central torna-se menos relevante –, e as decisões são tomadas por consenso. Os papéis são flexíveis e funcionais, e a maior parte

Alterando o foco das necessidades no desenvolvimento de um time			
Estágio de desenvolvimento do time	Necessidades individuais	Necessidades do time	Necessidades relativas a tarefas
Formação: definição da tarefa	Elevada	Média	Baixa
Desorganização: conflitos relativos à tarefa	Elevada	Elevada	Baixa
Organização: estabelecimento das regras básicas	Média	Elevada	Média
Realização: realização da tarefa	Média	Média	Elevada

da energia do grupo é canalizada para a realização das tarefas. Questões de ordem estrutural já foram resolvidas e o arcabouço prevalente sustenta o desempenho necessário para a realização da tarefa.

Embora nem todos os times cheguem a essa fase, os defensores da teoria linear do comportamento de grupo acreditam que muitas delas sejam bem-sucedidas em alcançá-la. Este é o estágio em que times de alto desempenho começam realmente a trabalhar em sua capacidade máxima e a oferecer resultados de qualidade à empresa. O grupo trabalha no sentido de atingir seus objetivos e, ao longo do caminho, atenta para todas as questões inerentes ao relacionamento interno, ao estilo e aos processos utilizados. Os integrantes se preocupam uns com os outros. Podem ocorrer desavenças, mas estas serão solucionadas dentro do ambiente de grupo. Se necessário, os participantes farão as devidas alterações nos processos e na estrutura. Indivíduos entram e/ou saem do time sem que isso afete seriamente o desempenho do grupo ou a cultura estabelecida. Comparado aos estágios de desenvolvimento anteriores, fazer parte do grupo nesta fase é bem mais fácil.

A etapa de finalização envolve a dissolução do time: o encerramento de papéis, o término de tarefas e a diminuição da dependência. Este estágio também pode ser denominado "transformação" ou "desarticulação," uma vez que os integrantes começam a deixar a estrutura do grupo e a se dedicar a outras tarefas e outros objetivos. A separação de um grupo pode se mostrar particularmente mais difícil para alguns membros que apreciam a sensação de satisfação em realizar com sucesso tarefas repetitivas. Outros membros poderão sentir falta do contato regular com indivíduos que se tornaram bons amigos. Essas pessoas experimentam o sofrimento causado pela ansiedade da separação. Incertezas em relação aos papéis que desempenharão no futuro e/ou às possibilidades em termos de trabalho poderão exacerbar sua relutância em deixar o time para trás. Alguns estudiosos do comportamento de grupo dão a esta fase a denominação de "luto," uma vez que, em geral, os membros do time experimentam um sentimento de perda – em especial quando o grupo é dissolvido de modo repentino ou se desintegra sem o devido planejamento.

O problema do modelo linear está no fato de ele não enfrentar nem solucionar a questão da experiência emocional dos membros do grupo; de certo modo, ele nomeia os sintomas das dinâmicas de grupo, como, por exemplo, desorganização, mas não sugere como lidar com os efeitos provocados. Na verdade, é improvável que o desenvolvimento do grupo obedeça a uma série de passos claramente definidos; o mais normal é que ele ocorra de forma espiral. O comportamento humano é, às vezes, demasiadamente irregular e inconstante para ser modelado de maneira linear. E para tornar a questão ainda mais complexa, não apenas os limites de cada uma das fases são indistintos, mas as próprias etapas não ocorrem de modo sequencial. Na realidade, o desenvolvimento de um time não acontece necessariamente de maneira linear – os estágios podem se sobrepor uns aos outros; por exemplo, um determinado grupo pode ter alcançado a fase de realização ou luto, porém, a entrada de um novo integrante talvez o force a retornar à etapa de desordem. Um time pode se desenvolver de maneira bem-sucedida, mas também pode regredir e retornar aos estágios iniciais de desenvolvimento. Ao tentarmos delinear um quadro universal das dinâmicas de grupo, podemos considerar o modelo linear do comportamento de grupo como um guia, mas não devemos em hipótese alguma tecer generalizações.

De fato, como em qualquer outro processo que envolve seres humanos, os grupos também se desviam de predições teóricas. Alguns times parecem se manter em um contínuo estado de fluxo– ou, o que é pior, em um caos constante. Integrantes entram e saem o tempo todo; as expectativas em relação aos resultados e até mesmo aos propósitos do time mudam; relacionamentos fracassam ou se desenvolvem. De maneira típica – seja consciente ou inconscientemente – as pessoas tentam equilibrar suas próprias necessidades com aquelas do grupo, mas o foco principal nessa tentativa de equilíbrio também pode mudar de modo constante.

"De maneira típica – seja consciente ou inconscientemente – as pessoas tentam equilibrar suas próprias necessidades com aquelas do grupo."

TEORIAS MONOMÍTICAS: JORNADAS HERÓICAS

> Peça a cada membro de seu time que conte a história de um herói conhecido. Eles poderão escolher um personagem de história em quadrinhos (por exemplo, o Super-homem) ou de caráter religioso, histórico ou mitológico (Moises, rei Artur, Boadiceia, Ulisses ou Siegfried)[1]
>
> Os integrantes do time deverão considerar as seguintes perguntas:
>
> - Que padrões você observa ao mapear a jornada heroica desse indivíduo?
> - Você reconhece alguma similaridade?
> - Você observa quaisquer diferenças?
> - Consegue explicar que obstáculos que o herói (ou a heroína) está tentando superar?
> - Como você compara sua história de heroísmo com sua história pessoal?
> - Pense em um time do qual tenha sido membro e explore a jornada daquele grupo de indivíduos.
>
> **Compreender sua própria jornada é uma maneira de trazer significado para sua vida e criar um propósito e uma paixão. Comparar sua história pessoal com aquela do herói ou da heroína que escolheu poderá ajudá-lo (a) a adotar uma perspectiva renovada sobre sua vida.**
>
> [1] Em referência aos três últimos nomes da lista: Boadiceia (também conhecida como Boudica ou Buduica) foi uma rainha celta que liderou os icenos em um levante contra as forças romanas que ocupavam a Grã-Bretanha no ano de 60 ou 61 a.C., durante o reinado do imperador Nero; Ulisses (Odisseu, no grego) foi, nas mitologias grega e romana, um personagem da *Odisseia de Homero*. Ele também faz parte da narrativa da guerra de Troia; Sigfried é um herói lendário da mitologia nórdica e também o personagem central da saga dos volsungos. (N.T.)

Outro meio de tentar compreender como os grupos se desenvolvem é adotando uma perspectiva diferente e estudando as maneiras pelas quais forças externas são capazes de desenvolver, forjar ou destruir um grupo. Uma ótima opção para conceitualizarmos esse ponto de vista é utilizando a metáfora da jornada heroica. A narrativa monomítica – uma técnica para se entender eventos a partir do relato de histórias – pode se mostrar um método poderoso para capturar as experiências do grupo ao longo do tempo.

Em seu estudo intercultural e bastante inspirador sobre a mitologia da jornada heroica, apresentado no livro *O Herói de Mil Faces*[2] (Pensamento, 1995), Joseph Campbell apresentou a teoria de que importantes mitos de todas as partes do mundo, cujas histórias sobreviveram por milênios, compartilham uma mesma estrutura fundamental, à qual ele denomina monomítica [5]. De acordo com Campbell, o conceito de monomito abriga temas universais, além de estruturas e estágios básicos. As histórias geralmente se desenrolam do seguinte modo: "A partir de sua existência cotidiana, o herói se aventura em um mundo sobrenatural: lá ele depara com incríveis forças e alcança uma vitória decisiva; o herói retorna de sua misteriosa jornada com o poder de conceder confortos e bênçãos aos seus amigos mortais" [6]. Todas as nossas histórias, canções e obras de arte trilham esse mesmo caminho, em geral culminando em um final feliz ou no alcance de um objetivo maior.

A sequência monomítica representa o padrão geral de aventuras com as quais os heróis mitológicos deparam durante sua busca (precisamos ter em mente que os mitos deveriam ser considerados como metáforas para a vida que desejamos experimentar). A jornada iniciada pelo herói ou pela heroína de uma narrativa é um processo de **autodescoberta**, **autointegração** e **autorrealização**. Assim como em qualquer processo de crescimento e mudança, essa jornada pode ser confusa e dolorosa, mas oferecerá oportunidades para o desen-

---

[2] Título original: *The hero with a thousand faces*. (N.T.)

volvimento da confiança, de novas perspectivas e também de um novo modo de viver em nosso mundo.

É perfeitamente possível extrapolar tal padrão para as jornadas realizadas por grupos de trabalho — neste caso, a única diferença é que os dragões, os guerreiros, as bruxas e os duendes, figuras comumente encontradas ao longo das aventuras mitológicas, serão representados de maneira simbólica pelos diferentes *stakeholders* das empresas (às vezes, apavorantes). Do mesmo modo, os enormes obstáculos presentes nas narrativas monomíticas também se farão presentes na vida organizacional, dessa vez na forma de desafios e perigosos adversários.

Campbell descreve 17 fases ou estágios monomíticos. Alguns mitos abrigam várias dessas etapas, outros, um número mais reduzido; já um grupo bem pequeno reúne todos os estágios. Para simplificar, essas 17 fases podem ser organizadas em três categorias: partida (às vezes também chamada de separação), iniciação e retorno. A partida lida com a aventura do herói ou da heroína antes de sua busca. A iniciação se concentra nas várias aventuras desse herói ou dessa heroína ao longo da jornada, enquanto o retorno foca no regresso desse indivíduo para casa, com todo o conhecimento e todos os poderes que foram adquiridos durante o processo.

Como já sugeri, o mesmo roteiro monomítico pode ser aplicado à vida organizacional — neste caso, o time representa o papel do herói. Vamos imaginar que tudo esteja correndo perfeitamente bem em uma empresa quando, de repente, algo acontece e perturba a tranquilidade natural. Um time é imediatamente reunida para enfrentar essa ameaça. Os membros desse grupo são os heróis e as heroínas da narrativa — ou, observando a partir de uma perspectiva de metanível, a própria organização o é. O fato é que essas pessoas não descansarão até que sua tarefa esteja terminada.

Em um cenário mais comum, os indivíduos selecionados para compor times de trabalho se mostram relutantes em atender o chamado da empresa. Sua hesitação pode ocorrer por medo, insegurança ou até mesmo por uma sensação de inadequação. Todavia, considerando as forças prevalentes na ocasião, a recusa não é uma opção válida. Para sobreviver a essa ameaça, o grupo se vê obrigado a criar um senso comum de engajamento e um espírito de time, que são bem mais poderosos que os próprios integrantes individualmente. Reforçados pela coesão, essas pessoas partem de um mundo familiar rumo a uma jornada desconhecida.

A partida representa apenas o início de uma trajetória longa e verdadeiramente perigosa repleta de conquistas primárias e momentos de iluminação. Na fase inicial, haverá uma série de tentativas, testes, tarefas e obstáculos que precisarão ser enfrentados para que o grupo comece sua transformação. Os alegóricos dragões terão de ser derrotados e as inesperadas barreiras, sobrepujadas – inúmeras vezes. Esse é um estágio crucial para a aventura mítica.

Depois que o time já estiver comprometido com a jornada (seja de maneira consciente ou inconsciente), um guia e colaborador mágico geralmente aparece para oferecer apoio, em especial se os integrantes tiverem se ferido ou se tornado mais fracos durante a fase de testes. Em nossa analogia organizacional, esse guia poderia ser um executivo de nível sênior que, de alguma maneira, ajuda e apoia os integrantes do grupo. Ou talvez ele venha de fora da organização – um membro do conselho de administração que não trabalhe na empresa, um consultor ou *coach*. Com grande frequência, esse **"protetor"** oferecerá aos membros do time algumas ferramentas (um plano de ação ou uma série de recursos, por exemplo) que mais tarde ajudarão os participantes em sua jornada.

Uma vez que o objetivo tenha sido alcançado, o time entra em sua fase final, o retorno. Vale ressaltar que essa volta pode se mostrar tão repleta de aventuras e perigos quanto a própria partida. O fator derradeiro que transforma a jornada em uma aventura monomítica é o sucesso do herói em trazer a paz de volta para a humanidade, o que contribuirá para renovar as esperanças de toda a comunidade – neste caso, a organização. No contexto corporativo, essa paz poderá ocorrer na forma de um novo produto, da descoberta de um processo inovador, de uma importante aquisição ou até mesmo da contratação de um colaborador talentoso e bastante aguardado pela empresa. Para completar essa aventura, os integrantes do time precisarão sobreviver ao forte impacto do retorno – sua reentrada na organização. Inúmeros fracassos neste sentido atestam as enormes dificuldades intrínsecas a esse processo: talvez a velha guarda da empresa não aprecie a nova maneira de fazer as coisas e, neste caso, seus integrantes possivelmente atuarão como "sabotadores" e rejeitarão sistematicamente quaisquer inovações propostas pelos participantes da jornada.

O PONTO DE VISTA HELICOIDAL

Uma alternativa para a observação dos grupos como comunidades progressivas ou como figuras heróicas engajadas em jornadas épicas, é a adoção de uma perspectiva mais profunda na avaliação dos aspectos mais regressivos das dinâmicas de grupo. Uma importante contribuição para a abordagem helicoidal das psicodinâmicas de sistemas nos foi oferecida pelo fundador da psicologia social, Kurt Lewin, já mencionado anteriormente. O fato é que Lewin revolucionou o estudo da psicologia ao demonstrar de maneira empírica que o comportamento humano não é apenas um produto da constituição psicológica interna do indivíduo, mas é bastante afetado pelo ambiente dinâmico em que essa pessoa vive [7]. Todo o campo psicológico, ou espaço vital, em que as pessoas operam – local em que forças ambientais e pessoais/psicológicas interagem – precisa ser levado em consideração para que possamos compreender a razão pela qual agimos de uma determinada maneira. Comportamentos específicos são o resultado de tensões existentes entre as percepções individuais e o próprio ambiente. A análise realizada por Lewin nos brinda com um sistema que nos permite observar as tensões (forças) que influenciam situações sociais. Ele identificou energias **"facilitadoras"** e **"bloqueadoras"** que afetam o alcance de objetivos específicos.

O diagrama clássico apresentado por Lewin é bastante útil, pois permite que o grupo crie um quadro mental do verdadeiro "cabo de guerra" existente entre as forças opostas que tanto influenciam a situa-

Diagrama do corpo de força

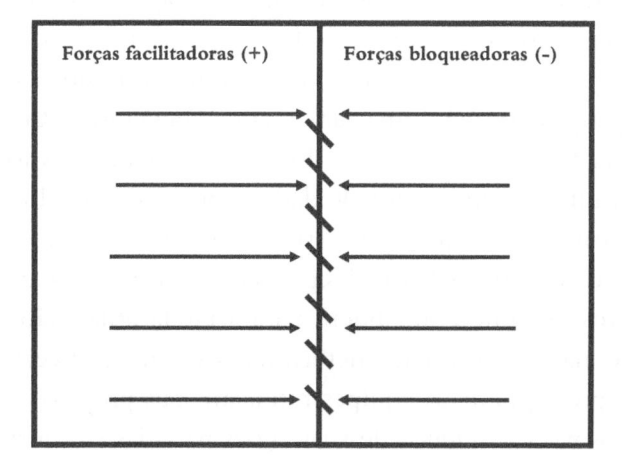

Forças facilitadoras (+)	Forças bloqueadoras (-)
→ ←	
→ ←	
→ ←	
→ ←	
→ ←	

Realize uma análise de campo de força para identificar as forças que estão facilitando ou bloqueando as mudanças desejadas em seu time.

Utilize o quadro acima e:

1. Liste as forças que atualmente o impulsionam em direção a essas mudanças.

2. Liste as forças que o impedem de seguir na direção desejada (ou seja, relacione tudo o que está impedindo seu time e os membros desse grupo de operar as mudanças necessárias?).

3. Atribua a cada item mencionado um número de 1 a 5, sendo 1 o mais fraco e 5 o mais forte.

4. Discuta com os membros do time a melhor maneira de:

   a). Solidificar as forças de mudança.
   b). Minimizar as forças que bloqueiam tal mudança.

ção. O diagrama simplificado apresentado no quadro da página anterior, lista as forças facilitadoras na coluna da esquerda, e as bloqueadoras na coluna da direita. Note a existência de setas que apontam para o centro – as mais longas (ou mais grossas) indicarão forças mais poderosas.

As observações de Lewin também abrem caminho para a ideia de que os grupos possuam uma característica helicoidal. Para ser mais específico, cada fase de atividade do grupo depende das forças que a estiverem influenciando naquele dado momento – sendo que essas mesmas forças são definidas pelas atividades imediatamente anteriores. O ponto de vista helicoidal significa que todas as experiências dos membros do time contribuem para a tarefa atual, não havendo interrupção nas ações, inícios determinados e nem encerramentos. Conforme prosseguem, as equipes retraçam seus próprios caminhos e tentam absorver os efeitos de suas ações passadas – a curva emergente da hélice é diretamente afetada pela curva da qual surgiu.

Assim como uma hélice, os grupos seguem sempre em frente. Todavia, até certo ponto, eles dependem constantemente do passado; este serve de base não apenas para o presente, mas também para o futuro. A perspectiva helicoidal ressalta os aspectos integrados de todas as comunicações humanas, apresentando-os como um processo evolutivo que se mantém voltado para o interior de cada indivíduo de modo a permitir-lhe o aprendizado, o crescimento e a descoberta.

"Embora os grupos sejam normalmente estabelecidos para perseguir objetivos sensatos e realistas, de vez em quando, eles se desviam do caminho e acabam se entregando a um tipo de loucura."

Como indica o ponto de vista evolucionário helicoidal – e como é defendido por Wilfred Bion [8] –, os grupos podem ser comparados a tribos primitivas. De acordo com Bion, quando estão sob pressão os grupos podem regressar a crenças e necessidades inconscientes e mais primitivas que, como vestígios de padrões comportamentais bastante antigos que evoluíram na forma de respostas grupais ao perigo, continuam a existir na sociedade humana.

Ele chama a esse processo de "pressupostos básicos". Na verdade, Bion identificou três pressupostos básicos: dependência; luta-fuga e pareamento. Esses conceitos já se tornaram uma pedra angular no estudo de dinâmicas de grupo. Esses pressupostos básicos – que se manifestam em um nível inconsciente –tornam bem mais difícil para as pessoas trabalharem juntas de maneira produtiva. O resultado é, com frequência, o surgimento de ideias fantasiosas – completamente distantes da realidade – que criam um terreno fértil para a proliferação de padrões de comportamento organizacional rígidos e disfuncionais.

Embora os grupos sejam normalmente estabelecidos para perseguir objetivos sensatos e realistas, de vez em quando, eles se desviam do caminho e acabam se entregando a um tipo de loucura, impulsionados pela regressão a um padrão de funcionamento norteado por pressupostos básicos. Neste caso, esses grupos podem se tornar entidades preocupadas com fantasias antigas e arcaicas. Esses processos emocionais primitivos e bastante poderosos irão bloquear e até desviar as atividades reais do trabalho. Por exemplo, um grupo poderá sair completamente do rumo ao imaginar que existe um **"traidor"** entre seus integrantes. Isso criará um estado paranoico e caracterizado por fúria destrutiva; ou, ao se sentir-se perdido, talvez os membros do time se vejam obrigados a procurar um **"salvador"** que os resgate da situação em que todos se encontram. Cada uma dos pressupostos básicos de Bion interfere com a realização das tarefas do grupo; e, como veremos a seguir, cada qual contém sua própria lógica.

Dependência

Em um nível inconsciente, as pessoas geralmente assumem que o líder, ou a organização, não apenas é capaz, como deveria oferecer aos seus funcionários a mesma proteção e orientação que seus nossos pais lhes garantiam quando eram crianças. Grupos que demonstram esse tipo de dependência buscam um líder forte e carismático que lhes forneça uma direção segura. Os membros de tais grupos se mantêm unidos por sentimentos comuns de desamparo, inadequação, carência e medo do mundo exterior. Em contraste com seus próprios sentimentos, eles percebem o líder como uma figura onipotente e onisciente, e estão preparados para abrir mão de sua autonomia ao perceber que este indivíduo poderá ajudá-los. Entre as afirmações típicas dos integrantes desse grupo estão: "O que você deseja que eu (nós) faça (façamos)?" e "Não posso tomar esse tipo de decisão sozinho; você terá de conversar com o meu chefe." Tais comentários refletem a ansiedade, insegurança e imaturidade profissional e emocional do funcionário, embora tais características tenham sido aprendidas ou impostas ao longo do tempo em um ambiente organizacional opressivo. Ainda que a fé inquestionável em um líder contribua para a clareza de objetivos e para a coesão do grupo, ela também prejudica o julgamento crítico dos seguidores e os deixa relutantes em agir por conta própria. Apesar de essas pessoas estarem perfeitamente dispostas a seguir as instruções do chefe, elas ainda precisam que ele pense e tome todas as decisões no time, ou pelo menos a maioria delas. Assim que um líder desse tipo deixa a empresa, a inércia burocrática se estabelece. Neste caso, os indivíduos nesta situação poderão simplesmente permanecer congelados no passado, continuar nadando de acordo com a maré e imaginando o que o antigo líder faria se ainda estivesse ali.

Luta-fuga

Outra suposição comum e inconsciente entre os times é a ideia de que o mundo organizacional é um lugar perigoso e que, portanto, para lidar com eventuais ameaças, seus membros terão de se utilizar das técnicas de lutar e fugir como mecanismos de defesa. Em grupos sujeitos a tal pressuposto básico, evidenciam-se duas alternativas: evasão ou ataque. Quando esse tipo de mecanismo se estabelece, a tendência é dividir o mundo em dois campos: amigos e inimigos. As reações de luta se manifestam em agressões contra si mesmo, contra os colegas (na forma de inveja, ciúmes, competição, eliminação, boicotes, rivalidade, luta por posições no grupo e relações privilegiadas com figuras de autoridade), ou até mesmo contra a própria autoridade. A reação de fuga inclui a rejeição a outras pessoas, o absenteísmo e a resignação (ou seja, a desistência). Afirmações típicas de pessoas nessa situação incluem: "Não devemos fornecer os números atualizados para o departamento jurídico; eles certamente os utilizarão contra nós" ou "Esta empresa estaria em uma situação bem melhor se não fosse pelos idiotas que estão no comando." Esse tipo de linguagem – do "nós *versus* eles" – indica que assunções do tipo luta-fuga tomaram o controle da situação. Em vez de os integrantes do grupo assumirem a responsabilidade pelos problemas, a culpa é geralmente atribuída a outros indivíduos, de maneira rotineira (e vingativa). Adotando uma visão rígida e bipolar do mundo, o grupo em situação de luta-fuga se preocupa em proteger a si mesmo e em conquistar o "inimigo", de várias maneiras.

Em alguns casos, os líderes desses grupos se tornam vítimas dessas suposições e acabam encorajando a tendência do time a pensamentos separatistas do tipo "bom ou ruim", "conosco ou contra nós" ou "nós *versus* eles". Externando problemas internos, eles inflamam seus seguidores contra inimigos reais ou imaginários, usando tal divisão para estimular os colegas e canalizar a ansiedade crescente para fora do grupo. A busca pelos **"inimigos"** e também a luta contra eles resultam em uma forte e indestrutível convicção por parte dos integrantes de que estão agindo da maneira mais correta e de que sua causa é justa, o que lhes garante a energia necessária para prosseguir. Isso também reforça a identidade do próprio grupo [9, 10]. Líderes que estimulam mecanismos de luta-fuga, irradiando uma sensação de certeza e convicção naquilo que fazem, criam um senso de significado para todos os seguidores que se sentem perdidos. O senso de unidade que resulta dessas atitudes é bastante reconfortante. Conforme os seguidores eliminam aqueles que ainda duvidam dessas práticas, e aplaudem os **"convertidos"**, os participantes tornam-se cada vez mais dependentes de seu líder.

Pareamento

O terceiro pressuposto inconsciente de Bion descreve o desejo de o indivíduo se agregar a uma pessoa ou grupo considerado poderoso. Este é o mais difícil dentre todos os pressupostos por ele apresentados.

No pareamento, ao dialogar entre si, duas pessoas em um subgrupo passam a dominar todos os processos do time, e contam com a permissão dos demais membros para continuar agindo assim. Neste caso, todos os participantes dependerão dessa dupla para quaisquer esforços criativos. Tal associação poderá ajudar outros integrantes a lidar com seus próprios sentimentos de ansiedade, alienação e solidão.

Desejando se sentirem seguras, mas, ao mesmo tempo, mostrar-se criativas, as pessoas que experimentam o pressuposto de pareamento fantasiam que as criações mais efetivas sempre ocorrem em pares. Dois membros do grupo se unem e criam esperança – talvez na forma de algum tipo de figura ou símbolo messiânico. Infelizmente, o pareamento também implica em uma futura divisão. A inevitável diversidade existente nos times de trabalho poderá resultar em conflitos intra ou intergrupos, o que, por sua vez, poderá fazer com que indivíduos isolados, ou duplas, desintegrem o time.

No modelo de pareamento, ideias grandiosas e irrealistas sobre inovações poderão se tornar mais importantes que o aspecto prático e a lucratividade. Entre as afirmações típicas em times caracterizados pelo pareamento, estão: "Não se preocupe, nós dois cuidaremos desse problema," e "Se o CEO e o COO[3] tivessem um relacionamento melhor nossa empresa estaria em uma situação mais confortável."

Bion também reparou que os pressupostos básicos de um time podem mudar. Na verdade, durante uma mesma sessão, eles podem se alterar várias vezes, mesmo quando o grupo continua a trabalhar nas mesmas questões e com os mesmos objetivos.

Defesas sociais

Quando esses três pressupostos básicos prevalecem dentro do ambiente de trabalho, eles oferecem prova cabal de que a liderança da organização

---

[3] Enquanto CEO é a sigla em inglês para *chief executive officer* (presidente ou executivo principal de uma organização), o acrônimo COO se refere ao cargo de executivo-chefe de operações. (N.T.)

Avalie o modo como seu time opera sob condições de estresse. Que padrões você consegue reconhecer. O que está acontecendo em seu time de trabalho?

Analise as afirmações a seguir e classifique-as como **verdadeiras ou falsas.**

		VERDADEIRA	FALSA
1.	Os membros de nosso time parecem ter parado de pensar por si mesmos.	☐	☐
2.	Os membros de nosso time parecem estar a procura de um líder mágico que resolva todos os problemas da empresa.	☐	☐
3.	Os membros de nosso time parecem mais interessados em se reunir para atender a suas necessidades de dependência que para realizar um trabalho conjunto.	☐	☐
4.	Discussões e evasões parecem ter se tornado meios para evitar lidar com as tarefas do time.	☐	☐
5.	Os membros de nosso time parecem estar reunidos mais com o intuito de confrontar a liderança, ou fugir dela, do que para se unir em um trabalho conjunto	☐	☐
6.	Os membros de nosso time parecem muito preocupados em identificar inimigos dentro ou fora do time.	☐	☐

> 7. Nosso time parece estar
>   em busca de algum tipo de
>   messias capaz de resolver
>   nossos problemas.   ☐   ☐
> 8. O desenvolvimento do grupo   ☐   ☐
>   parece estar congelado pela
>   expectativa de que seremos
>   resgatados por membros que
>   trabalham em duplas e criam
>   uma nova liderança no time.
> 9. Em vez de enfrentar e superar   ☐   ☐
>   as dificuldades por meio de
>   um esforço colaborativo,
>   o time parece buscar por
>   soluções milagrosas para
>   nossos problemas.
>
> **Se você classificou como VERDADEIRAS as afirmações 1, 2 e 3, seu time ostenta uma natureza dependente; se considerou VERDADEIRAS as afirmações 4, 5 e 6, a natureza do grupo é de luta-fuga; se optou pelas afirmações 7, 8 e 9, a natureza do time é de pareamento. Combinações entre pressupostos básicos também são possíveis. Além disso, alguns times navegam entre os apresentados.**

não está lidando de modo adequado com a crescente ansiedade envolvida no trabalho em um ambiente social. Conforme as pessoas tentam negar ou evitar seus medos primitivos e suas ansiedades, as tarefas primárias do grupo e da própria empresa são destorcidas. Uma das consequências possíveis neste caso é o desenvolvimento de mecanismos de defesa comuns e específicos entre os membros da organização, como uma defesa contra pressupostos básicos emergentes e ansiedades inerentes ao trabalho realizado dentro do sistema. Quando tais defesas são adotadas em toda a empresa, elas passam a ser chamadas de defesas sociais.

As defesas sociais – sistemas de relacionamentos refletidos na estrutura social da empresa – funcionam como as individuais, mas são entrelaçadas no próprio tecido organizacional, em um esforço para assegurar aos integrantes que o ambiente de trabalho é, de fato, seguro e tolerante. Contudo, o verdadeiro objetivo por trás da adoção de tais defesas é transformar e neutralizar fortes tensões e comoções, como: ansiedade, vergonha, culpa, inveja, ciúmes, raiva, frustração sexual e baixa autoestima. Um conjunto eficiente de defesas sociais poderá ajudar os membros do time a lidar com experiências emocionais perturbadoras.

Quando o nível de ansiedade se eleva dentro de uma empresa, os executivos tipicamente contam com estruturas já existentes para tentar contê-lo (regras, regulamentações, procedimentos, gráficos complexos, elaboradas descrições de cargo e intrincados métodos corporativos para solucionar problemas). Todavia, quando tais estruturas se mostram ineficientes – quando não existem oportunidades para se discutir e solucionar preocupações emergentes – os funcionários se engajam em defesas regressivas, tais como *splitting* (cisão), a projeção, o deslocamento e a negação. As defesas sociais transformam-se em obstáculos burocráticos. Quando essas maneiras de lidar com a angústia e a imprevisibilidade da vida nas organizações se torna o sistema de operações predominante (em vez de uma medida temporária e ocasional), elas se mostram disfuncionais para a empresa como um todo e contribuem para o desengajamento emocional.

Quando se transformam em rotinas burocráticas e atividades pseudorracionais, as defesas sociais gradualmente obscurecem realidades pessoais e organizacionais, permitindo que as pessoas se alienem de suas experiências interiores. Forças-tarefa, procedimentos administrativos, racionalização, intelectualização e outras estruturas e outros processos são cada vez mais utilizados para manter as pessoas não envolvidas emocio-

"Mecanismos defensivos estão integrados no próprio funcionamento da organização e fazem parte dos desafios que os *coaches* de grupo precisarão enfrentar."

nalmente e também para ajudá-las a se sentirem seguras e no comando. Contudo, ao mesmo tempo em que tais processos de fato conseguem reduzir o nível de ansiedade – seu propósito original –, eles também substituem a compaixão, a empatia, a consciência e o significado pelo controle e pela impessoalidade. Alguns times apresentam sintomas da presença de defesas sociais. Por exemplo, sob certas circunstâncias, a formação de times pode ser interpretada como uma resposta ritualística ou rotineira a situações que provocam a ansiedade, em vez de uma resposta racional a um problema específico [11, 12 e 13].

Quando as defesas sociais se tornam onipresentes, a situação não prenuncia o bom funcionamento de organizações ou times. Para impedir que tais defesas passem a operar de modo descontrolado, precisamos compreendê-las em um nível mais profundo. A complexidade dessas defesas sociais significa, porém, que é bem difícil desembaraçá-las do tecido normal que forma uma empresa. Mecanismos defensivos estão integrados no próprio funcionamento da organização e fazem parte dos desafios que os *coaches* de grupo precisarão enfrentar.

DOZE HOMENS FURIOSOS

O clássico de Sidney Lumet, *Twelve Angry Men (Doze Homens e Uma Sentença),* lançado originalmente em 1957, dramatiza as teorias linear, monomítica e helicoidal das dinâmicas de grupo em uma narrativa sobre um júri composto única e exclusivamente por homens e cuja tarefa é deliberar sobre a culpa ou inocência de um homem acusado de matar o próprio pai. Eles são solicitados pelo juiz a chegar a um veredicto "além da dúvida razoável." Mas aquilo que no início parecia um caso simples, acabou se transformando em algo bem diferente.

No início das deliberações, 11 dos 12 membros do júri votaram a favor da condenação, sem sequer discutir quaisquer evidências apresentadas durante o julgamento. Somente o jurado número 8 (que, no filme original, é representado por Henry Fonda), se recusa a cair na armadilha do pensamento de grupo; ele não se sente preparado para enviar um jovem rapaz para a cadeira elétrica sem considerar todos os aspectos do caso de maneira cuidadosa. Na ocasião, ele admite abertamente aos demais jurados que não sabe se o acusado é ou não responsável pelo crime, mas que precisa investir mais tempo na discussão do caso para chegar a uma conclusão. Segundo o jurado em questão, ainda existe em sua mente o que ele considera como uma dúvida razoável.

O filme *Doze Homens e Uma Sentença* nos oferece uma visão profunda dos vários estágios de desenvolvimento dos grupos, ao isolar cada fase e revelar as complexidades e dificuldades em se reunir pessoas de diferentes estilos de vida e tentar formar um time unificado e cujas opiniões sejam unânimes. Reconhecemos nessa história todos os momentos decisivos do grupo à medida que seus integrantes passam por todas as etapas de formação, desorganização, organização e realização. No estágio de formação, que se dá antes da primeira votação, podemos testemunhar o modo como os integrantes se apresentam uns aos outros e se organizam; nele vemos ainda a escolha de um representante para o grupo. Na etapa de desorganização, surgem os primeiros conflitos conforme os membros do grupo determinam objetivos e prioridades. Essa fase começa quando o resultado da primeira votação é 11 por 1 – o jurado número 8 é a única voz dissonante – o que, aliás, cria enorme confusão entre os demais participantes. No estágio de organização, os integrantes do júri estabelecem regras para coordenar o modo como lidarão uns com os outros ao longo do processo decisório e passam a discutir o caso de maneira mais verdadeira. Nessa fase, todos rejeitam as observações do preconceituoso jurado número 12 e, depois de uma segunda votação, o resultado já é de 6 x 6. Finalmente, no estágio de realização, os jurados conseguem trabalhar bem em conjunto. Esta etapa parece começar quando os três jurados que ainda consideram o acusado culpado são solicitados a explicar porque pensam daquela maneira.

Adotando um ponto de vista monomítico, acompanhamos o jurado número 8 em sua luta pela verdade e pela justiça. No início, ele é o único preparado para enfrentar os demais, já que as evidências não lhe parecem suficientes. Ele é o herói solitário em sua luta por um veredicto justo e adequadamente deliberado. O jurado número 8 consegue convencer os outros de que é perfeitamente possível uma única pessoa estar correta e todas as demais estarem enganadas. De várias maneiras, sua batalha é uma celebração à justiça, e ele é bem-sucedido em transferir sua dádiva ao acusado.

Já a partir de uma perspectiva helicoidal, podemos visualizar os três pressupostos básicos – dependência, luta-fuga e pareamento – em pleno funcionamento nas várias coalizões que se formam entre os principais membros do júri. Logo depois que as verdadeiras deliberações começam, os jurados número 8 e número 4, este último um cauteloso corretor (um homem inteligente, calmo, controlado e aberto a argumentos racionais), se tornam os verdadeiros líderes do grupo. Conforme ganham mais poder, os outros participantes passam a se mostrar mais condescendentes em relação à dupla. Embora o jurado número 1, um treinador de *rugby*, seja, supostamente, o representante oficial do grupo, sua função é rapidamente usurpada pelos outros dois. Ao longo do filme, as razões pelas quais os outros jurados, um a um, se unem ao veredicto de "inocente" se tornam claras. A maioria dos integrantes do grupo é formada por meros seguidores, que mudam seus votos ao serem persuadidos pelo jurado número 8 – o pressuposto de dependência. Alguns dos outros membros se afastam do debate ou lutam por suas opiniões; outros formam duplas.

Este filme serve também como um profundo escrutínio da bagagem pessoal, ou do teatro interno, que cada membro do júri leva consigo para dentro daquela sala. Os 12 homens da narrativa apresentam personalidades e históricos de vida distintos. Os interesses individuais são considerados. Questões pessoais e preconceitos que influenciaram a decisão inicial de que o réu fosse "culpado" são finalmente revelados. O jurado número 7, um homem egocêntrico e indiferente, só tem um único pensamento em sua mente: não perder o jogo de basquete que será disputado naquela noite. O de número 3, um homem de negócios durão que está plenamente convencido da culpa do acusado, e deseja ver o jovem sentenciado à morte, permite que sua profunda angústia pessoal obscureça sua razão. A ideia de "filhos que matam os pais" parece ser um tema recorrente em seu teatro interno, pois reflete seu próprio relacionamento conturbado com o filho. Somente quando isso vem à tona ele se vê capaz de aderir ao veredicto de "inocente". Encorajados pelo número 8, cada um dos jurados se torna consciente do papel que seus próprios preconceitos exercem sobre suas decisões. A exteriorização do comportamento influenciado pelo teatro interno de cada um dos participantes finalmente permite que suas perspectivas se aliem e alcancem uma conclusão compartilhada.

Os conflitos de personalidade, os esforços conjuntos do júri e o funcionamento integrado de várias mentes diferentes em busca da verdade, são apenas algumas das características das dinâmicas de grupo ilustradas por esse filme, onde cada interação se baseia nos diferentes roteiros internos dramatizados por cada membro do júri. Todo o espectro da humanidade encontra-se representado nesses 12 homens – do preconceito e a intolerância do júri número 10 à frieza analítica do número 4; da coragem do número 2, que finalmente assume a responsabilidade por sua própria opinião, à integridade do número 8, o único que discordou do grupo desde o início. A metanálise da vida secreta dos grupos demonstra que a influência do jurado número 8 se baseava em seu senso inconsciente de que correntes invisíveis estivessem prejudicando a habilidade do grupo de alcançar um resultado justo e honroso. No final da narrativa – e para a felicidade do jovem acusado de assassinato –, este mesmo jurado foi capaz de convencer os demais a reavaliarem seu veredicto inicial.

REFERÊNCIAS BIBLIOGRÁFICAS

1. Lewin, K. (1948). *Problemas de Dinâmica de Grupo.* São Paulo: Cultrix, 1978.
2. Tuckman, B. (1965). *Sequências de Desenvolvimento em Grupos Pequenos. Psychological Bulletin,* 63, 384-99.
3. Tuckman, B. e Jensen, M. (1977). *Fases de Desenvolvimento de Grupos Pequenos – Revisado. Group and Organization Studies,* 2, 419-27.
4. Csikszentmihalyi, M. (1990). *A Psicologia da Felicidade.* São Paulo: Saraiva, 1992.

5. Campbell, J. (1949). *Herói de Mil Faces*. São Paulo: Pensamento, 1999.
6. Ibid., p. 30.
7. Lewin, K. (1948). *Problemas de Dinâmica de Grupo*. São Paulo: Cultrix, 1978.
8. Bion, W. R. (1959). *Experiences in Groups and Other Papers (Experiências em Grupos e Outras Pesquisas)*. Londres: Tavistock.
9. Lasswell, H. (1960). *Psychopathology and Politics (Psicopatologia e Política)*. Nova York: Viking Press.
10. Volcan, V. (1988). *The Need to Have Enemies and Allies (A Necessidade de se Ter Inimigos e Aliados)*. Northvale, NJ: Jason Aronson.
11. Menzies Lyth, I. E. (1960). *A Case Study of the Functioning of Social Systems as a Defense Against Anxiety: A Report on a Study of the Nursing System in a General Hospital (Estudo de Caso do Funcionamento de Sistemas Sociais como Defesa Contra Ansiedade: Relatório Sobre um Estudo a Respeito do Sistema de Enfermagem em um Hospital Geral)*. Human Relations, 13, 95-121.
12. Jaques, E. (1974). *Social Systems as Defense Against Persecutory and Depressive Anxiety (Sistemas Sociais como Defesa contra Ansiedade Depressiva e de Perseguição)*. In G. S. Gibbard; J. J. Hartmann e R. D. Mann, Analysis of Groups (Análises de Grupos). São Francisco, CA: Jossey-Bass.
13. Hirschhorn, L. (1988). *The Workplace Within: Psychodynamics of Organizational Life. (Por Dentro da Organização: A Psicodinâmica da Vida Corporativa)*. Cambridge, MA: MIT Press

CAPÍTULO 6

DENTRO DE UMA NUVEM: O FENÔMENO DO GRUPO-COMO-UM-TODO

Existem, basicamente, dois tipos de indivíduos: os que realizam grandes feitos e aqueles que alegam já ter realizado alguma coisa em sua vida. O primeiro grupo é bem menor.
— Mark Twain

Podemos aprender muito com os lápis de cor: alguns são bem apontados, outros não; há também aqueles que são muito bonitos, outros nem tanto; existem os que ostentam cores vibrantes e aqueles um pouco sem graça. O fato é que todos esses lápis precisam aprender a viver lado a lado, em uma mesma caixa.
— Anônimo

O inconsciente é um oceano de pensamentos que não devem ser traduzidos em palavras; ele abriga tudo aquilo que foi expulso de nossa linguagem – removido por conta de proibições do passado.
— Ítalo Calvino

Certa vez, na época em que o mundo em que vivemos ainda era bem jovem, um velho líder espiritual dos índios Lakota,[1] sentou-se no topo

---

[1] Referência a um grupo de nativos norte-americanos que compõe a confederação de sete tribos Sioux. Eles vivem em regiões ao norte e ao sul do Estado de Dakota. (EUA). (N.T.)

de uma alta montanha e teve uma visão. Nela, Iktomi, o grande mágico e mestre de sabedoria, apareceu diante do líder na forma de uma aranha e lhe falou, utilizando-se de uma linguagem sagrada. Enquanto falava, Iktomi apanhou das mãos do índio um aro de cipó decorado com penas, crina de cavalo, contas e outras oferendas, e então começou a tecer uma teia.

Na ocasião, o mágico discorreu sobre os ciclos da vida – ele falou sobre o modo como iniciamos nossa jornada, na forma de bebês; daí nos tornamos adolescentes e, por fim, adultos. Com o tempo alcançamos a velhice e, então, novamente como crianças pequenas, precisamos de cuidados. Completa-se assim um ciclo de vida. "Porém," disse Iktomi, "em cada um desses ciclos atuam várias forças: algumas são boas, outras ruins. Se ouvirmos as forças positivas, elas nos levarão na direção correta, mas, se dermos ouvidos às forças negativas, elas nos atrairão para um caminho errado e poderão nos machucar. Tais forças são, portanto, capazes de ajudar ou prejudicar a harmonia da Natureza." Enquanto falava, a aranha continuava a tecer sua teia.

Quando Iktomi terminou de falar, ele entregou ao velho índio a teia que acabara de tecer e disse: "Esta teia é um círculo perfeito e trás bem no centro um buraco. Utilize-a para ajudar seu povo a alcançar os objetivos do grupo, fazendo bom uso das ideias, dos sonhos e das visões de todos os membros. Se acreditar no Grande Espírito, a teia apanhará suas boas ideias, enquanto as ruins simplesmente passarão pelo orifício."

O velho índio pegou a teia, deixou a montanha e retornou para o seu povo. Lá ele cuidou de transmitir sua visão. Desde então, muitos povos nativos norte-americanos passaram a pendurar "apanhadores de sonho" sobre as camas para que, desse modo, eles filtrassem todos os sonhos e todas as visões dos índios. O bem é então capturado na teia e distribuído entre todos, enquanto o mal passa pelo buraco e deixa de fazer parte de suas vidas. Alguns acreditam que o apanhador de sonhos é o responsável pelo futuro das pessoas.

Assim como o apanhador de sonhos mencionado na história dos índios Lakota, o **grupo-como-um-todo** também é uma entidade bastante especial. Ela também pode ser comparada a uma **rede**, **teia** ou **nuvem**, capaz de capturar as fantasias coletivas (de modo consciente ou inconsciente) de todos os membros de um grupo ou time. O grupo-como-um-todo captura a comunicação verbal e não verbal – ele conecta pensamentos, estados de humor, comportamentos e ações que, a princípio, podem parecer misteriosos. Considerando que a rede contém sistemas difusos de forças mentais interconectadas, as ideias nela capturadas apresentarão várias qualidades distintas – algumas delas capazes de influenciar as pessoas de modo positivo, outras negativamente. É como se todos os grupos ou times tivessem sobre si uma "nuvem" carregada com os materiais parcialmente metabolizados, oriundos de seus próprios integrantes.

A ideia do grupo-como-um-todo é um dos conceitos que os indivíduos interessados em dinâmicas de grupo poderão aplicar para tentar compreender o que realmente acontece com o grupo em que estão trabalhando. Outros termos já foram utilizados para descrever fenômenos similares, tais como rede social, sistema vivo, matriz de grupo, inconsciente social, mente de grupo ou espaço reflexivo, ou, utilizando ainda outra expressão, consciência coletiva de "nuvem". Todas essas

> **"Um grupo, ou time, representa, mais que apenas a soma de seus vários integrantes."**

nomenclaturas compartilham um mesmo conceito: de que grupos ou times também podem ser observados como entidades interativas altamente complexas. Um grupo, ou time, representa, portanto, mais que apenas a soma de seus vários integrantes; trata-se de um lugar em que as pessoas geralmente se encontram em vários diferentes níveis, tanto conscientes quanto inconscientes.

A partir de uma perspectiva histórica, teorias sobre o "grupo-como-um-todo" podem ser encontradas desde 1896, quando o sociólogo francês Gustave Le Bon publicou seu livro *Psicologia das Multidões* (VMF Martins Fontes, 2008),[2] [1] que estudava não apenas o comportamento do grupo como um sistema social, mas também as rela-

---

[2] Título original *The Crowd*. (N.T.)

ções dos membros individuais com tal sistema. De acordo com Le Bon, ao se unirem a grupos grandes, as pessoas sacrificam parte de sua individualidade. Por causa disso, grupos maiores são facilmente influenciados e tornam-se suscetíveis a sugestões. Para o autor, o grupo se transforma em um lugar caracterizado por extremos e dominado por um processo primário de pensamento. "Um indivíduo em meio a uma multidão é como um minúsculo grão de areia que pode ser facilmente soprado pelo vento e seguir as mais diversas direções.", escreveu Le Bon [2]. Vale ressaltar que o vento ao qual Le Bon se refere poderia ser qualquer tipo de autoridade ou força dominante – um líder carismático, por exemplo – capaz de orientar a mente do grupo e fazer com que esta siga em qualquer direção desejada.

Influenciado por Le Bon, Sigmund Freud também compartilhava desse pensamento: indivíduos que compõem multidões respondem tanto a eventos como a outras pessoas de modo diferente do que fariam se estivessem sozinhos. (Teorias sobre contágio social baseadas em experimentos ainda eram desconhecidas naquela época). Como afirmou Freud: "Os sentimentos de um grupo são sempre bem simples e, ao mesmo tempo, extremamente exagerados. Desse modo, os grupos desconhecem dúvidas e incertezas [...] Nos grupos, até mesmo as ideias mais contraditórias coexistem [...] sem a ocorrência de quaisquer conflitos entre elas."[3]. De acordo com Freud, quando processos primitivos – oriundos de nossas origens arcaicas – são ativados nos grupos, as inibições individuais desaparecem. Coisas estranhas podem ocorrem nos grupos; estes podem se mostrar extremamente emocionais, impulsivos e radicais em seus comportamentos.

É claro que todos os membros de um grupo não reagem exatamente da mesma maneira. Em relação à vida dos grupos, Pierre Turquet, um dedicado estudioso do comportamento grupal, introduziu dois conceitos um pouco mais matizados: os de *one-ness* (unificação) e *me-ness* (individualidade) [4]. Nesse esquema conceitual, *one-ness* descreve a busca de alguns membros do grupo por uma união poderosa por uma força onipotente capaz de se responsabilizar por todas as suas necessidades; considerando a mentalidade desses indivíduos, todos estão preparados para abrir mão de suas identidades individuais em prol de uma participação passiva dentro do grupo, experimentando a partir daí uma sensação de bem-estar, de completude e de estar vivo. Nesses casos, a fantasia prevalente é de que a existência somente se faz possível dentro do contexto de grupo.

Em contrapartida, o conceito de *me-ness* representa uma contrastante fantasia. Ele se baseia na ideia de evitar a crescente ansiedade do indivíduo diante da possibilidade de ser engolido por um grupo. Para algumas pessoas, os grupos assemelham-se a ameaçadores monstros canibais, capazes de devorar seus integrantes. Quando se tornam parte de um time, membros com tal característica se preocupam com a perda de identidade e se sentem desconfortáveis por conta de sentimentos de aniquilação. Porém, uma orientação mais individual (*me-ness*), permite que esses indivíduos se resguardem dentro do seu próprio mundo interior, permanecendo em um ambiente seguro, e reneguem tanto a presença quanto a própria existência do grupo. Todavia, na prevalência de tal atitude, ocorre uma completa negação da realidade externa; o foco passa a ser a realidade interna individual [5, 6 e 7].

Retornando aos porcos-espinhos de Schopenhauer, podemos conjecturar que, em um cenário de grupo, as pessoas experimentam uma necessidade básica de se aproximarem umas das outras, mas, ao mesmo tempo, se mostram relutantes em fazê-lo. Seja de maneira consciente ou inconsciente, cada membro de um grupo ou de um time luta contra estas duas forças dinâmicas que estão sempre presentes, em diferentes níveis de intensidade. Isso cria um senso de ambivalência sobre o lugar específico que cada indivíduo ocupa dentro do grupo – sentimento este que pode ser projetado para o grupo-como-um-todo.

> **"Em um cenário de grupo, as pessoas experimentam uma necessidade básica de se aproximarem umas das outras, mas, ao mesmo tempo, se mostram relutantes em fazê-lo."**

Deve-se esperar que cada membro do grupo ostente uma atitude diferente em relação a esses desejos opostos, e que as experiências de cada integrante se desenrolem de maneira única. Um grupo funcionará bem quando processos coesivos regularem a necessidade de distanciamento. Se isso não acontecer, forças interpessoais poderão provocar comportamentos explosivos. Na ocorrência de curtos-circuitos entre os padrões de vinculação – ou entre os desejos de se adotar atitudes caracterizadas por estados de *me-ness* ou *one-ness* –, haverá no ambiente um grau elevado de tensão. De um jeito ou de outro essas forças opostas precisarão ser metabolizadas no sentido de se proteger os membros do time de ansiedades paranoicas e/ou depressivas.

OS INCONSCIENTES COLETIVO E SOCIAL

Como bem ilustram tais discussões, existem esferas conscientes e inconscientes nos processos grupais. Alguns membros de grupos (ou times, neste caso) estarão conscientes sobre temas específicos que permanecem abaixo do nível de consciência para o grupo-como-um-todo. Outros se mostrarão apenas subliminarmente conscientes do território inconsciente sobre o qual compartilham propriedade. Um terceiro grupo abriga aqueles que sequer têm conhecimento do que está acontecendo.

Para que possamos compreender os processos primitivos que ocorrem em um ambiente de grupo, precisamos fazer uma incursão na psicologia junguiana. Para Carl Jung, o inconsciente individual é uma camada relativamente superficial do inconsciente coletivo [8]. De acordo com este psiquiatra suíço, o inconsciente individual contém temas que outrora se mostraram conscientes, mas desaparecem do nível de consciência ao serem esquecidos ou reprimidos. Em contraposição, os conteúdos do inconsciente coletivo jamais foram conscientemente reconhecidos, portanto, nunca foram adquiridos de maneira individual – sua existência deve ser atribuída exclusivamente à hereditariedade. Em outras palavras, certas estruturas e predisposições do inconsciente são comuns a todos nós: elas são parte de nossa herança evolucionária.

O inconsciente coletivo é uma realidade biológica básica. Ele consiste de estruturas universais e profundas, e também de sistemas de crenças culturais; são motivos inconscientes que impulsionam um grupo, uma comunidade ou sociedade. Portanto, enquanto seres humanos, todos nós possuímos não apenas predisposições psicológicas, mas também as de caráter físico; nossas predisposições psicológicas estão armazenadas no inconsciente coletivo. Cada um de nós se utiliza de um grande acervo comum de ideias, imagens e significados. Segundo Carl Jung, no espaço do grupo-como-um-todo há algo que vai muito além das contribuições individuais oferecidas por cada um de seus integrantes.

Toda uma sociedade, todo um povo ou até mesmo toda a humanidade compartilha dessa herança evolucionária; e, apenas para repetir, trata-se de um produto das experiências ancestrais, que abriga conceitos intrínsecos à ciência, à religião e à moralidade. Para Jung, as formas básicas que conseguimos encontrar no inconsciente coletivo são arquétipos, ou padrões repetitivos – embora diferenciados – de pensamentos e ações que reaparecem de tempos em tempos em povos, países e até mesmo em continentes distintos. Esses arquétipos básicos dentro de cada um de nós são definidos como *self*, sombra, *anima*, *animus* e *persona*.[3] Jung também ressaltou que esse inconsciente coletivo somente pode ser compreendido por meio do exame cuidadoso das comunicações simbólicas da psique humana – através da arte, dos sonhos, da religião, dos mitos e dos temas inerentes aos padrões de comportamento relacional do ser humano.

Todavia, enquanto Jung oscilava entre a genética e o aprendizado social em sua descrição do inconsciente coletivo, o psicanalista e cientista social Erich Fromm mostrava-se mais inclinado para este

---

[3] O *self* é um produto da individualização – a totalidade da psique; a sombra é uma parte da mente inconsciente que consiste das fraquezas, das deficiências e dos instintos reprimidos – o reservatório da obscuridade humana; a *anima* e o *animus* são os arquétipos antropomórficos primários da mente inconsciente, ambos elementos do inconsciente coletivo – a *anima* é a imagem feminina em uma psique masculina, enquanto o *animus* é exatamente o inverso; *persona* é a mascara ou o papel social que representamos para o mundo.

último conceito. Fromm foi o responsável por cunhar o termo *"inconsciente social,"* definindo-o como "as áreas de repressão comuns à maioria dos membros da sociedade humana"[9]. Segundo Fromm, nossas crenças, nossos valores e nossos tabus estão tão engendrados em nossas mentes que, com o passar do tempo, se tornam inconscientes – eles passam então a integrar nosso inconsciente social e a delimitar aquilo o que gostamos de chamar de livre-arbítrio. De acordo com Fromm, a família funciona como uma edificadora do inconsciente social, ou como um agente psicológico da sociedade; ela encena as exigências sociais e molda o caráter das crianças por meio de práticas de criação e educação culturalmente sancionadas. Neste sentido, Fromm argumentava que a educação, a propaganda e a lavagem cerebral têm muito em comum. Cada sociedade determina que pensamentos e sentimentos terão a permissão de alcançar o nível consciente, assim como aqueles que deverão permanecer no inconsciente humano.

Para explicar mais detalhadamente as formulações de Fromm, devemos fechar nossos olhos para as coisas que, segundo o grupo ao qual participamos, não existem [10]. Porém, devemos, ao mesmo tempo, aceitar como genuínas aquelas que outros consideram verdadeiras, mesmo que nossos próprios olhos nos convençam de que tal informação seja incorreta. Em última análise, o que é determinado como consciente ou inconsciente depende das estruturas e dos padrões de sentimentos e pensamentos produzidos pela sociedade em que vivemos. Para Fromm, o inconsciente social tem sua própria realidade – bem distinta daquela existente na consciência individual.

Tanto Jung como Fromm (assim como Le Bon, Freud e Turquet, que vieram antes deles) detectaram uma poderosa corrente subjacente dentro dos grupos; tal corrente contém um acervo com todas as imagens, as ideias e os significados inerentes à história de qualquer sociedade à qual um determinado grupo pertença. Outros observadores das dinâmicas de grupo também concordaram com essa formulação e inclusive sugeriram que forças que estão além do próprio controle impulsionam as pessoas dentro dos grupos – como se um grupo, enquanto entidade independente, tivesse suas próprias necessidades e exercesse suas influências de maneira separada dos indivíduos que o compõem [11, 12].

Por exemplo, para Siegfried Foulkes (assim como para Jung e Fromm), há um inconsciente social, ou interpessoal, que precede o florescimento da consciência individual. Existe uma entidade denominada "matriz que se baseia não somente nas propriedades biológicas das espécies, mas também em valores e reações culturais firmemente arraigadas. Estes valores e estas reações foram especialmente desenvolvidos e transmitidos no contexto da família nuclear, da rede e da classe social etc., e foram mantidos ou modificados de acordo com o plexo individual em que a pessoa transita" [13]. Essa matriz de grupo atua, ao mesmo tempo, como recipiente e ambiente de retenção para os processos psíquicos dos membros individuais do grupo. Ela pode ser vista como uma base hipotética para as transações que ocorrem no grupo, oferecendo a ele toda sua capacidade de estocagem e contenção.

Esta ideia de o indivíduo ser veladamente afetado por fatos e forças sócio-culturais dentro do grupo-como-um-todo foram ainda mais elaboradas por Earl Hopper, outro estudioso das dinâmicas de grupo. Segundo ele: "O conceito de inconsciente social se refere à existência e às limitações inerentes a arranjos sociais, culturais e comunicacionais sobre os quais as pessoas se mantêm inconscientes, já que tais arranjos não são percebidos (são desconhecidos); e, se percebidos, não são admitidos (são negados); e, se reconhecidos, não são considerados problemáticos (realidade pressuposta); mas, se considerados problemáticos, não são levados em conta com o devido distanciamento e a devida objetividade." [14]. Portanto, de acordo com Hopper, o inconsciente social reside em todos nós. Todavia, nos mantemos "inconscientes" em relação a ele, ou apenas não o percebemos. Em geral, nós o admitimos como algo natural.

> **"Essa "bagagem" cultural irá influenciar de maneira invisível o comportamento e as interações de um time ou de um grupo."**

A REALIDADE DO INCONSCIENTE SOCIAL

Baseando-me nesses vários observadores das dinâmicas de grupo, sugiro que o inconsciente social seja visto como uma ponte entre o social e o psicológico. Cada membro de um grupo (ou de um time) contribui para o inconsciente social. Essa pessoa irá cocriar esse inconsciente compartilhado pelos membros de um sistema social específico. Este sistema social pode ser um time, um grupo, uma organização, uma comunidade, uma sociedade, uma nação, ou até mesmo todos eles. Essas construções sociais cocriadas são recipientes das ansiedades, das defesas, das memórias, das proibições culturais e dos mitos compartilhados; são remanescentes de experiências memoráveis e até mesmo traumáticas – representações que foram acumuladas ao longo de gerações. Essa "bagagem" cultural irá influenciar de maneira invisível o comportamento e as interações de um time ou de um grupo.

Considerando-se o sempre presente inconsciente social, todos nós estamos presos a uma rede altamente complexa de relacionamentos, mas nem sempre temos consciência de que isso esteja ocorrendo.

Que tipos de processos emocionais você reconhece no grupo-como-um-todo?

- Comportamento de ligação – sentimentos de amor e desejo de estar próximo.
- Medo de proximidade emocional.
- Sentimentos de dor e tristeza.
- Sentimentos de vergonha.
- Sentimentos de raiva.
- Sentimentos de culpa.
- Sentimentos de inveja.

Reflita sobre as maneiras pelas quais estes sentimentos se expressam. Lembre-se de incidentes ocorridos – que processos de pensamento se mostraram presentes na ocasião?

1. Questões de ordem psicológica (fome, sede, eliminação de resíduos, sono, respiração etc.).

2. Questões de ordem sexual/sensorial (desejo sexual).

3. Questões relacionadas à ligação/afiliação (desejo de cuidar; desejo de ser amado; medo do abandono; medo da solidão; medo de proximidade emocional: imersão; lidar com o luto/o sofrimento).

4. Questões relacionadas a temores e apreensões (problemas de autoestima; não sentir-se merecedor de aprovação; medo de ser magoado/envergonhado; medo de se sentir constrangido/culpado; sensação de insegurança/ medo e desconfiança).

5. Questões relacionadas à raiva (fúria, ressentimento, inveja, ciúmes, perda de controle e pânico).

6. Questões de ordem exploratória (diversão, prazer social).

Reflita sobre as maneiras pelas quais estes sentimentos se expressam. Lembre-se de incidentes ocorridos – que processos de pensamento se mostraram presentes na ocasião?

Figura 6.1 – Preocupações básicas do ser humano: questões presentes na "nuvem"

Portanto, todos nós temos de lidar não apenas com uma realidade psicológica interna, mas também com a externa. Todavia, com grande frequência, desconhecemos essas forças e esses fatores inconscientes que nos influenciam.

Em grupos (ou times), o observador mais astuto será capaz de reparar na interação de seus membros e perceber dramatizações (por vezes) conflitantes intrínsecas ao *script* pessoal e único de cada um desses indivíduos. Quando tais ligações ocorrem, os integrantes do grupo – além de terem de lidar com suas próprias peculiaridades – também terão de enfrentar o território compartilhado do inconsciente, habitado por todas as suas concepções arcaicas, remanescentes de reações de transferências ocorridas no passado, e também uma profusão de conflitos possivelmente não solucionados. Tal situação também indica que, quando envolvidos em atividades de *coaching* de grupo, não devemos desconsiderar o inconsciente social. É preciso estar ciente de sua presença ao lidar com grupos (ou times). Além disso, a existência do inconsciente social nos permitirá realizar uma observação em "nuvem" (Figura 6.1).

Para oferecer um bom exemplo, lembro-me de um dos integrantes do grupo de executivos com o qual trabalhei. Ao refletir sobre as atividades ocorridas no dia anterior, um dos participantes mencionou um sonho que tivera naquela noite:

"Eu olhava para o meu reflexo em um espelho e quase não conseguia reconhecer o meu rosto. Eu parecia tão pálido quanto um cadáver. Porém, o que realmente me incomodava na situação era observar minha imagem ali refletida e perceber que eu havia me tornado quase careca. Era como se eu tivesse enfrentado um tratamento radioterápico contra o câncer. Na verdade, havia ainda alguns tufos de cabelo em minha cabeça, mas a maior parte havia caído. Fiquei tão nervoso que destruí o espelho. Acordei imediatamente. Quando finalmente despertei, a combinação entre o medo das imagens que vislumbrara e de minha própria reação violenta resultou em sentimentos de ansiedade."

O executivo em questão disse ao grupo que estava refletindo sobre aquele sonho dentro do contexto do que ocorrera no dia anterior. Embora tivesse se mantido em silêncio durante toda a discussão, ele se sentia bastante irritado com tudo o que estava se desenrolando dentro da própria organização. (A referida discussão fora sobre a possibilidade de o controle desse time estar, ou não, sendo ameaçado por vários subgrupos poderosos). O fato é que, há algum tempo, aquele time fora solicitado a trabalhar de modo paralelo em um projeto que acabaria se tornando extremamente bem-sucedido. Todavia, com o sucesso veio também a inveja por parte de departamentos mais antigos da companhia. Vários grupos de interesse bastante poderosos na organização se sentiram ameaçados pelo sucesso daquele time de trabalho. Durante a discussão do dia anterior, alguns membros do grupo disseram que acreditavam que alguns executivos de nível sênior da empresa estavam em um complô contra eles – esses indivíduos queriam encerrar o projeto e, se conseguissem essa façanha, isso representaria o fim da o time.

Durante a sessão, expliquei a todos os participantes o que estava acontecendo: o dono daquele "sonho" tivera, na verdade, um pesadelo que simbolizava a sensação de impotência de todo o grupo em relação à situação que enfrentavam, e, então, atuara como um porta-voz para o time. Eu conseguia imaginar o quanto os integrantes daquele grupo se sentiam enfurecidos com o que estava acontecendo, já que tudo parecia extremamente injusto. Todavia, durante a discussão toda essa fúria não transparecera tão claramente. Em vez disso, as pessoas se concentraram em discutir o que seria bom para a empresa, como se estivessem tentando evitar a raiva que sentiam em relação ao assunto. Aquele pesadelo podia então ser interpretado como uma representação daquilo que realmente os estava afetando – o ataque cancerígeno que os fazia sentir-se **"castrados"** (a castração neste caso representada pela perda dos cabelos). Contudo, ele também continha a crescente fúria dos membros do time.

Este exemplo ilustra perfeitamente o que impulsiona o processo de **cocriação social**: o inconsciente dinâmico do indivíduo abriga inúmeros desejos básicos que talvez não sejam percebidos em um nível consciente, por medo de que eles saiam de controle. Neste caso, por razões defensivas, a consciência acaba sendo deixada de lado. Considerando o fato de que os seres humanos são socializados em comunidades relativamente similares, parece razoável presumir que alguns dos conflitos que tanto tentamos evitar sejam comuns a todos nós. De fato, isso se aplica independentemente do quão heterogêneas sejam nossas preocupações, por conta não apenas das propriedades biológicas presentes em nossa espécie, mas também das reações e dos valores culturais intrínsecos à nossa sociedade. Todavia, vale ressaltar que nossas preocupações inconscientes podem ser facilmente ativadas.

Contudo, observar o grupo-como-um-todo como uma entidade completamente separada e dominada por forças regressivas (como fizeram alguns estudiosos) nos distrai da realidade atual. O ato de nos concentrarmos nas partes arcaicas de nós mesmos somente funcionará se o fizermos paralelamente à discussão de ocorrências do grupo em tempo real, dialogando e trabalhando sobre os temas e as questões que preocupam a todos os integrantes. O que acontece no **"aqui e agora"** é, portanto, **essencial**.

A QUESTÃO DE AUTORIDADE

Um dos temas mais típicos encontrados na "nuvem" de qualquer grupo é a preocupação com a autoridade. No ambiente de grupo-como-um-todo, uma das principais inquietações transparece nas seguintes perguntas: "Quem terá autoridade sobre quem?" e "Quem será dominante e quem será submisso?". Muitos times de trabalho fracassam simplesmente por não discutirem de maneira antecipada e também por não se preocuparem em concordar com antecedência sobre aspectos de autoridade, métodos para a tomada de decisões e limitações. A estrutura de autoridade interna do grupo precisa ser clara e, se necessário, renegociada de maneira contínua.

> **"Muitos times de trabalho fracassam simplesmente por não discutirem de maneira antecipada e também por não se preocuparem em concordar com antecedência sobre aspectos de autoridade."**

Problemas relativos a autoridade têm existido desde o surgimento da humanidade. Em nosso distante passado paleolítico, os machos alfa desempenhavam o importante papel de assegurar a sobrevivência de toda a sua espécie. Assim como no caso dos gorilas de costas prateadas que observamos nos dias de hoje, naquela época, o chefe de uma tribo precisava: (1º) definir a direção em que o grupo seguiria (em busca de alimentos), (2º) atentar para questões de segurança e proteção(contra predadores) e ainda (3º) estabelecer a ordem entre os integrantes do grupo, mantendo-os alinhados de acordo com os objetivos da comunidade. Se transpusermos tudo isso para o moderno mundo corporativo, veremos que os executivos de nível sênior também precisam assumir papéis similares.

Manobras que garantam a autoridade perfazem uma parte inevitável da vida dos times e afetam as dinâmicas do grupo-como-um-todo. O desejo de destronar a autoridade vigente, assim como a tentação de se rebelar contra ela, são atitudes que sempre estarão presentes. As funções que os executivos desempenham em um ambiente de grupo demonstram claramente alguns desses inevitáveis processos. Tudo isso pode ser observado como uma reencenação dos roteiros representados nas famílias de origem desses indivíduos, e faz parte da miscelânea de estados de humor e padrões comportamentais encontrados na "nuvem" do time.

A BUSCA POR BODES EXPIATÓRIOS E ALTERAÇÕES DE HUMOR

Ansiedades depressivas e paranoides são importantes impulsionadores emocionais dentro dos grupos [15, 16, 17]. No cerne desses processos regressivos primitivos existe um sentimento básico de desamparo e impotência; um estado de espírito que produz a mais profunda fonte de ansiedade nos seres humanos (que evoca memórias de nossas ansiedades mais precoces e infantis acerca de dependência).

Se tais forças regressivas não forem encaradas e enfrentadas, o grupo-como-um-todo se torna vítima de uma mentalidade paranoica, expressa na forma de desconfiança, falsidade, suspeição, hostilidade, comportamentos imorais, rivalidade, ciúmes, inveja, maldade e medo. Esse nível de discórdia poderá contribuir para a interrupção das relações sociais entre os integrantes do grupo ou do time, independentemente do quão eficientes forem cada um de seus membros (operando de maneira isolada).

Quando a paranoia mostrar suas garras, alguns membros do grupo ou do time poderão se comportar de maneira destrutiva em relação aos companheiros. Juntamente com demonstrações de medo, desconfiança, suspeita, raiva e cautela, membros paranoicos poderão inclusive atribuir mensagens e significados secretos aos comentários feitos pelos *coaches*. Alguns membros do time também poderão tentar estabelecer laços conspirativos e "mundanos" com outros integrantes do grupo para, juntos, serem capazes de defender a si mesmos contra o inimigo comum – o **líder**.

> "Pessoas que se transformam em bodes expiatórios são como receptáculos para a projeção de impulsos inaceitáveis vivenciados pelo grupo-como-um-todo."

A paranoia também poderá vir acompanhada de reações depressivas. Neste sentido, alguns membros do grupo talvez se sintam solitários, isolados e até mesmo proscritos por outros integrantes do time. O redirecionamento da raiva para dentro de si mesmos poderá ser um dos possíveis resultados dessa ocorrência. Neste caso, essas pessoas adotarão atitudes hipercríticas em relação aos próprios erros ou às próprias realizações, mostrando-se aparentemente incapazes de parar de culpar a si mesmas por equívocos imaginários. Essa forte autocrítica talvez contribua para o surgimento de um círculo vicioso autodestrutivo que, por sua vez, irá interferir com a realização das tarefas do indivíduo – isso sem mencionar nos danos que tudo isso poderá causar no funcionamento do grupo.

Dentro dessa estrutura paranoica, **"bodes expiatórios"** serão sempre visados dentro do grupo ou do time. A identificação de um bode expiatório é uma maneira de desviar nossa agressividade para alvos mais seguros, em vez de direcioná-la para o indivíduo com o qual realmente nos sentimos frustrados. Pessoas que se transformam em bodes expiatórios são como receptáculos para a projeção de impulsos inaceitáveis vivenciados pelo grupo-como-um-todo. O ato de temporariamente projetar sobre outros as partes indesejadas de nós mesmos nos ajuda a aliviar nossas ansiedades, enquanto justificamos essa agressão desordenada. Como um "benefício" adicional, esse tipo de atitude projecional poderá unir ainda mais "bons" membros do grupo, criando um inimigo comum.

Em vários casos, esses bodes expiatórios são escolhidos porque apresentam algumas características únicas e especiais que os diferenciam dos demais membros do grupo ou do time. Entre esses traços, estão: seu *status* na empresa, sua posição como único realizador de uma determinada função na companhia, ou o fato de o indivíduo estar na fronteira de um sistema organizacional. O histórico pessoal de um funcionário também poderá torná-lo um verdadeiro para-raios durante processos projetivos; considerando a predisposição pessoal para se apresentar como vítima ou ovelha negra, algumas pessoas de baixo *status* profissional são, com frequência, associadas aos aspectos mais inaceitáveis, inconvenientes ou tolos do grupo (na verdade, elas são forçadas a isso pelo próprio time).

"Compartilhar e aceitar os mundos internos dos demais integrantes ajuda a criar um círculo virtuoso de confiança, autorrevelação, empatia e aceitação."

O GRUPO-COMO-UM-TODO COMO UMA FORÇA PARA OPERAR MUDANÇAS

A despeito de toda a sua complexidade, a consciência do grupo-como-um-todo é capaz de oferecer aos times e grupos de *coaching* percepções mais profundas e avançadas sobre si mesmos [18, 19, 20]. Por meio de vários tipos de intervenção de grupo – sendo o *coaching* de grupo uma delas – os membros de um time de trabalho desenvolvem entre si a solidariedade e percebem a existência de um grau de universalidade em seus problemas pessoais. Fazer parte de um *coaching* de grupo também é uma ótima oportunidade para trocar informações sobre diferentes desafios e soluções. O grupo-como-um-todo também será capaz de encorajar tais fenômenos ao trazer sentimentos reprimidos e medos para o nível de consciência. Compartilhar e aceitar os mundos internos dos demais integrantes ajuda a criar um círculo virtuoso de confiança, autorrevelação, empatia e aceitação. Ajudar aos demais participantes – oferecendo-lhes apoio, segurança, sugestões e *insights* – poderá provocar um efeito terapêutico e contribuir para um senso de dignidade e bem-estar. Os grupos também permitem a emergência de modelos exemplares (*role model*). Sendo assim, o comportamento imitativo – ou de identificação com o outro – dentro do grupo é uma importante força para promover mudanças.

Os tipos de dinâmica que ocorrem em grupos como um todo poderão ser similares àquelas que se desenrolaram nas famílias dos participantes desses times. Considerando a resistência de alguns padrões, os membros de um grupo não conseguem evitar a reencenação de situações de família. Na verdade, as dinâmicas do grupo como um todo oferecem aos seus membros a oportunidade de compreenderem melhor os relacionamentos que mantinham com seus pais, com seus irmãos e com outras pessoas. Juntamente com o *coach*, os participantes poderão ajudar a identificar diferentes maneiras de se lidar com situações conflituosas e quebrar rígidos padrões estabelecidos.

Para ilustrar tal informação, veja o exemplo a seguir. Durante uma intervenção que realizei em um time executivo, uma das integrantes, a vice-presidente de *marketing* da empresa, reclamava continuamente de se sentir excluída. Seus protestos não diziam respeito apenas a convites para eventos sociais; ela afirmava que fora deixada de fora de reuniões importantes na empresa. Durante uma sessão de *coaching*, ela sugeriu para alguns dos demais participantes que eles a incluíssem regularmente em todas as reuniões de seus grupos (seu objetivo era fazer com que o comitê executivo funcionasse melhor). Ela mencionou vários encontros específicos para os quais não fora convocada e que considerava importantes. Julgando pelas expressões faciais e pelos comentários apresentados, estava óbvio que os demais integrantes do time achavam aquelas reclamações enfadonhas, em especial pelo fato de que, segundo eles, aqueles encontros não diziam respeito à área de atuação da funcionária. Um dos participantes, o vice-presidente do setor de finanças, fez questão de lembrá-la de que ela mesma havia solicitado ser deixada de fora da maioria dessas reuniões por encontrar-se sobrecarregada – afirmação que, aliás, foi negada por ela. Em um determinado ponto, a discussão se tornou tão acirrada que o próprio CEO decidiu intervir e tentar acalmar todo o grupo.

Enquanto tudo aquilo se desenrolava, eu me fazia várias perguntas. Será que aquela dinâmica específica representava um dia típico de trabalho naquela empresa? Seria aquilo apenas um desentendimento entre dois funcionários? Ou será que havia algo mais por trás daquela discussão?

Por acaso, eu tinha algumas informações sobre o histórico pessoal dos três envolvidos, o que me permitiu uma compreensão mais completa do incidente. Assim como outros membros daquele time, eu também percebi que todos os três estavam reencenando dramas familiares específicos. A vice-presidente de *marketing* era a filha do meio em uma família composta por três irmãs bastante competitivas. A funcionária em questão sempre acreditou que sua irmã mais velha fosse a preferida de seu pai, e a mais jovem, a pupila dos olhos da mãe. Isso a deixava com a perpétua sensação de ser deixada de fora – excluída da família. Embora o fato de ela ser deixada de lado possa realmente ter ocorrido na empresa, em sua vida adulta, ela inconscientemente procurava de modo incessante por situações em que ela pudesse declarar que estava mais uma vez sendo colocada de lado – que estava sendo excluída. Em relação ao vice-presidente de finanças, as reclamações de sua colega o faziam lembrar-se de seu irmão mais velho, que, segundo ele, estava sempre tentando levar a melhor em todas as situações – não surpreende o fato de o comportamento da vice-presidente de *marketing* tê-lo irritado tanto, principalmente quando ele percebeu que a funcionária estava reclamando de maneira automática. Na verdade, o próprio vice-presidente do setor financeiro também estava agindo no piloto automático, uma vez que, assim como ela, não percebia suas próprias dramatizações inconscientes quando se sentia provocado. Era óbvio que ambas as partes exerciam uma transferência negativa em relação ao outro – o que era bem fácil de perceber em sua linguagem corporal e comunicação verbal. Para completar esse quadro confuso, o CEO jamais permitia que situações de conflito no time se desenrolassem naturalmente e sempre as encerrava de modo prematuro, o que deixava a todos muito insatisfeitos. Ele preferia varrer questões mais complexas para debaixo do tapete e deixar o dito pelo não dito. Embora seu nível de consciência sobre tal padrão comportamental fosse apenas subliminar, ele acabou atribuindo a si mesmo, inconscientemente, o papel de reconciliador – uma função que ele desempenhara desde a infância, época em que seus pais costumavam brigar como cães e gatos. Portanto, as três partes estavam apenas reencenando seus próprios roteiros. Todavia, embora estes tenham sido muito relevantes na infância, já não se mostravam eficientes ou adequados na atualidade. Percebi que já era hora daquelas pessoas implementarem algumas mudanças em suas vidas. Neste sentido, elas precisariam reconhecer o quanto estavam presas a cenários do passado, selecionar panoramas mais apropriados e construtivos e recomeçar suas vidas.

Como demonstra o exemplo anteriormente apresentado, o território inconsciente do grupo-como-um-todo que está compartilhado, trás consigo todas as pressuposições inconscientes levadas para o grupo pelos membros individuais; suposições estas que se manifestam como padrões de transferência de importantes relações familiares do passado. É razoável presumir que algumas peças desses episódios passados não resolvidos e inconscientes são "reencarnadas" na vida adulta presente. Contudo, alguns dos temas contidos no inconsciente dinâmico de cada membro abrigam desejos que, se realizados, poderão provocar sérios conflitos interpessoais. Por essa razão, a consciência é colocada de lado nessas ocasiões e operações defensivas são adotadas.

DENTRO DE UMA NUVEM: O FENÔMENO DO GRUPO-COMO-UM-TODO

> **O quão você é capaz de ler e compreender o time-como-um-todo?**
>
> Assinale SIM ou NÃO nas questões a seguir.
>
> | | SIM | NÃO |
> |---|---|---|
> | • Há momentos no trabalho realizado em time em que você experimenta fantasias bizarras e ideias que tendem a ajudá-lo a compreender o que de fato está acontecendo? | ☐ | ☐ |
> | • Você é eficiente em expressar e decifrar tais fantasias e ideias no momento adequado? | ☐ | ☐ |
> | • Você reconhece rapidamente que certas pessoas em seu time de trabalho desempenham papéis específicos? | ☐ | ☐ |
> | • Você sabe lidar com momentos de silêncio quando está engajado em um trabalho em seu time? | ☐ | ☐ |
> | • Você é sagaz em avaliar o humor/temperamento do time, e de fazer com que o grupo siga em frente de modo eficiente? | ☐ | ☐ |
>
> **Se respondeu SIM para a maioria das perguntas, você possui a consciência de nuvem e o talento para fazer com que o grupo siga em frente.**

CAPACIDADE NEGATIVA

É bem mais fácil discorrer sobre o aprofundamento das experiências de *coaching* do que colocá-lo em prática. Haverá muitas ocasiões em que agentes de mudança encarregados de conduzir exercícios para a construção de times de trabalho se sentirão absolutamente confusos pelas dinâmicas do grupo. Quando isso ocorrer, essas pessoas precisarão ser

> **Avaliando a capacidade negativa**
>
> Assinale SIM ou NÃO nas questões a seguir.
>
> | | SIM | NÃO |
> |---|---|---|
> | • Você consegue lidar com mistérios sem se tornar super ansioso(a)? | ☐ | ☐ |
> | • Você é capaz de sustar sua descrença ao deparar com situações complicadas? | ☐ | ☐ |
> | • Você está disposto a permanecer em um estado de incerteza? | ☐ | ☐ |
> | • Você se mostra naturalmente aberto a diferentes impressões e ideias? | ☐ | ☐ |
> | • Você possui a habilidade de brincar com sua imaginação sem precisar de mais detalhes e especificidades? | ☐ | ☐ |
>
> **Se respondeu SIM para a maioria das perguntas, talvez você possua capacidade negativa.**

capazes de superar suas descrenças e adentrar seu mundo interior de auto-reflexão e análise enquanto exploram o que de fato está acontecendo. Os profissionais mais eficientes interessados em criar times de alto desempenho não têm medo de incertezas, nem de questões não resolvidas. Além disso, essas pessoas são capazes de manter a mente aberta. Elas estão preparadas para aceitar uma condição que o poeta John Keats denominou **"capacidade negativa"**: "Quando um homem é capaz de viver em meio a incertezas, mistérios e dúvidas sem buscar irritantemente por fatos e razões." [21]. Na verdade, as palavras de Keats diziam respeito a William Shakespeare, contudo, muitos anos mais tarde o psicanalista Wilfrid Bion se baseou nessa mesma definição ao sugerir cautela a todos os analistas que costumavam se apressar em oferecer interpretações para o comportamento de seus clientes. É importante manter a mente aberta – a habilidade de manter a imaginação viva sem o desespero de encontrar respostas imediatas.

O HOMEM CEGO E O ELEFANTE

No intercâmbio entre o grupo-como-um-todo e o indivíduo, o que é interno afeta o que é externo, e o exterior afeta o interior. A parte sempre está conectada ao conjunto; o todo determina o que acontece nas partes. No que diz respeito ao "total" (o grupo propriamente dito) e suas "partes" (cada um de seus membros), há uma interessante troca entre o teatro interno do indivíduo e a "atuação" *(acting)* dos roteiros individuais dentro do grupo-como-um-todo. O drama criado pelo grupo-como-um-todo afeta os integrantes individualmente; os dramas individuais afetam o todo [22, 23]. Similaridades entre os integrantes de um time são constantemente perturbadas por diferenças; distinções são continuamente sobrepujadas por semelhanças. Tudo isso gera um permanente estado de fluidez e tensão.

> "No intercâmbio entre o grupo-como-um-todo e o indivíduo, o que é interno afeta o que é externo, e o exterior afeta o interior."

Profissionais interessados em construir times de alto desempenho deveria se recordar da parábola do homens cegos e do elefante. Seis homens foram solicitados a determinar a aparência de um elefante simplesmente apalpando diferentes partes do corpo do animal. O homem que tocou na perna do mamífero, disse que ele se parecia com um pilar; o cego que analisou o rabo, explicou que o bicho se parecia com uma corda; aquele que sentiu a tromba alegou que o animal era como o galho de uma árvore; o homem que tocou a orelha do elefante comentou que o grande mamífero se parecia com um enorme leque; o cego que esfregou a barriga do bicho afirmou que ele era como uma parede; finalmente, aquele de tocou em suas enormes presas disse que o animal se parecia com um cano sólido.

É claro que cada um dos cegos oferecera uma descrição acertada, embora nenhum deles estivesse completamente correto – tampouco totalmente equivocado. Essa história ilustra bem a imperfeição do raciocínio humano tradicional. Ela demonstra como as pessoas tendem a compreender somente pequenas porções da realidade e então extrapolar a partir dali, afirmando serem os donos da interpretação mais precisa.

Como seres humanos, demonstramos uma vocação natural para definir nossas próprias realidades. Porém, é extremamente fácil cair em uma armadilha perigosa e acreditar que sabemos a verdade sobre as coisas, quando tudo o que poderíamos pensar em entender em um nível intelectual é meramente algum aspecto dessa verdade. Se tentarmos abordar a vida única e exclusivamente a partir de um nível consciente, estaremos restringindo nossas oportunidades de compreender a nós mesmos. Todavia, os cegos conseguem transcender seu conhecimento parcial e, assim como os seis homens da narrativa, entender o que é um elefante – um **"todo" misterioso** –, utilizando seus conhecimentos individuais sobre cada uma das partes e trabalhando em conjunto em busca de uma melhor compreensão desse todo. O fato é que todos nós que nos interessamos por dinâmicas de grupo, ou de time, vez por outra, precisamos colocar nossas mentes nas nuvens.

REFERÊNCIAS BIBLIOGRÁFICAS

1. Le Bon, G. (1896). *Psicologia das Multidões*. São Paulo: WMF Martins Fontes, 2008.
2. Ibid., p. 33.
3. Freud, S. (1921). *Psicologia de Grupo e Análise do Ego*. Em J. Strachey (Ed.) (1950), *Edição standard brasileira das obras psicológicas de Sigmund Freud*, Vol. V. Rio de Janeiro: Ímago, 2011. pp. 78-9 do original em inglês.
4. Turquet, P. (1974). *Leadership: The Individual and The Group (Liderança: o Indivíduo e o Grupo)*. Em G. S. Gibbard (Ed.), *Analysis of groups (Análise de grupos)*. São Francisco, CA: Jossey-Bass.
5. Ibid.
6. Lawrence, W. G.; Bain, A. e Gould, L. (1996). *The Fifth Basic Assumption (A Quinta Conclusão Básica)*. Free Associations, vol. 6, parte 1 (37), 28-55.
7. Lipgar, R. M. e Pines, M. (2003). *Building on Bion Roots: Origins and Context of Bion's Contributions to Theory and Practice (Construindo Sobre as Raízes de Bion: Origens e Contextos das*

Contribuições de Bion para a Teoria e a Prática) (International Library of Group Analysis, 20). Londres: Jessica KingsleyPublishers.
8. Jung, C. G. (1964). *O Homem e Seus Símbolos.* Rio de Janeiro: Nova Fronteira, 2008.
9. Fromm, E. (1962). *Meu Encontro com Marx e Freud.* Rio de Janeiro, p. 88 do original em inglês.
10. Fromm, E. (1941/1969). *O Medo e a Liberdade.* Rio de Janeiro: Guanabara, 1986.
11. Ezriel, H. (1952). *Notes on Psychoanalytic Group Therapy: II Interpretation and Research (Notas Sobre a Terapia Psicoanalítica de Grupo). Psychiatry,* 15, 119-26.
12. Whitaker, D. S. (1985). *Using Groups to Help People (Utilizando Grupos para Ajudar Pessoas).* Londres: Routledge, Kegan & Paul.
13. Foulkes, S. H. (1975). *Group Analytic Psychotherapy, Methods and Principles (Psicoterapia Grupo-Analítica, Métodos e Princípios).* Londres: Karnac, pp. 131-2.
14. Hopper, E. (2002). *The Social Unconscious: Speaking the Unspeakable (O Inconsciente Social: Dizendo o Indizível).* Londres: Jessica Kingsley Publishers, p. 127.
15. Jaques, E. (1974). *Social Systems as Defense Against Persecutory and Depressive Anxiety (Sistemas Sociais Como Defesa Contra Ansiedade Depressiva e de Perseguição).* Em G. S. Gibbard; J. J. Hartmann e R. D. Mann, *Analysis of groups (Análises de Grupos).* São Francisco, CA: Jossey-Bass.
16. MenziesLyth, I. E. (1960). *A Case Study of the Functioning of Social Systems as a Defense Against Anxiety: A Report on a Study of the Nursing System in a General Hospital (Estudo de Caso do Funcionamento de Sistemas Sociais como Defesa Contra Ansiedade: Relatório sobre um Estudo a Respeito do Sistema de Enfermagem em um Hospital Geral). Human Relations,* 13, 95-121.
17. MenziesLyth, I. E. (1992). *Containing Anxiety in Institutions: Selected Essays (Realizando a Contenção da Ansiedade em Instituições: Ensaios Selecionados).* Londres: Free Association Books.
18. Yalom, I. D. (1970). *Psicoterapia de Grupo: Teoria e Prática.* Porto Alegre: Artmed, 2007.
19. Yalom, I. D. e Leszcz, M. (2005). *Psicoterapia de Grupo: Teoria e Prática.* Porto Alegre: Artmed, 2007.
20. Rutan, S. e Stone, W. (2000) *Psychodynamic Group Psychotherapy (Psicodinâmica da Psicoterapia em Grupo).* 3.ed. Nova York: Guilford Press.

21. Wu, D. (2005). *Romanticism: An Anthology (Romantismo: Uma Antologia)*. 3.ed. Londres: Blackwell, p. 1351.
22. Foulkes, S. H. (1990). Em E. Foulkes (Ed.), *Selected Papers (Estudos Selecionados)*. Londres: Karnac.
23. Dalal, F. (1998). *Taking the Group Seriously (Levando o Grupo a Sério)*. Londres: Jessica Kingsley Publishers.

PARTE TRÊS

CRIANDO ORGANIZAÇÕES AUTENTIZÓTICAS

CAPÍTULO 7

RUMO A MUDANÇAS SISTÊMICAS NAS ORGANIZAÇÕES

Concedei-me, Senhor, a serenidade para aceitar as coisas que não posso mudar; a coragem para mudar as que sou capaz; e a sabedoria para discernir entre ambas.
— Reinhold Niebuhr

Aquele que rejeita a mudança é o arquiteto da decadência. A única instituição humana que rejeita o progresso é o cemitério.
— Harold Wilson

Se você não gosta de alguma coisa, mude-a. Se não puder mudá-la, mude sua atitude em relação a ela.
— Maya Angelou

Nunca consegui encontrar um grupo disposto a fazer exatamente o que eu desejava fazer. Ninguém se mostrava realmente animado.
— Tom Jenkinson

Se projetar e colocar em prática um processo de mudança fossem ações tão fáceis quanto prescrever e engolir uma pílula, certamente não haveria a necessidade de *coachings* de liderança ou de qualquer outra forma de intervenção. Todavia, como indicam todas as argumentações apresentadas no capítulo anterior, mudar é extremamente complicado, tanto para indivíduos como para organizações. Se o objetivo primário de um *coaching* de grupo é estabelecer uma empresa mais eficiente por meio da criação de uma cultura de *coaching* sustentável, então talvez fosse útil complementar nossa discussão *coachings* de grupo observando mais atentamente os processos de mudança nos seres humanos e também nas empresas.

A MUDANÇA DENTRO DE UM CONTEXTO SISTÊMICO

Além de atentar para os processos psicodinâmicos, deveríamos também observar as organizações de um modo mais sistêmico, ou seja, como organismos que são modelados e impulsionados pelos próprios elementos específicos de que são compostos. Tal perspectiva se torna ainda mais irrefutável se reconhecermos o fato de que, embora as organizações ainda alcancem o sucesso ou fracassem como um resultado direto de ações individuais ou de grupo, o sistema como um todo em que elas operam está se tornando cada vez mais diversificado e virtual em termos de fuso horário, localização, cultura, nacionalidade, gênero, idade, *background* funcional, histórico do setor de negócios, e assim por diante.

Mas embora essas estruturas complexas, globais e de aparência matricial apresentem inúmeras vantagens, elas também criam outro desafio: a diversidade e as conexões virtuais reduzem a habilidade do time para atender às necessidades individuais por afiliação e confiança, e, como resultado direto, a possibilidade de ocorrência de pensamentos paranoicos do tipo **"eu *versus* o mundo"** se torna exacerbada. Os diferentes *backgrounds* dos membros – que poderiam ser mais facilmente identificados se o grupo se encontrasse de modo regular – talvez se mostrem mais relacionados à formação de silos, à ocorrência de conflitos territoriais e à lentidão nas tomadas de decisão em times virtuais. Para que possam ser evitados, tais problemas precisarão ser identificados abordados de maneira sistêmica – mantendo-se em mente, como já mencionado anteriormente, o fato de que soluções técnicas não são suficientes; o fator humano também precisa ser levado em consideração.

A teoria de sistemas é um conjunto interdisciplinar sobre o caráter de sistemas complexos dentro da natureza, da sociedade e da ciência. Trata-se de uma estrutura por meio da qual é possível investigar e/ou descrever qualquer grupo que trabalhe de maneira conjunta no sentido de alcançar algum tipo de resultado. Elementos da teoria de sistemas podem se revelar bastante esclarecedores se pensarmos em mudanças organizacionais e em *coachings* de grupo, em especial se o objetivo for o de obter uma visão mais holística da empresa.

A base teórica para uma intervenção sistêmica (como no ponto de vista psicodinâmico interpessoal) é observar cada indivíduo em relação ao outro, em vez de nos concentrarmos única e exclusivamente no que está acontecendo dentro de cada pessoa (uma orientação puramente intrapsíquica). A abordagem sistêmica promove um melhor entendimento sobre o modo como todas as partes de um sistema interagem umas com as outras, assumindo uma forma holística. Os estudiosos da teoria de sistemas são capazes de afirmar que quando olhamos para cada parte isolada de um sistema, perdemos informações importantes que somente poderiam ser obtidas se observássemos o todo. Em vários exemplos, esse todo ostenta propriedades que não podem ser encontradas em cada um de seus elementos constituintes. Para agregar tal informação às discussões anteriores sobre o grupo-como-um-todo, podemos dizer que, neste caso, estamos nos referindo ao grupo dentro de um sistema.

Na década de 1950, a teoria de sistemas se tornou uma disciplina específica [1, 2, 3 e 4]. Ela reúne princípios teóricos e conceitos de várias outras matérias, incluindo as filosofias intrínsecas nas áreas de ciência, física, biologia e engenharia. Atualmente, aplicações da abordagem sistêmica podem ser encontradas em inúmeros outros domínios, como na sociologia, nas ciências políticas, na teoria organizacional, na gestão da saúde, na administração, na economia e na psicoterapia – e, particularmente, na teoria de sistemas familiares. Na verdade, nossa compreensão sobre a teoria de sistemas já alcançou um nível tão elevado nos dias de hoje que, mesmo sem nos darmos conta disso, muitos de seus conceitos já estão plenamente incorporados em nosso cotidiano. Tal entendimento, aliás, já ocorre com vários conceitos psicanalíticos. Veja, por exemplo, o modo como discorremos sobre inúmeros sistemas, como o da saúde, o corporal, o de informações, o bancário, o político e o familiar. E não obstante sua origem biológica, a teoria de sistemas já se mostrou bastante eficiente em explicar o comportamento do indivíduo no contexto organizacional. Tais conceitos nos ajudam a compreender o ser humano dentro dos relacionamentos, a oferecer as percepções necessárias para que possamos decifrar as complexas interações existentes nos grupos e a entender as resistências contra mudanças.

A homeóstase – a capacidade de autossustentação do sistema – é um importante conceito dentro da teoria de sistemas. Com o passar do tempo, a despeito de quaisquer oscilações temporárias, todo e qualquer sistema sempre procura retornar a uma condição de estabilidade e constância – graças a suas habilidades de autocorreção e autorregulação, estes sistemas conseguem retornar a seus estados homeostáticos. Tal conceito ajuda a explicar a razão pela qual o processo de mudança – que, de modo básico, representa uma interrupção da homeóstase – pode se mostrar tão complicado. Portanto, para que as mudanças desejadas ocorram, é fundamental que os vários indivíduos e as várias partes que formam um sistema organizacional estejam devidamente conectados por ciclo de *feedback* positivo e negativo. Auxiliada por esses sistemas de *feedback*, qualquer alteração em uma única parte do sistema irá afetar as demais porções – o que, em contrapartida, também afetará a condição original (e menos desejada, dentro desse contexto) desse mesmo sistema.

"A perspectiva sistêmica nos torna mais conscientes sobre as profundas ligações existentes entre os elementos intrapsíquicos, interpessoais e sociais do grupo-como-um-todo e em sua relação com os indivíduos."

Adotando uma abordagem sistêmica, os indivíduos responsáveis por intervenções de grupo e organizacionais se concentram não apenas na complexa rede de relacionamentos através da qual as pessoas se conectam, mas também no contexto em que os problemas aparecem. Tal perspectiva permite que os agentes de mudança percebam (1º) a ocorrência de padrões comportamentais específicos; (2º) a maneira como estes se estabeleceram; (3º) o modo como eles podem ser compreendidos dentro da ótica de interação do grupo; e (4º) como os ciclos de *feedback* devem ser implementados para sustentar as mudanças. A perspectiva sistêmica nos torna mais conscientes sobre as profundas ligações existentes entre os elementos intrapsíquicos, interpessoais e sociais do grupo-como-um-todo e em sua relação com os indivíduos. Visando identificar e explorar não apenas os padrões relativos aos valores e aos comportamentos, mas também às crenças e às atitudes em papéis e relacionamentos que se estabeleceram ao longo do tempo, e objetivando ainda ajudar as pessoas a decidir onde as mudanças se mostrariam interessantes, os adeptos da abordagem sistêmica exploram não somente o modo como as pessoas se comunicam, mas o conteúdo da própria comunicação. Muitos dos problemas que emperram as mudanças organizacionais são sistêmicos. Isso significa que não são apenas os indivíduos que resistem às alterações. Na verdade, a própria arquitetura organizacional (em especial no que diz respeito às defesas sociais) pode ser construída de modo a dificultar quaisquer mudanças.

OS PROCESSOS DE MUDANÇA INDIVIDUAL E ORGANIZACIONAL

Certo dia, ao retornar para sua morada, um jovem budista deparou com um grande obstáculo. Observando com um olhar desesperançoso o caudaloso rio que se estendia à sua frente, o rapaz ponderou durante horas a melhor maneira de atravessá-lo. Quando já estava prestes a desistir da travessia e voltar pelo mesmo caminho, percebeu a presença de um sábio na margem oposta. Então o jovem budista gritou para o homem: "Oh grande sábio, poderia o senhor me dizer como eu devo fazer para alcançar o outro lado deste rio?" O sábio pensou por um momento, olhou primeiramente para o lado em que o rio nascia e, em seguida, para o de sua foz, e disse: "Mas meu filho, você já está do outro lado."

Como sugere esta breve narrativa, qualquer mudança depende da perspectiva que assumimos diante dela. Pelo fato de considerarmos difícil adotar o ponto de vista de outras pessoas, as mudanças não ocorrem naturalmente. Em geral nos mostramos relutantes em participar desses processos. Alterações promovem desequilíbrios e ameaçam nosso universo homeostático, previsível e estável. Costumamos evitar situações que subvertem a ordem, ameaçam nossos interesses pessoais, elevam nosso nível de estresse e envolvem riscos. E para citar o economista e filósofo norte-americano John Kenneth Galbraith: "Diante da escolha de mudar o próprio modo de pensar e provar que não existe qualquer razão para fazê-lo, praticamente todos preferem se ocupar da busca por evidências."

Na maioria das vezes, a mudança não é um processo confortável nem desprovido de conflitos. Todavia, sabemos perfeitamente que as mudanças são inevitáveis. Aliás, é indiscutível dizer que a única constante na vida é a própria mudança. A psicologia evolucionária já demonstrou claramente que não são os mais fortes que sobrevivem, tampouco os mais espertos, mas aqueles que se revelam mais responsivos às mudanças. Quer apreciemos tal fato, ou não, existir significa mudar. E embora isso represente deixar coisas para trás – e abandonar aquilo que nos parece seguro –, o fato é que não há segurança real naquilo que já deixou de ser significativo.

> **"Não são os mais fortes que sobrevivem, tampouco os mais espertos, mas aqueles que se revelam mais responsivos às mudanças."**

Thomas Woodrow Wilson, o 28º presidente dos EUA, disse certa vez: "Se quiser fazer inimigos, tente mudar alguma coisa." São inúmeras as razões pelas quais as pessoas resistem a mudanças. Elas incluem desde desacordos de ordem meramente intelectual sobre os motivos para se

> **Abertura para mudanças. Como você encara a mudança?**
> Responda SIM ou NÃO para as perguntas a seguir:
>
> | | SIM | NÃO |
> |---|---|---|
> | 1. Você se esforça para aprender no mesmo ritmo em que o mundo está se modificando? | ☐ | ☐ |
> | 2. Você compreende claramente o que impulsiona as mudanças em nosso mundo? | ☐ | ☐ |
> | 3. Você sabe como gerar adesão ao processo de mudança? | ☐ | ☐ |
> | 4. Você acha que possui as habilidades necessárias para lidar com mudanças? | ☐ | ☐ |
> | 5. Você sabe como ajudar as pessoas a se tornarem positivas em relação a mudanças? | ☐ | ☐ |
> | 6. Você compreende a razão pela qual a maioria dos esforços no sentido de gerenciar mudanças fracassa? | ☐ | ☐ |
> | 7. Você sabe lidar bem com surpresas e com o medo do desconhecido? | ☐ | ☐ |
>
> **Se você respondeu SIM para a maioria dessas perguntas, talvez você tenha algumas das qualidades necessárias para ser um agente de mudanças eficiente.**

implantar quaisquer alterações, até arraigados preconceitos de origem psicológica. Com grande frequência, realizar uma mudança exige do indivíduo um verdadeiro salto de fé. Somos solicitados a nos mover rumo ao desconhecido com a promessa de que, quando finalmente o descobrirmos, este nos parecerá mais positivo e adequado que a situação até então vivenciada. Todavia, somente nos embrenharemos nessa misteriosa jornada se de fato acreditarmos que os riscos implícitos nessa atitude forem menores que aqueles intrínsecos em simplesmente não agir.

As relações sociais exercem um papel importante nesta relutância por parte do ser humano em mudar. Como uma espécie social, gostamos de nos sentir conectados a outros indivíduos e de nos associarmos às pessoas que conhecemos. Solicitações de mudança com frequência significam não apenas que nossas antigas conexões serão questionadas, mas também que tradições culturais e relacionamentos grupais serão rompidos. As mudanças podem estar associadas ao medo de que possamos perder algo de valor – o que, aliás, não é um grande incentivo para que abracemos alterações ou que exploremos novos relacionamentos.

As mudanças também são capazes de criar situações novas e não familiares – condições estas sobre as quais não exercemos nenhum controle. Isso, por sua vez, pode provocar preocupações com uma eventual perda de poder ou até mesmo com a violação de nossa posição ou de nosso *status*. Tais receios são bem reais. As mudanças podem ainda afetar nossa base de poder, o que significa que seremos forçados a construir uma nova, com toda a pressão e todo o estresse que isso implica. Sob certas circunstâncias, um esforço de mudança pode ser percebido como um ataque pessoal ou até mesmo como um "conflito territorial." Não surpreende, portanto, que sugestões de mudança sejam vistas com hesitação e resistência; também não causa estranheza o fato de as pessoas se mostrarem contrárias a alterações – elas claramente acreditam (e em certos casos até com razão), que essas transformações sejam contrárias aos seus interesses.

> **"Talvez as pessoas até possuam o desejo de mudar, mas, ao mesmo tempo, elas se perguntam se têm as habilidades necessárias para fazê-lo."**

A insegurança também é outro fator complicador no processo de mudança. Talvez as pessoas até possuam o desejo de mudar, mas, ao mesmo tempo, elas se perguntam se têm as habilidades necessárias para fazê-lo. Elas se mostram preocupadas com as exigências que lhe serão feitas e com as responsabilidades que lhes serão atribuídas por conta dos novos processos, dos novos sistemas ou das novas tecnologias que acompanham muitas dessas alterações. Elas também se perguntam (talvez de modo acertado), se possuem as qualidades necessárias para dar conta dessa nova situação.

Existem também os indivíduos que sofrem de uma condição denominada **"fadiga por mudanças."** Se uma determinada organização já enfrentou um grande número de reviravoltas e perturbações, alguns de seus profissionais poderão resistir a mudanças simplesmente por conta dos intermináveis processos que, no passado, exauriram todas as suas forças. Talvez eles decidam não se envolver até que tudo tenha passado. Na verdade, quando observamos as taxas de sucesso alcançadas nos processos de mudança, em geral não é muito difícil compreender a atitude dessas pessoas.

Relacionada a esse fato está ainda a relutância provocada pela insuficiência de explicações sobre as verdadeiras razões para as mudanças – "Se não está quebrado, por que tentar consertar?" As pessoas precisam compreender exatamente: (1º) o que não está funcionando; (2º) que problemas as alterações planejam corrigir e; (3º) quais as implicações em se implementar, ou não, alguma alteração. Sem isso somente seremos capazes de enxergar os problemas e contratempos que as próprias mudanças irão causar, mas jamais atentaremos para os potenciais benefícios que estas transformações nos irão proporcionar. Lembre-se: se não houver evidências de um problema real, argumentações quanto à necessidade de repará-lo serão completamente ineficazes.

Resistências também poderão ser esperadas de indivíduos que estejam sobrecarregados no trabalho, lutando com os recursos limitados disponíveis na organização e se sentindo como se já tivessem o suficiente no que pensar. Para essas pessoas as mudanças serão vistas somente como mais um pesado fardo em suas tumultuadas rotinas de trabalho; essas alterações serão observadas como algo que representará ainda mais trabalho e maior limitação de recursos, justamente em um momento em que todos já enfrentam fortes pressões em suas atividades diárias. A expectativa de que eles terão de implantar transformações e continuar dando conta de suas obrigações atuais é demais para esses indivíduos.

Em alguns casos, o problema não está propriamente na resistência às mudanças sugeridas, mas no ressentimento provocado pelo repentino surgimento desses planos de inovação – as pessoas não apreciam o fato de serem mantidas desinformadas. Contudo, o que é ainda mais problemático é a percepção desses indivíduos de que eles próprios não tiveram a chance de participar das decisões relativas à implementação das alterações propostas. As pessoas querem ter voz ativa.

Embora o mundo esteja repleto de profissionais sérios que realmente acreditam que todas as mudanças se destinam a aprimorar a condição vigente – e que, no final, todos irão lucrar com as novas iniciativas –, sempre haverá muitos outros que não terão tanta certeza disso. Estes indivíduos talvez demonstrem uma atitude mais cética e até paranoica. Neste caso, eles poderão inclusive questionar as razões que mobilizaram os agentes de mudança. Será que há algo mais por trás dessas iniciativas de mudança? Será que todas as cartas estão de fato sobre a mesa? Seria a iniciativa de mudança uma tentativa por parte de algumas facções da organização de aumentar sua própria base de poder ou até de eliminar possíveis rivais? Além disso, pessoas como alguma experiência na vida organizacional sabem que promover mudanças é como embaralhar as cartas de um baralho – no final, a distribuição produzirá vencedores e perdedores. Alguns profissionais ganharão *status*, maior segurança no trabalho e mais qualidade de vida, enquanto outros simplesmente perderão o acesso a tudo isso. Seja qual for a razão, resistências a mudanças são inevitáveis e precisam ser previstas e encaradas da maneira correta.

Praticamente todos os trabalhos de consultoria e *coaching* organizacional nos quais me envolvi foram influenciados por três fatores específicos: as dinâmicas individuais e de grupo, já previamente discutidas, e a resistência a mudanças. Veja a seguir um exemplo "simples."

Certa vez me pediram que ajudasse o conselho diretivo de uma empresa privada que enfrentava um processo de transformação. Na época, a companhia tentava abandonar sua antiga imagem de fornecedora de equipamentos para extração de combustíveis fósseis e firmar-se como uma empresa de consultoria de alta tecnologia no setor de energia limpa. Para ajudá-los nesse momento de transição, o CEO contratou um brilhante empreendedor em série do Vale do Silício para ocupar o cargo de diretor executivo de Inovações. Contudo, poucos meses depois da chegada desse novo profissional, uma guerra foi deflagrada entre ele e os outros membros do time executivo. Com exceção do próprio CEO, todos os demais membros do conselho conversaram comigo e reclamaram muito sobre o comportamento inaceitável do novo funcionário. Segundo eles, aquele era um homem desorganizado e rude que jamais respondia aos *e-mails* que lhe eram enviados e costumava faltar a importantes reuniões sem avisar com a devida antecedência. Decidi então organizar um evento – a ideia era realizar uma intervenção para o time de alto desempenho. Antes do encontro, decidi entrevistar cada um dos participantes e a maioria das pessoas com as quais conversei admitiu que o novo executivo era de fato um profissional brilhante e havia apresentado ideias que, embora pragmáticas, eram verdadeiramente inovadoras. Contudo, ele também se revelara um indivíduo bastante difícil para se trabalhar.

No início do evento, pedi a cada membro do grupo que fizesse um autorretrato (já descrito no Capítulo 2). Então, quando todos os desenhos estavam devidamente pendurados na parede, comecei a perguntar ao novo executivo sobre sua ilustração. Conforme ele começou a descrevê-la, percebi que seu avô fora um empreendedor extremamente bem-sucedido, mas que, em contrapartida, seu próprio pai havia passado toda a vida profissional migrando de um emprego sub-remunerado para outro. O fato é que aquele jovem executivo do setor de inovações havia passado muito tempo ao lado do próspero avô, que obviamente percebera nele o brilho que, aparentemente, faltava no pai. O rapaz também contou aos demais membros do time que sua própria identidade como inventor e empreendedor era seu bem mais precioso. Ele também admitiu o fato de ter aprendido que a criatividade era algo extremamente frágil, portanto, ele se esforçava muito para proteger aquilo a que denominava de "fagulha". Ao ouvi--lo, ficou claro para mim que o pai daquele rapaz representava para ele uma "identidade negativa." Havia naquele profissional certo receio de que, de algum modo, ele se transformasse na figura de seu próprio progenitor. Pude então perceber claramente naquele rapaz a existência de um conflito entre dois importantes sistemas – o familiar e o organizacional. O primeiro parecia apoiar e recompensar a *persona* do "gênio distraído", enquanto o segundo (de acordo com sua ótica pessoal) preferia reprimir toda aquela genialidade. Por conta disso, e ao ver seus colegas do time executivo como uma grande ameaça, ele reagia de maneira assustada e afoita, e então resistia a todas as solicitações para que mudasse seu comportamento. Depois de discutir essa situação com os demais membros do time, o executivo de inovações finalmente percebeu que seu comportamento obstrutivo apenas piorava a situação. Ao mesmo tempo, os outros integrantes do grupo conseguiram vislumbrar como poderiam obter o máximo desempenho do grande profissional que integrava aquele time – alguém que, embora não pensasse como os colegas, estava igualmente comprometido em transformar a empresa em que trabalhava. No final do processo de intervenção o novo profissional acabou percebendo que era parte de um sistema maior e que suas ações não apenas provocavam um verdadeiro curto-circuito na administração, mas resultavam em problemas em outras áreas do sistema organizacional.

    O executivo de inovações concordou então em realizar algumas mudanças comportamentais para facilitar a comunicação com os demais membros do time; os outros integrantes do grupo, por sua vez, demonstraram toda a sua compreensão e todo o seu apoio à necessidade daquele rapaz de proteger sua "fagulha". Ao oferecer uma sessão de *follow-up* alguns meses mais tarde, percebi que o profissional do setor de inovações conseguira realizar alterações comportamentais significativas. Ao conversar com ele, o rapaz mencionou que, inspirado pelo evento, ele decidiu consultar um psicoterapeuta – uma decisão que, aliás, ele considerou bastante interessante. Desde então, o profissional o ajudou a explorar inúmeras características positivas do pai. De modo surpreendente, a visualização de seu progenitor sob uma luz diferente o ajudou a alcançar um estado mental superior. A partir daí ele se mostrou bem menos nervoso ou irritadiço e, ao mesmo tempo, mais em paz consigo mesmo. O fato de apresentar um nível reduzido de estresse mental também o ajudou a aprimorar seu relacionamento com os demais membros do time e contribuiu para a criação de um novo equilíbrio dentro do sistema organizacional.

LIDANDO COM RESISTÊNCIAS A MUDANÇAS

Como essa história demonstra, lidar com resistências a processos transformativos significa desafiar e alterar as percepções e as crenças das pessoas. Isso, por sua vez, implica em criar mudanças sistêmicas. Mudar a opinião de um indivíduo exige muito esforço e isso não ocorre da noite para o dia. A transformação também exerce um impacto psicológico considerável. Esforços para realizar alterações de grande escala – em especial aqueles que envolvem mudanças culturais – são ainda mais difíceis de administrar.

Vejamos a seguir os cinco passos que compõem um processo de mudança – elementos essenciais de qualquer esforço de alteração, seja de caráter individual ou organizacional. São eles: *concern* (preocupação), *confrontation* (confrontação), *clarification* (clarificação), *crystallization* (cristalização) e *change* (mudança) [5, 6 e 7].

Concern (preocupação)

Se a tendência humana é justamente resistir a mudanças, como então um processo nesse sentido tem início? Sob que condições específicas nossa resistência se instala ou enfraquece? Considerando a relativa estabilidade da personalidade individual, com frequência, o ato de dar andamento a um processo de mudança exige um forte estímulo. Este ocorre na forma de dor e agonia – desconforto este que supera os prazeres inerentes a ganhos secundários (benefícios psicológicos, tais como a simpatia e/ou a atenção) e que pode criar resistência a mudanças) [8].

Em geral, as mudanças são desencadeadas por uma **preocupação** com a situação vigente – há um desequilíbrio no sistema em que o indivíduo opera. Os desencadeadores comuns do processo são: tensões familiares, problemas de saúde, sanções sociais negativas, comportamentos problemáticos, incidentes dolorosos envolvendo alguém próximo, frustrações e conflitos diários ou problemas no ambiente profissional. Muitos dos executivos que participam de programas distintos (ou de intervenções organizacionais), pelos quais sou o responsável, relatam a ocorrência de um elevado nível de sensações negativas (emoções) no período que antecedeu as mudanças – estas, aliás, geralmente precipitadas pelos desencadeadores já mencionados. Tais emoções conscientizam as pessoas sobre as sérias consequências negativas que se seguirão caso esse comportamento disfuncional vigente continue. Isso cria as condições ideais para que se possa enfrentar esse "ponto de virada", ou seja, para que seja possível finalmente demonstrar o preparo necessário para interromper o *status quo*. [9, 10] Indivíduos que tiveram a oportunidade de experimentar mudanças significativas em suas vidas já revelaram que as referidas alterações ocorreram quando eles próprios perceberam que a situação vigente se tornara paulatinamente insustentável: as circunstâncias que enfrentavam simplesmente desestabilizaram o equilíbrio psicológico dessas pessoas.

"O ato de dar andamento a um processo de mudança exige um forte estímulo. Este ocorre como uma pitada de dor e agonia."

Confrontation (confrontação)

Quando as pessoas são **confrontadas** com o fato de que seus dias ruins se transformaram em um ano ruim – em outras palavras, quando elas se dão conta de que eventos isolados permeados com descontentamentos ocasionais se tornaram um padrão comum de infelicidade –, elas simplesmente já não conseguem mais negar que algo precisa ser feito. No início, elas irão afastar as preocupações e advertências dos outros, mas, no fim, essas atitudes de negação já não surtirão nenhum efeito (embora os esforços de algumas pessoas neste sentido possam ser considerados até heroicos). A partir desse momento, qualquer novo distúrbio será reconhecido como parte de um padrão geral de insatisfação. As reclamações se aglutinam e então se transformam em uma entidade coerente. Nesta fase, muitos indivíduos deparam com aquilo que, nos círculos terapêuticos, é comumente chamado de momento *"aha!"* – uma ocasião em que finalmente somos capazes de perceber que nem a passagem de tempo nem as pequenas mudanças comportamentais conseguirão aprimorar a situação vigente – de fato, é provável que o *status quo* piore ainda mais, a menos, é claro, que medidas drásticas sejam tomadas.

Todavia, a percepção de que ações enérgicas são necessárias não necessariamente leva as pessoas envolvidas a tomarem qualquer atitude imediata. Não obstante, essa nova consciência tipicamente dá início a um diálogo interno durante o qual os indivíduos começam a considerar alternativas para as circunstâncias adversas em que se encontram. Depois de superar a fase de negação e passar por um processo de aceitação de que as coisas de fato não vão bem, as pessoas envolvidas finalmente têm condições de abandonar uma situação em que as alternativas parecem ainda mais assustadoras que as próprias circunstâncias negativas vigentes e adotar uma posição na qual lhes seja possível reavaliar todo o processo. Os envolvidos passam a "lidar" com sua ambivalência, e seus diálogos internos debatem as vantagens e desvantagens em adotar alguma forma de ação.

Um evento focal, independentemente do modo como possa ter sido considerado a primeira vista, é capaz de indicar uma série de incidentes que simbolizam os problemas que estão sendo enfrentados

A confrontação com a necessidade de mudar é um passo inicial absolutamente fundamental, porém, de modo isolado, não é garantia de que algo será feito. Algum tipo de "evento focal" se fará necessário. Eventos focais são incidentes que desencadeiam mudanças; porém, nem sempre eles são óbvios – na verdade, a princípio eles podem até parecer insignificantes. Somente em retrospectiva essas ocorrências poderão ser interpretadas como pontos de virada ou marcos importantes – como momentos específicos em que um processo de mudança já não pode mais ser contido ou interrompido. De fato, o evento focal é, com frequência, um acontecimento de menor importância – um incidente desconfortável no escritório, uma discussão com um filho, um comentário descuidado feito por ou com um amigo – que é descrito dessa maneira apenas por representar uma oportunidade para que um indivíduo descontente dê o tão adiado primeiro passo rumo a uma mudança necessária. Ele se torna um catalisador no processo transformativo, tenha ele sido percebido como crucial por qualquer observador externo, ou não. Um evento focal, independentemente do modo como possa ter sido considerado a primeira vista, é capaz de indicar uma série de incidentes que simbolizam os problemas que estão sendo enfrentados. Embora percebido de maneira objetiva como menos importante, a partir de uma abordagem subjetiva ele se revela bastante significativo, pois atrai atenção de todos para um problema que já se arrasta há muito tempo.

A distinção entre **confrontação** e **clarificação** – elemento este que será discutido a seguir – não é muita clara, já que uma clarificação pode ser uma confrontação. Por exemplo, um *coach*/consultor, ou outro tipo de agente de mudança, poderá solicitar a um dos membros de um time que clarifique um ponto específico. Contudo, esse pedido de clarificação se transforma em uma confrontação sutil e indireta. Vale ressaltar que a confrontação ostenta uma pesada carga emocional, enquanto a clarificação se mostra mais desapaixonada. Ambas as abordagens podem se sobrepujar de modo significativo, o que contribuirá para "borrar" suas diferenças.

Tanto na confrontação como na clarificação é preciso separar o que é inerente ao próprio ser *(self)* daquilo que pertence ao outro. Como esse processo tem início? Será que ele é desencadeado pelo próprio indivíduo que está preocupado ou por outras pessoas que apontam o fato de que nem tudo esta correndo tão bem? Certamente haverá confrontações do indivíduo não apenas contra si mesmo, mas contra outras pessoas; também ocorrerão clarificações do indivíduo para consigo mesmo e também para com os outros; nesse último caso, há grande probabilidade de ocorrer uma deterioração do processo e de este se transformar em um exercício de racionalização e intelectualização. A verdadeira clarificação – o desenvolvimento de uma percepção mais profunda sobre o que está acontecendo ao indivíduo *(self)* – se inicia, com frequência, externamente, mas precisa ser aceita internamente.

Clarification (clarificação)

Quando somos realmente confrontados com questões estressantes ou com eventos focais que precipitam momentos de percepção, podemos ser levados a reinterpretar o que está acontecendo em nossas vidas. É claro que alguns eventos focais – como o divórcio, a morte ou uma doença grave na família– são bem significativos e sérios, tanto a partir de uma perspectiva objetiva quanto de outra subjetiva. Entretanto, outras ocorrências são menos óbvias, como, por exemplo, um comentário mordaz feito por um colega de trabalho ou por um chefe; ou até mesmo a transferência de uma operação para outro país. É nesse ponto do processo de mudança que começamos a ficar prontos para agir. Temos agora uma visão mais clara do que está acontecendo conosco e também daquilo que precisamos fazer. Nossa resistência às mudanças está cedendo. Acabamos de adquirir novas percepções sobre nossa própria situação e de vislumbrar novas possibilidades, em oposição ao nosso estado anterior de aceitação, impotência e desespero. Nossa energia emocional foi transferida e já não reside nas preocupações do passado (como no caso de comportamentos disfuncionais), mas se concentra nas possibilidades do presente e do futuro. Sentimo-nos como se um fardo pesado tivesse sido retirado de nossos ombros, e percebemos que estamos mentalmente preparados para seguir rumo a um futuro mais construtivo.

De fato, a mudança é algo tão complicado que, mesmo com as melhores intenções possíveis, raramente conseguimos administrá-la sozinhos. Talvez precisemos de ajuda de um parente, de um amigo confiável, de outro confidente, de um psicoterapeuta ou até mesmo de um *coach*. Este terceiro passo do processo de mudança individual pode ser uma declaração pública de intenção, o que, segundo pesquisas na área, é um indicador confiável do alto grau de comprometimento do indivíduo com a ideia de mudar. [11, 12] Dizer aos outros o que se planeja fazer, em um contexto suficientemente público, indica que alcançamos certo nível de aceitação em relação aos nossos problemas. Isso demonstra que os mecanismos tradicionais de defesa (tais como a negação, a projeção e a racionalização) seguiram seus rumos preestabelecidos e que agora estamos prontos para novas iniciativas.

Selar um compromisso público pode ser bastante útil, pois redobra a importância da ação: isso influencia não apenas o indivíduo responsável pelo compromisso, mas também o ambiente em que essa pessoa atua. Um diálogo foi estabelecido e permite agora o alcance de nossas percepções. Se, por exemplo, em uma intervenção de grupo, um dos membros decide divulgar sua intenção pessoal de atuar como um microgerente, é bem menos provável que seus colegas lhe permitam exibir quaisquer traços comportamentais do passado. Uma declaração pública de intenção que vise alterar a situação vigente indica um desejo do indivíduo de assumir uma posição mais vulnerável e trazer à tona problemas até então camuflados. As pessoas que fazem declarações públicas durante sessões de *coaching* de grupo estão na verdade expressando um desejo de estabelecer um novo método de trabalho – e também uma boa distância em relação a sua própria, e menos desejada, *persona* do passado.

"A mudança é algo tão complicado que, mesmo com as melhores intenções possíveis, raramente conseguimos administrá-la sozinhos."

Crystallization (cristalização)

A partir do momento em que alcançarmos a fase de cristalização veremos que os desafios mais complicados já terão sido superados. As decisões pessoais tomadas no estágio de clarificação já terão estabelecido a base não apenas para uma reavaliação cuidadosa e detalhada de nossos objetivos, mas também para a experimentação das novas alternativas vislumbradas. Nessa etapa, uma reestruturação cognitiva também já terá ocorrido. É como no famoso exercício *Gestalt*[1] que apresenta em uma só figura a imagem de uma mulher jovem ou idosa (ver Figura 7.1), no qual a percepção inicial do indivíduo bloqueia outras maneiras de ele perceber o que está diante de seus olhos. Então, de repente, novas ideias e novos planos se tornam claros e assumem formas mais definidas. Essa reorganização faz com que a pessoa tenha uma impressão bastante diferente da situação que está sendo vivenciada.

Todavia, o resultado dessa jornada interior, às vezes dolorosa, é o alcance de um nível mais elevado de autoconhecimento e a oportunidade de um novo recomeço. Conforme as pessoas enfrentam as várias fases de um processo de mudança pessoal bem-sucedido elas demonstram uma habilidade crescente para abrir mão de suas identidades e de seus papéis anteriores e se tornam capazes de adotar novos comportamentos. Para chegar a esse patamar, talvez elas contem com a ajuda de um *coach*, ou, dentro de um contexto de *coaching* de grupo, dos próprios membros do time que estiverem presentes no momento em que seu compromisso de mudança for externado. Esses indivíduos começam então a reorganizar o mundo em que vivem de um modo significativo. Eles reavaliam seus objetivos de vida e também suas definições, e abandonam o obsoleto em prol do que é novo.

Change (mudança): uma jornada sem fim

Quando o assunto é **mudança**, todos nós demonstramos uma tendência a bravatear. Porém, quantas das milhares de promessas que já fizemos ao celebrar cada ano novo de fato se concretizaram? Lembre-se: o único verdadeiro sinal de que alguma mudança foi alcançada é a adoção de um novo comportamento. A transformação

---

[1] Trata-se de uma palavra alemã sem tradução exata em português. Ela se refere àquilo que "está exposto ao olhar humano" ou "que é colocado diante de nossos olhos". (fonte: *Babylon*) (N.T.)

Figura 7.1 Imagem da mulher jovem ou idosa, como exemplo de transformação cognitiva
(Originalmente, o cartunista W. Hill desenhou esta figura que foi então publicada na revista humorística norte-americana *Puck*, em 6 de novembro de 1915.)

interior somente ocorre a partir do momento em que conseguimos internalizar uma nova maneira de ver as coisas. A última parte do processo de mudança individual (ver Figura 7.2) também envolve uma reformatação proativa de nosso mundo interior e a aceitação de novas maneiras de se fazer as coisas. À medida que nos voltamos para o futuro, descartamos velhos padrões de pensamento, antigos sentimento e até mesmo ultrapassados modos de agir. Essa mudança de atitude e de comportamento culmina com a redefinição, e até mesmo com a reinvenção, do nosso próprio ser.

O PROCESSO DE MUDANÇA ORGANIZACIONAL

Para muitos psicólogos organizacionais, as mudanças e transformações corporativas estão implícitas no processo de mudança individual.

RUMO A MUDANÇAS SISTÊMICAS NAS ORGANIZAÇÕES

Os cinco elementos do processo de mudança individual

1 *Concern* (preocupação): sensações negativas (emoções)
- Frustrações diárias

2 *Confrontation* (confrontação): evento focal
- Ameaças externas ao bem-estar
- Observação de consequências negativas para si mesmo e para os outros

3 *Clarification* (clarificação): passos preparatórios
- *Insights* repentinos
- Pressuposição de novas alternativas
- Reavaliação de objetivos
- Declaração pública de intenção de mudança

4 *Crystallization* (cristalização): jornada interior
- Clarificação do descontentamento
- Trabalho através de *insights*
- Aumento do autoconhecimento

5 *Change* (mudança): internalização de uma nova mentalidade

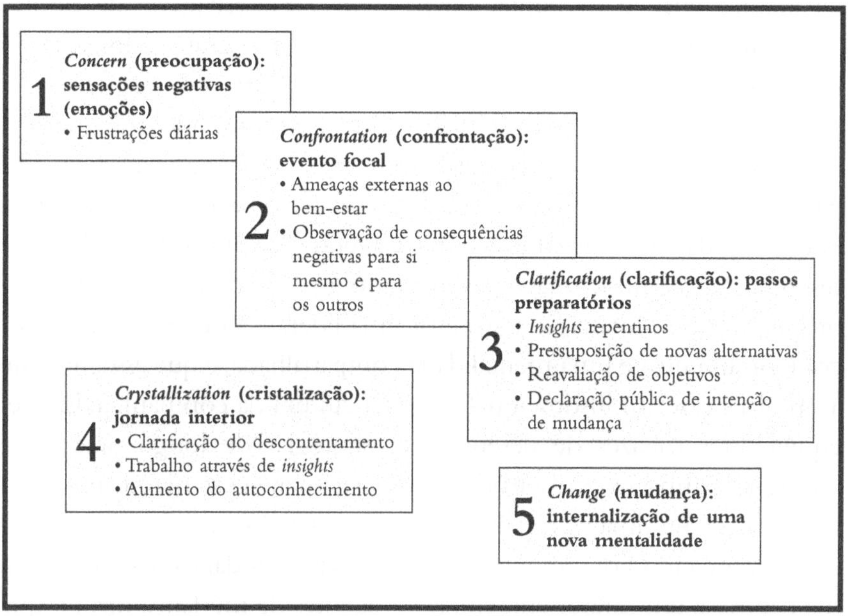

Figura 7.2 O processo de mudança individual

Esses profissionais argumentam que pelo fato de as empresas serem formadas por uma coleção de indivíduos, a implementação bem-sucedida de alterações organizacionais depende de uma compreensão das reações individuais ao processo de mudanças. As empresas mudam porque os indivíduos também se transformam.

Há vários aspectos que precisam ser considerados pela administração e pelo conselho diretivo de uma empresa como sinais de que seus planos estratégicos precisam ser alterados. Entre eles estão os setores em desenvolvimento, as pressões cada vez maiores no sentido de se garantir crescimento e margens de lucro mais amplas, as demandas financeiras difíceis de serem atendidas, as crises econômicas e o desalinhamento entre as expectativas dos acionistas e dos demais *stakeholders* da companhia. Entretanto, mesmo quando existem claros indícios de que mudanças são necessárias dentro de uma empresa, com frequência os funcionários resistem a elas por acreditarem que isso os forçará a adentrar um mundo desconhecido. Algumas dessas resistências podem ser inconscientes e até contribuir para atos autodestrutivos de sabotagem. Para que qualquer empresa consiga mudar, o grau de insatisfação dentro dela precisa, portanto, ser mais elevado que o de resistência.

Meu próprio modelo de mudança, como demonstrado na Figura 7.3, disponibiliza um roteiro que, utilizando uma abordagem participativa para engajar todos os profissionais da empresa no processo de mudança, poderá ajudar a administração (e os agentes de mudança) a superar resistências organizacionais. O papel do time sênior ao conduzir o processo de transformação é garantir uma liderança que estimule novos comportamentos e uma mentalidade compartilhada, e que assegure que as mudanças sejam institucionalizadas na cultura da companhia. Líderes equilibrados capazes de desenvolver estratégias de longo prazo que consigam alinhar as capacidades organizacionais certamente prestarão um serviço inestimável à empresa em que trabalham.

Considerando que muitas das resistências a mudanças ostentam, em sua natureza, um caráter emocional, os agentes de mudança (grupo que inclui *coaches* e consultores) precisam tentar fazer com que seu público-alvo perceba que transformações podem ser vantajosas. Entretanto, é

Transformação corporativa e mudanças pessoais

- Que tipos de mudanças mais o preocupam em seu emprego ou em sua carreira?
- O que você teme fazer, mas provavelmente será forçado a encarar, para sobreviver às mudanças?
- Se você se arriscar a não fazer nada, que perigos essas mudanças ameaçadoras poderão criar?
- Se você se arriscar a agir, que oportunidades essas mesmas mudanças poderão promover?

Reflita sobre essas questões e pergunte a si mesmo quais são suas melhores opções.

RUMO A MUDANÇAS SISTÊMICAS NAS ORGANIZAÇÕES 207

O processo de mudança organizacional

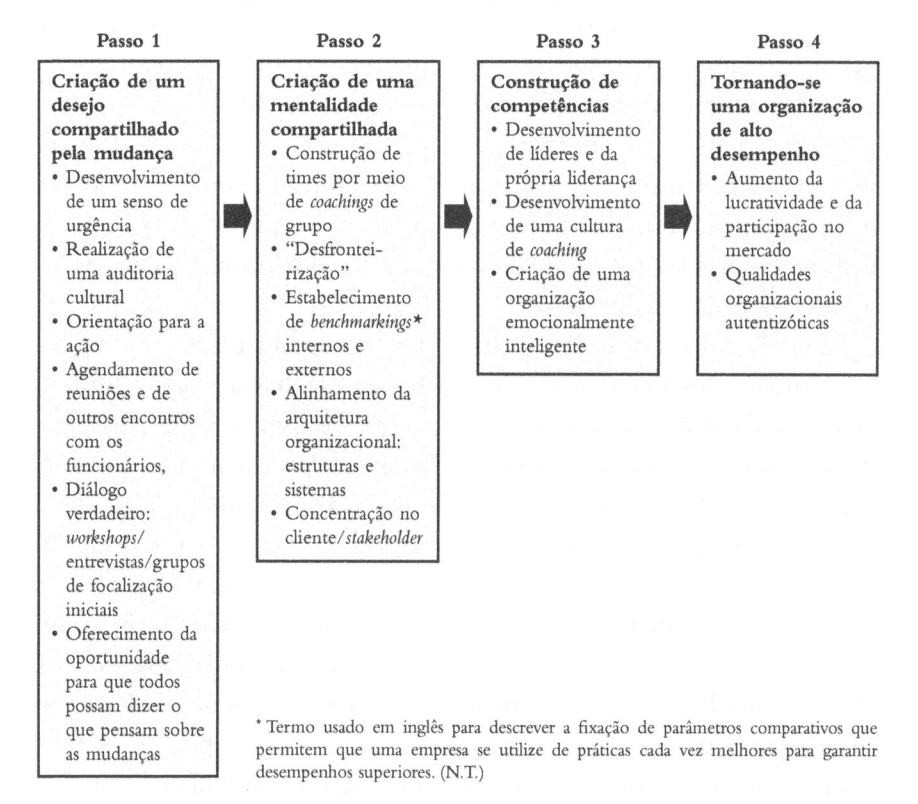

Passo 1	Passo 2	Passo 3	Passo 4
Criação de um desejo compartilhado pela mudança • Desenvolvimento de um senso de urgência • Realização de uma auditoria cultural • Orientação para a ação • Agendamento de reuniões e de outros encontros com os funcionários, • Diálogo verdadeiro: *workshops*/entrevistas/grupos de focalização iniciais • Oferecimento da oportunidade para que todos possam dizer o que pensam sobre as mudanças	**Criação de uma mentalidade compartilhada** • Construção de times por meio de *coachings* de grupo • "Desfronteirização" • Estabelecimento de *benchmarkings** internos e externos • Alinhamento da arquitetura organizacional: estruturas e sistemas • Concentração no cliente/*stakeholder*	**Construção de competências** • Desenvolvimento de líderes e da própria liderança • Desenvolvimento de uma cultura de *coaching* • Criação de uma organização emocionalmente inteligente	**Tornando-se uma organização de alto desempenho** • Aumento da lucratividade e da participação no mercado • Qualidades organizacionais autentizóticas

* Termo usado em inglês para descrever a fixação de parâmetros comparativos que permitem que uma empresa se utilize de práticas cada vez melhores para garantir desempenhos superiores. (N.T.)

Figura 7.3 Criação de um processo de transformação organizacional

preciso lembrar que, isoladamente, a cognição não é suficiente para preparar as pessoas para as mudanças. No sentido de assegurar um comprometimento com as alterações idealizadas, todos precisarão estar envolvidos não somente de maneira cognitiva, mas também emocional; em outras palavras, é fundamental que se consiga amealhar não apenas as mentes desses indivíduos, mas também seus corações.

Nelson Mandela disse certa vez: "A educação é o instrumento mais poderoso que podemos utilizar para operar mudanças em nosso mundo." Todavia, pode demorar algum tempo até que seja possível ensinar as pessoas sobre os benefícios do processo de mudança. Uma empresa pode estar à deriva, enquanto seus muitos funcionários se sentem como meros espectadores diante da situação. Pois este é justamente o momento de dar a essas pessoas uma **"voz ativa"** e fazer com que elas sintam que podem se envolver no processo de transformação e fazer uma grande diferença.

Permita-me que encerre este capítulo com a parábola dos seis macacos e as bananas. Esse é um ótimo exemplo sobre aprender e desaprender, e também sobre regras e normas que se tornaram tão institucionalizadas ao ponto de os membros dos times já não conseguirem rastrear suas origens.

Era uma vez seis macacos que viviam em uma jaula. Certa manhã, ao acordar, eles perceberam que uma escada havia sido erguida e posicionada bem no meio do local, e que em seu topo estava pendurado um convidativo cacho de bananas. Ao ver aquilo, um dos macacos imediatamente subiu a escada, mas logo que alcançou as bananas viu que água gelada foi espargida sobre os outros colegas. O mesmo ritual se repetiu todas as vezes que um macaco escalava a escada e tentava apanhar as frutas. Logo, todos os macacos começaram a vigiar os companheiros, e sempre que um deles decidia se arriscar, os demais o impediam. Com o tempo, os símios aprenderam a ignorar as bananas. A partir daí, nada parecia capaz de fazer com que eles tentassem apanhá-las, nem mesmo o fato de o cacho ser reposicionado a uma altura que todos eram capazes de alcançar. Os animais preferiam se manter à distância: afinal, a última coisa que desejavam era outro banho gelado.

Então, certo dia um novo macaco foi colocado na mesma jaula. Quando ele viu as bananas e tentou escalar a escada, todos os demais o atacaram e o espancaram violentamente. Logo o novo morador percebeu que aquelas bananas eram um

> **"No sentido de assegurar um comprometimento com as alterações idealizadas, todos precisarão estar envolvidos não somente de maneira cognitiva, mas também emocional [...] É fundamental [...] amealhar não apenas as mentes desses indivíduos, mas também seus corações."**

tabu. Com o passar do tempo, outros macacos foram trazidos para a mesma gaiola e, cada um deles aprendeu sua lição: fique longe das bananas. Sempre que tentavam escalar a escada, os demais (inclusive os recém-chegados) os atacavam. De maneira típica, eram sempre os moradores mais recentes que mais agrediam os que se arriscavam.

De fato, os animais estavam tão ocupados punindo uns aos outros que não perceberam que, a despeito da chegada de novos macacos, o número de integrantes do grupo permanecia o mesmo. Para cada novo símio que era inserido na jaula, outro mais velho era retirado. Não demorou muito para que os seis macacos originais fossem substituídos por outros. O interessante é que, apesar de nenhum dos novos moradores jamais ter experimentado o célebre banho gelado, nenhum deles se arriscou a subir aquela escada novamente. Ignorar as frutas tornou-se algo absolutamente normal. Se fossem indagados sobre o motivo pelo qual haviam agredido seus novos colegas – e se fossem capazes de responder, é claro –, aqueles animais certamente responderiam algo do tipo: **"Bem, eu não sei explicar a razão – acho que é dessa maneira que todos agem aqui."**

Como é possível acontecer com muitos seres humanos, os macacos também ficaram presos a antigos métodos do passado. Para eles, mudar de atitude simplesmente deixou de ser uma opção. Eles (os macacos) reenquadraram a situação e o sistema organizacional conseguiu extrair o melhor que todos tinham a oferecer..

REFERÊNCIAS BIBLIOGRÁFICAS

1. Von Bertalanffy, L. (1968). *General Systems Theory: Foundations, Development, Applications (Teoria dos Sistemas Gerais: Fundamentos, Desenvolvimento e Aplicações)*. Nova York: George Braziller.
2. Churchman, C. W. (1968). *The Systems Approach (A Abordagem dos Sistemas)*. Nova York: Laurel.

3. Miller, J. G. (1978). *Living Systems (Sistemas Vivos)*. Nova York: McGraw-Hill.
4. Neumann, J. E. e Hirschhorn, L. (1999). *The Challenge of Integrating Psychodynamic and Organizational Theory (O Desafio de Integrar Psicodinâmica e Teoria Organizacional)*. Human Relations, 52 (6), 683-95.
5. Kets de Vries, M. F. R. e Miller, D. (1984). *The Neurotic Organization (A Empresa Neurótica)*. São Francisco, CA: Jossey-Bass.
6. Kets de Vries, M. F. R. (2001). *Creating Authentizotic Organizations: Well-Functioning Individuals in Vibrant Companies (Criando Organizações Autentizóticas: Indivíduos que Operam Bem em Empresas Vibrantes)*. Human Relations, 54(1), 101-11.
7. Kets de Vries, M. F. R. (2006). *The Leader on the Couch: A Clinical Approach to Changing People and Organizations (O Líder no Divã: Uma Abordagem Clínica para Mudar Pessoas e Empresas)*. Nova York: John Wiley & Sons Inc.
8. Kegan, R. e Laskow Lahey, L. (2009). *Imunidade à Mudança*. Rio de Janeiro: Elsevier, 2010.
9. Kegan, R. e Laskow Lahey, L. (2002). *How the Way We Talk Can Change The Way We Work: Seven Languages for Transformation (De que Modo Nossa Maneira de Falar Pode Alterar Nosso Trabalho: Sete Linguagens para a Transformação)*. São Francisco, CA: Jossey-Bass.
10. Kegan, R. e Laskow Lahey, L. (2009). *Imunidade à Mudança*. Rio de Janeiro: Elsevier, 2010.
11. Maxwell, M. (1984). *The Alcoholics Anonymous Experience (A Experiência dos Alcoólicos Anônimos)*. Nova York: McGraw-Hill.
12. Stall, R. e Biernacki, P. (1986). *Spontaneous Remission from the Problematic Use of Substances: an Inductive Model Derived From a Comparative Analysis of the Alcohol, Tobacco, and Food/Obesity Literatures (Remissão Espontânea no Uso Problemático de Substâncias: um Modelo Indutivo Derivado de uma Análise Comparativa de Literaturas sobre Álcool, Tabaco e Alimentação/Obesidade)*. International Journal of the Addictions, 21, 1-23.

CAPÍTULO 8

ATUANDO COMO UM EFICIENTE AGENTE DE MUDANÇAS

Somente os homens mais sábios e os mais estúpidos nunca mudam.
— Confúcio

Se desejarmos mudar alguma coisa em uma criança, deveríamos primeiramente examinar a questão e nos certificarmos de que não seria mais adequado operarmos uma mudança em nós mesmos.
— Carl Jung

Jamais encontraremos a serenidade se não aceitarmos o fato de que tudo na vida muda. Mas, embora isso seja uma verdade, infelizmente jamais a aceitaremos como tal. E, pelo fato de não conseguirmos aceitar a transitoriedade das coisas, sofremos.
— Shunryu Suzuki

Uma pessoa que não tem um destino definido certamente chegará aonde deseja.
— Florian Houtman

No ano de 333 a.C., Alexandre, o Grande invadiu a Ásia Menor e chegou à cidade de Górdio, próxima das montanhas centrais do território hoje ocupado pelo Irã. Na época ele tinha apenas 23 anos. Sem jamais ter enfrentado derrotas, mas, em contrapartida, desprovido de vitórias decisivas, o jovem comandante precisava urgentemente de alguma profecia que convencesse não somente suas tropas, mas também seus inimigos, de que sua missão – conquistar o mundo até então conhecido – era perfeitamente possível.

Ao chegar ao local, Alexandre foi informado sobre uma antiga história da cidade. Segundo ela, há cem anos, um carro de bois teria sido amarrado bem ao lado do templo da Basílica de Zeus, por Górdio, o então rei da Frígia. O nó escolhido pelo monarca para fixar a carroça à construção era extremamente complicado e, de acordo com uma profecia, a pessoa que conseguisse desatá-lo conquistaria a Ásia. Muitos já haviam visitado a cidade para tentar desamarrar o tal nó, mas todos fracassaram.

Seria inconcebível que, ao visitar a cidade, o impetuoso e ambicioso jovem rei não tentasse ele próprio desatar o lendário **nó górdio.** Então, um dia, diante dos olhos atentos de seus generais, Alexandre decidiu avaliar ele mesmo a amarração e tentar desfazê-la. Todavia, depois de procurar e não encontrar qualquer ponta que lhe permitisse desatar o entrelaço, Alexandre tornou-se impaciente. Ele se voltou para seu vidente, Aristander, e perguntou-lhe: "Importa o modo como o tal nó será desatado?" O áugure não conseguiu lhe oferecer uma resposta, então, Alexandre desembainhou sua espada e simplesmente cortou o nó com sua lâmina afiada. A partir daí, cumprindo a profecia, Alexandre seguiu em frente e conquistou a Ásia.

Desde então, o termo "cortar o nó górdio" tem significado: "resolver um problema complexo com uma atitude audaciosa". E essa é justamente a tarefa que cabe aos agentes de mudança, como, por exemplo, os *coaches* de grupo. Pedir ajuda ao realizar transformações é muito difícil para executivos bem-sucedidos. E, embora "mudar" seja um mantra fácil de ser imposto por conselhos diretivos e por equipes de administração ou executivos do alto escalão, uma alteração na consciência coletiva da organização se mostra especialmente complicada. Agentes de mudança precisam estar preparados para encarar os becos sem saída com os quais irão deparar (pelo menos temporariamente); porém, se souberem o que estão fazendo, esses profissionais – como os *coaches* – poderão se revelar altamente providenciais em desarmar tais armadilhas. Eles conseguirão criar pontos de virada – provocando primeiramente um desequilíbrio para, somente então, garantir o equilíbrio. Assim como Alexandre, o Grande, esses indivíduos precisam encontrar maneiras inovadoras de destruir o "nó górdio" existente nos processos de grupo. Eles têm de se mostrar audaciosos para ajudar seus times de trabalho a progredirem. Ao fazê-lo, é preciso que esses indivíduos tenham a coragem que permeia suas próprias convicções – e também uma profunda compreensão de seu próprio papel e de suas próprias responsabilidades.

DENTRO DO *ZEITGEIST*[1]: UM OLHAR PELO MUNDO DOS AGENTES DE MUDANÇAS

Como já sugeri anteriormente, os agentes de mudança que consideram o *coaching* de liderança de grupo como seu processo de intervenção favorito deveriam estar cientes de que tal opção não é para os fracos ou medrosos. Os *coaches* de grupo têm pela frente uma tarefa bastante complexa e precisam possuir várias habilidades para desempenhá-la com sucesso. Em primeiro lugar, essas pessoas terão de ser ágeis, já que, diferentemente do que ocorre no caso de outras formas de *coaching* e/ou no caso dos terapeutas – em que existe a oportunidade de os profissionais se encontrarem com seus clientes em várias sessões – é bem possível que elas tenham um só dia para fazer alguma diferença na vida de seus clientes. Elas também precisarão ser capazes de utilizar lentes clínicas e associar ocorrências do aqui e agora a possíveis padrões comportamentais ultrapassados da infância dos partici-

"O *coaching* de liderança de grupo não é uma opção para os fracos ou medrosos."

---

[1] Trata-se de um termo alemão cuja tradução livre é "espírito da época", "espírito do tempo" ou "sinal dos tempos". Ele se refere ao conjunto do clima intelectual e cultural do mundo, em uma determinada época, ou às características genéricas de um determinado período de tempo. (N.T.)

pantes. Além disso, será necessário que esses profissionais compreendam muito bem o contexto de negócios em que irão operar.

Ao longo de todo o processo de *coaching* de grupo, os *coaches* de liderança precisarão manter uma aura de desapego e neutralidade para que sejam capazes de funcionar como confidentes para todos os membros do time. Esses profissionais terão de estar preparados para identificar não somente as questões mais óbvias inerentes a cada um dos participantes, mas também aquelas que serão mantidas em segredo. Todavia, ao fazê-lo, eles terão de ser muito cuidadosos para não se deixarem identificar demais com objetivos que poderão eventualmente cegá-los e impedi-los de ver os problemas que se apresentam à sua frente a partir de diferentes perspectivas que lhes permitam alcançar novas soluções. O *coach* precisa representar as questões mais importantes da organização (seu cliente) sem, contudo, se tornar partidário de nenhum dos funcionários da empresa.

Frente a uma situação em que se vê diante de um grupo similar aos porcos-espinhos de Schopenhauer – em que todos os integrantes lutam para garantir uma posição confortável – o *coach* de grupo precisa fazer escolhas. Será que ele (ela) optará por se concentrar em um membro do time de cada vez? Ou será que ele (ela) deveria lidar com todos os caprichos e as excentricidades do grupo de uma só vez? Talvez ambos, quem sabe? Essas escolhas não são fáceis. Alguns profissionais preferem se concentrar em questões específicas relacionadas a cada integrante do time.

Todavia, tal opção inevitavelmente deixará alguns porcos-espinhos ao relento – e, ao mesmo tempo, vários "elefantes" dentro do recinto. Para serem eficientes enquanto catalisadores de mudanças, os *coaches* de liderança deverão atentar para o **"todo"** e também para suas **"partes"** isoladas.

O dever de fazer escolhas – alterando constantemente o foco do indivíduo para o grupo, e vice-versa – também exige que o *coach* de grupo possua a elusiva e já mencionada qualidade de "capacidade negativa," ou seja, a habilidade de conter sentimentos de confusão e de ansiedade sobre aquilo que estiver ocorrendo no time. O profissional terá de ser capaz de alternar entre **objeto** e **sujeito** – mantendo-se atento em relação ao que está acontecendo ao grupo-como-um-todo e, ao mesmo tempo, monitorando o que está ocorrendo com cada membro do time. Ele deve encorajar o grupo a pensar de maneira holística, sempre mantendo em mente os interesses da organização.

Características essenciais para um *coaching* de grupo. O profissional deverá ser capaz de:

- Concentrar-se nas emoções.
- Explorar a esquiva de pensamentos e sentimentos angustiantes.
- Identificar temas e padrões recorrentes.
- Manter uma abordagem voltada para o desenvolvimento.
- Discutir experiências passadas.
- Concentrar-se em relacionamentos interpessoais.
- Atentar para questões transferenciais.
- Explorar desejos, fantasias e sonhos.

O grande desafio para os *coaches* de grupo, enquanto agentes de mudança, é oferecer aos líderes os tipos de habilidades intrapessoais, interpessoais, de times e de liderança que lhes permitirão ajudar a si mesmos e aos outros a expandirem não somente seus níveis de responsabilidade, mas também sua capacidade de tomar iniciativas e agir. Ao incorporar as perspectivas das teorias psicodinâmica/sistêmica, o *coach* de grupo também exerce uma função educacional ao fazer com que os membros de uma organização se conscientizem de que existe algo além de uma mentalidade racional-estrutural; de fato, há outras coisas por trás daquilo que conseguimos ver. Esse profissional precisará criar um espaço transicional seguro em que os membros do time possam se comunicar de um modo construtivo, "brincar" e se mostrar mais criativos. O *coach* de grupo será responsável por criar um palco, oferecer modelos e ensinar as habilidades fundamentais para se ousar estabelecer aquilo ao que denomino "diálogo corajoso". Durante a sessão de *coaching* de grupo, as pessoas experimentam o modo pelo qual esse tipo de conversa franca é capaz de, efetivamente, desatar um "nó górdio". Compreender o poder de um diálogo corajoso é, portanto, um dos principais objetivos de uma sessão de *coaching* de grupo, já que tal habilidade, se aplicada em organizações, é capaz de estabelecer um terreno ideal para mudanças.

CRIANDO UM ESPAÇO TRANSICIONAL NAS SESSÕES DE *COACHING* DE GRUPO

Engajar-se em intervenções do tipo *coaching* de grupo é como criar uma comunidade terapêutica e colaborativa. Utilizo tal analogia pelo fato de essas comunidades serem caracterizadas pela adoção de uma abordagem de grupo para lidar com problemas de ordem pessoal. De maneira simplificada, uma comunidade terapêutica é um programa que usa as interações dentro do grupo para ajudar cada membro a confrontar a realidade de seus problemas psicológicos e, subsequentemente, se comprometer com uma mudança em seu próprio estilo de vida. A responsabilidade pelo controle diário desse tipo de comunidade é compartilhada entre os clientes e a equipe de terapeutas.

Comunidades terapêuticas

As comunidades terapêuticas formam uma sociedade microcósmica em que os residentes e uma equipe de terapeutas profissionais assumem papéis diferenciados e aderem a regras claras. Tudo isso é projetado com o intuito de promover a saúde mental dos membros dessas mesmas comunidades. Trata-se de um ambiente bastante seguro em que as expectativas e os limites são bem claros. Nele, cada um dos integrantes tem a oportunidade de compreender e aceitar seu próprio passado ao reinterpretar problemas anteriormente vivenciados dentro de um ambiente específico desenvolvido para o tratamento dessas questões. O processo inclui não apenas os outros membros do grupo, mas também terapeutas profissionais. Intervenções de caráter psicoterápico e psicodinâmico são, com frequência, parte integral do tratamento, porém, as comunidades terapêuticas também oferecem aos membros experiências que permitem despertar capacidades criativas e sociais até então dormentes.

Os elementos essenciais de uma comunidade terapêutica são: (1º) estabelecer limites comportamentais; (2º) criar sanções e recompensas; e (3º) utilizar o poder de exemplos inspiradores. Trata-se de uma estrutura que utiliza agentes de mudanças positivos nas vidas das pessoas, e inclui membros da família, colegas de trabalho, membros do time profissional e outros. Essa comunidade de tratamento se transforma em um agente terapêutico, e promove, ao mesmo tempo, a autoajuda e o apoio mútuos, estabelecendo regras, estruturas e protocolos para auxiliar as pessoas a desenvolverem escolhas de vida mais saudáveis e aceitáveis.

Em comunidades terapêuticas, torna-se claro para todos os participantes que eles precisam ser os donos de suas próprias vidas. O lema é: **"Somente você será capaz de fazê-lo, mas você não conseguirá fazê-lo sozinho."** Espera-se que todos os clientes sejam participantes ativos não somente em seu próprio tratamento mental, mas também naquele dos demais integrantes do grupo. Em relação ao *coaching* de grupo, a influência dos colegas exerce um papel fundamental. A comunidade terapêutica é um tipo de tratamento poderoso. Seus objetivos são: (1º) promover uma mudança completa no estilo de vida do indivíduo; (2º) fazer com que ele assuma a responsabilidade por suas próprias ações; (3º) fazer com que a pessoa adquira habilidades sociais cruciais; e (4º) eliminar atitudes e comportamentos antissociais. Não surpreende o fato de essas comunidades terapêuticas ostentarem uma ótima reputação no que diz respeito à reabilitação de pacientes e também à geração de satisfação entre o seu público, em todas as partes do mundo [1, 2].

Alguns dos princípios aplicáveis às comunidades terapêuticas também são usados em intervenções de *coaching* de grupo bem-sucedidas. Assim como em uma comunidade terapêutica, o aprendizado interpessoal se torna um veículo essencial para mudanças. Os participantes são instruídos a utilizar as observações feitas pelos colegas para aprenderem mais sobre si mesmos, para promoverem mudanças em seus hábitos e também para garantir uma vida mais equilibrada. Enquanto a autoajuda se mantém como ponto central, a comunidade formada pelos demais integrantes do grupo é usada para facilitar mudanças sociais e psicológicas. Tal comunidade, em conjunto com o *coach* do grupo, irá confrontar várias questões importantes.

Do mesmo modo como ocorre nas comunidades terapêuticas, nas sessões de *coaching* de grupo os participantes são encorajados a realizar uma avaliação profunda e arrojada de si mesmos e dos outros. Em ambos os métodos de intervenção a auto-reflexão é crucial. O *coaching* de grupo se parece um pouco com o **"culto da confissão"** (uma admissão pública de deficiências pessoais) que é comumente verificado em comunidades terapêuticas. Seja qual for o motivo, a experiência de abrir-se um pouco e revelar os próprios sentimentos pode ser catártica, desde que o público ouvinte se mostre respeitoso em relação a tais revelações. Além disso, assim como ocorre nas comunidades terapêuticas, nas sessões de *coaching* de grupo geralmente existe um elemento de "bombardeio de amor" (*love bombing*), que implica em uma aceitação calorosa por parte dos demais integrantes, sem a ocorrência de apego emocional. A continência também exerce um papel importante.

Como já sugeri anteriormente, tanto nas comunidades terapêuticas quanto nas sessões de *coaching* de grupo, a pressão por parte dos colegas com frequência funciona como um catalisador capaz de converter críticas e percepções pessoais em mudanças positivas. Os companheiros do grupo são capazes de exercer uns sobre os outros uma influência persuasiva para que se tornem mais responsivos e, ao mesmo tempo, mais responsáveis por suas ações. De modo importante, essas pessoas frequentemente interpretarão

> **"A pressão por parte dos colegas com frequência funciona como um catalisador capaz de converter críticas e percepções pessoais em mudanças positivas."**

incidentes dolorosos de maneiras distintas – reestruturando-as emocional e cognitivamente, e criando uma nova realidade. Em geral, qualquer que seja a estrutura utilizada, observar nosso próprio comportamento através das lentes de um grupo é uma experiência bastante poderosa. A pressão oriunda dos colegas é capaz de exercer um papel essencial na criação de verdadeiros pontos de virada.

É claro que a confiança é fundamental e que a velha máxima hipocrática – **"Não cause danos"**[2] – precisa ser devidamente enfatizada. À medida que a intervenção se desenrola os participantes, auxiliados pelos *coaches*, desenvolvem a confiança necessária para que consigam se abrir e aprender uns com os outros. Em geral, prefiro as intervenções que consistem de vários módulos e dão aos integrantes a oportunidade de interagirem com o grupo todo dentro de uma estrutura psicológica bem estabelecida e ao longo de um período mais prolongado. As chances de que tais intervenções causem um impacto mais significativo sobre os executivos participantes são bem mais elevadas que aquelas de eventos isolados, cujos efeitos são, com frequência, apenas temporários.

Um espaço divertido

Para que esse nível de confiança, de apoio grupal e de experimentação ocorra, é preciso que um "espaço transicional" seja estabelecido. Para executivos, tal espaço se dá na forma de um período de tempo reservado especificamente para a reflexão, bem longe da empresa. Este intervalo se torna ainda mais eficiente quando o ambiente físico se mostra confortável e neutro, e está bem distante das distrações criadas pelo mundo organizacional.

Todavia, o mais importante é o fato de esse espaço transicional funcionar como um entreato figurativo ou mental em que as pessoas consigam lidar com a dualidade existente nos processos de interna-

---

[2] Referência a um trecho do juramento de Hipócrates, cuja pedra fundamental é "em primeiro lugar, não cause danos". (N.T.)

lização e exteriorização – o conflito entre o mundo interno caracterizado pelas fantasias e pelos pensamentos, sentimentos e medos, e o mundo externo e real das organizações e da sociedade [3]. O cenário de *coaching* de grupo nos oferece um espaço transicional em que esses dois mundos podem se encontrar e ser explorados. O ambiente pode ser comparado a uma arena criada nos interstícios dos mundos interno e externo nos quais podemos experimentar, de modo temporário, novos comportamentos e novas maneiras de pensar. Nesse espaço, os membros poderão "regredir a serviço do ego," se distanciar do estresse causado pela vida e reabastecer a si mesmos para que possam continuar funcionando bem, se divertir e garantir novas soluções para suas próprias vidas [4].

A partir de uma ótica conceitual, a ideia de um espaço transicional é simbolizada pela interação controlada e protegida entre mãe e filho. As crianças precisam ter a oportunidade de brincar com aquilo que elas já conhecem como verdadeiro. Desse modo elas serão capazes de descobrir cada vez mais e, finalmente, de utilizar esse novo conhecimento em novas maneiras de brincar. Por meio da brincadeira, elas terão a chance de praticar o que acabaram de aprender; tal divertimento se transforma em um veículo de multiaprendizagem para a adaptação do indivíduo ao mundo real; ele se torna um meio principal para que as pessoas aprendam a lidar com ansiedades diante de perigos reais ou percebidos; trata-se de um lugar em que todos os medos poderão ser testados. Nesse espaço seguro – a região intermediária da experiência compartilhada entre pais e filhos – as crianças podem experimentar o quanto quiserem, suspendendo regras e limitações intrínsecas às realidades física e social.

Como ferramenta de desenvolvimento, a brincadeira não é útil apenas para as crianças; ela permanece importante ao longo de toda a vida do ser humano. Os adultos podem reaprender como brincar. Ao trabalhar com times de trabalho e organizações, os *coaches* de grupo conseguem recriar um espaço transicional similar e oferecer as condições para alterações inovadoras e também para novos desenvolvimentos nas organizações. Já que a diversão está associada a processos inconscientes, ela nos oferece matéria-prima para que conscientemente nos engajemos em um mundo real munidos com novas ideias, experiências e relações interpessoais. Ela também permite que os participantes transcendam a passividade e se tornem agentes ativos e envolvidos com tudo aquilo que estiver acontecendo ao seu redor. Assim como no caso das crianças, por meio das brincadeiras os adultos conseguem explorar a si mesmos, suas emoções e seus padrões comportamentais.

Um espaço seguro

Catalisadores eficientes de mudanças (e, particularmente, os *coaches* de grupo) reconhecem que o engajamento completo do time não será alcançado a menos que cada membro do grupo possa confiar que seus diálogos não irão resultar em prejuízos nem para seus objetivos nem para suas futuras oportunidades. Eles se empenharão ao máximo para recriar para o grupo uma atmosfera segura, apoiadora, calorosa e neutra. Eles tentarão promover um espaço em que questões difíceis possam ser abordadas com mais liberdade ou segurança do que seria possível dentro de uma estrutura organizacional formal. Se as pessoas tiverem uma ambiente seguro para "brincar," elas se sentirão mais dispostas a revelar mais sobre si mesmas e estarão mais bem preparadas para aprender sobre novos modos de operar. Os *coaches* tentarão criar um ambiente em que questões complexas possam ser abordadas com mais liberdade e/ou segurança do que normalmente seria possível dentro de uma estrutura corporativa clássica.

Estabelecer um espaço transicional seguro, em que opiniões possam ser expressas, ajudará a criar um clima de confiança interpessoal e de preparo para que as pessoas se engajem em uma relação de reciproci-

> "Se as pessoas tiverem uma ambiente seguro para "brincar," elas se sentirão mais dispostas a revelar mais sobre si mesmas e estarão mais bem preparadas para aprender sobre novos modos de operar."

dade social, pelo menos no que diz respeito à troca de informações. O apoio e a aceitação são essenciais se quisermos que os membros do grupo se arrisquem a explorar e a revelar mais de seus mundos interiores e exteriores. Se não houver confiança, é improvável que os membros dos times sejam transparentes. Em contraposição, quando existir confiança interpessoal suficiente, os membros do grupo se mostrarão mais dispostos não apenas a se engajarem em processos construtivos para a solução de conflitos, mas também em se comprometerem com o time; eles também se revelarão mais predispostos a aceitar a responsabilidade por suas decisões.

No que diz respeito à abertura, embora o agente de mudança – como o *coach* de grupo, por exemplo – não deva ser uma "tela em branco", é importante lembrar que os membros dos times de trabalho não embarcam em uma intervenção de grupo com o intuito de ouvir sobre os sucessos e fracassos do *coach*. Não é adequado que os *coaches* de grupo compartilhem informações pessoais em demasia. A revelação de dados de caráter pessoal deve ser mínima e estar restrita a ajudar os participantes a ganhar *insight* em interações específicas que ocorrerão em situações atuais.

Um espaço transicional seguro funciona como um "apanhador de sonhos" – os membros do time pairam de maneira produtiva entre si mesmos e as outras pessoas, fazendo investidas experimentais em identificações alternadas capazes de, se tudo correr bem, aprofundar e expandir suas capacidades individuais de enfrentar o mundo com criatividade, deixando para trás tudo aquilo que já não funciona.

A teia do apanhador de sonhos

Na teia de um apanhador de sonhos, também conseguimos encontrar materiais que pertencem ao grupo-como-um-todo; outra fase de desenvolvimento intermediário entre as realidades intrapsíquicas e externa. Como um repositório de negócios não resolvidos de muitos dos participantes, ela – a **teia** – se torna um mundo de fantasias e faz de conta; um campo de jogo para os membros de um time que precisa de atenção constante. Os *coaches* de grupo mais astutos aproveitarão esse campo de jogo para fazer "observações em nuvem", sempre que apropriado. Tais intervenções podem se revelar bastante úteis no sentido de interromper paralisias em processos grupais e fazer com que o grupo siga em frente. Por exemplo, se o *coach* de um grupo perceber que a discussão entre os membros do time está emperrada e não levará a lugar algum, esse profissional poderá articular tal sentimento de maneira gentil e, ao mesmo tempo, perguntar a si mesmo se tal inabilidade para seguir adiante está relacionada a algum problema específico que ninguém deseja enfrentar – a algum **"elefante no recinto"**. Tal intervenção poderia encorajar um ou mais integrantes do grupo a encontrar meios de romper o impasse, sendo que um caminho possível seria justamente encarar o elefante.

COMUNICAÇÃO: ESCUTANDO COM O TERCEIRO OUVIDO

Dentro da psicoterapia, escutar com o terceiro ouvido[3] significa ouvir cuidadosamente o que uma pessoa diz e também aquilo que ela **não diz**. Isso envolve colocar em ação toda a intuição e inteligência emocional do ouvinte, de modo a capturar o que realmente está ocorrendo sob a superfície. De modo similar, quando um dos participantes de um grupo de *coaching* é colocado na "cadeira da verdade", e conta sua própria história, o papel do *coach* do grupo é captar pontos-chave e momentos cruciais nos vários diálogos, propondo perguntas e sugerindo hipóteses que ajudem a fazer com que essa conversa siga em frente e alcance um nível mais significativo. Os membros do time também são encorajados a se concentrar naquilo que acontece no diálogo entre o profissional e o participante que ocupa a "cadeira da verdade". Ao escutar com o terceiro ouvido, os integrantes também são instruídos a elaborar perguntas sobre outros temas/áreas e também

---

[3] Referência ao conceito estabelecido por Theodor Reik, um proeminente psicanalista que foi aluno de Freud, na Áustria. (N.T.)

a propor outras hipóteses sobre aspectos que possam não ter sido suficientemente investigados no diálogo. Esses tópicos poderiam incluir os diferentes estados de espírito do diálogo (o ânimo prevalente – alegria, reflexão, tristeza, temeridade, respeito, fúria, tédio, repulsa, surpresa, irritabilidade etc.), a relação entre o estado de humor e as questões que são apresentadas e outros temas. Os *coaches* também devem prestar atenção ao estado de espírito dos executivos que compõem o time e estar cientes de suas reações de transferência.

Além disso, considerando o importante papel que desempenham, os *coaches*, enquanto catalisadores de mudança, devem ser cuidadosos em relação àquilo que devem ou não dizer. Eles precisam continuamente refletir sobre o que sabem e o que não sabem – e tentar obter mais informações. Eles também devem se manter perceptivos para que sejam capazes de captar mensagens manifestas e veladas, verbais e não verbais. Sempre que apropriado, os *coaches* de grupo devem estar preparados para discutir sobre os "elefantes no recinto," mas, ao mesmo tempo, esses profissionais precisam saber quando é preciso se manter calados.

Os *coaches* de grupo também deveriam obedecer à máxima "bata no ferro quando ele estiver frio." Se abrir a boca momento errado, é mais provável que suas observações não sejam ouvidas. Em qualquer momento, haverá interações instigantes de cada indivíduo consigo mesmo, entre os participantes e no grupo-como-um-todo. A consciência dessas dinâmicas se baseia em um profundo conhecimento teórico e prático do funcionamento e do desenvolvimento dos grupos. Ela também depende de uma grande experiência por parte do profissional no trabalho com indivíduos e times. Todavia, tal consciência não é mais útil que a habilidade do *coach* em ouvir profunda e atentamente

> **"Sempre que apropriado, os *coaches* de grupo devem estar preparados para discutir sobre os "elefantes no recinto," mas, ao mesmo tempo, esses profissionais precisam saber quando é preciso se manter calados."**

e decidir o que de fato importa e qual o melhor momento de se atrair a atenção do grupo para essa questão.

O YIN E O YANG DA EMOÇÃO E DA COGNIÇÃO

Para ser mais eficiente, o foco principal de um *coach* de grupo precisa ser o **afeto** (a emoção), e não necessariamente a **cognição** (o intelecto). O aprendizado mais importante ocorre no nível emocional. Isso significa que se forem feitas observações cognitivas, estas precisarão estar associadas a afeto. Por exemplo, na sessão do grupo de diretores executivos descrita no Capítulo 7, em um determinado momento eu disse ao diretor executivo de Inovações: "O grupo todo aponta que é fundamental que você mude suas atitudes em relação às reuniões. Não é admissível que você simplesmente não cumpra sua agenda profissional depois de ter se comprometido a fazê-lo." Em seguida perguntei ao diretor financeiro: "Você gostaria de tê-lo (o diretor de Inovações) como chefe?" O responsável pelas finanças da empresa ficou visivelmente agitado com a ideia e respondeu: "De modo algum, ele é desorganizado demais. Não estou preparado para lidar com suas confusões." Aquela resposta exerceu um forte efeito sobre o diretor de Inovações. Depois de um momento eu perguntei a ele como se sentia em relação ao que havia acabado de escutar, e ele respondeu: "Isso foi embaraçoso. Não fazia ideia de que as pessoas me viam dessa maneira. Não gosto de ouvir as pessoas dizendo que não querem trabalhar para mim." Então ele prosseguiu afirmando que se esforçaria ao máximo para demonstrar mais respeito por seus colegas, participando das reuniões sempre que prometido. Com um sorriso envergonhado ele acrescentou que também faria o possível para não mais se atrasar.

> "Os *coaches* de grupo deveriam 'esperar o momento certo para falar'."

Como demonstra este exemplo, vislumbrar a possibilidade de uma mudança comportamental, e encontrar motivação para promovê-la, exigem tanto cognição quanto emoção. Experiências repetitivas serão necessárias para que as pessoas não apenas trabalhem o aspecto intelectual (cognitivo) de seus dilemas, mas também para que adquiram uma vivência emocional corretiva em relação e ele – este é o processo pelo qual o cliente abandona padrões comportamentais obsoletos e aprende (ou reaprende) vários outros ao reexperimentar velhas necessidades e antigos sentimentos ainda não resolvidos.

JUDÔ DE RESISTÊNCIA: CONTENÇÃO DE CONFLITOS

Ao longo do caminho, os agentes de mudança – como os *coaches* de grupo – também precisam estar preparados para lidar com problemas de ordem interpessoal, uma vez que é bem provável que, em algum estágio da jornada, os membros do time demonstrem comportamentos disfuncionais. Os conflitos pessoais com os quais cada indivíduo normalmente tem de lutar normalmente se repetem no ambiente de grupo. Em situações como essas, dependerá do *coach* apontar tal situação, assumindo este papel socialmente controverso, mas, ao mesmo tempo, terapêutico e relevante para a execução da tarefa.

Os agentes de mudança também terão de reconhecer o momento em que defesas sociais estão em operação. Para reduzir seus efeitos disfuncionais, os *coaches* de grupo precisarão encontrar meios de substituir esses rituais defensivos com maneiras mais construtivas de conter a ansiedade e administrar riscos pessoais. Neste caso, o conceito do judô de resistência pode se revelar bastante útil: jamais encare de frente a resistência exacerbada. Isso, aliás, me faz recordar uma história sufista.

Certa vez, um antigo vilarejo sufista foi atacado e ocupado por um grupo de guerreiros. Depois da invasão, o rei da tribo vitoriosa mandou que todos os líderes do povoado fossem reunidos e, diante do grupo, fez a seguinte ameaça: **"A menos que vocês sejam capazes de me dizer o que me fará feliz quando eu estiver triste, e infeliz quando me sentir alegre, todos os moradores desse vilarejo serão mortos pela manhã, pela lâmina de nossas espadas."**

Então, todos os habitantes da tribo construíram uma enorme fogueira e durante toda a noite as mulheres e os homens mais sábios discutiram a questão, tentando encontrar a resposta correta para o desafio proposto pelo rei invasor. O que afinal poderia alegrar um homem desafortunado e, ao mesmo tempo, entristecê-lo quando estiver feliz?

O sol nasceu e logo o conquistador retornou ao vilarejo. Ao aproximar-se dos sábios do local, o rei apressou-se em perguntar: "Vocês descobriram a resposta para minha indagação?"

Um dos homens enfiou a mão em seu bolso, retirou de lá um anel de ouro e ofereceu-o ao rei. Este ficou enfurecido e gritou: "Não preciso de ouro! Como este anel poderia me fazer feliz quando estiver triste e infeliz quando me sentir alegre?"

"Meu senhor," disse um dos anciões, "por favor, olhe novamente para o anel." Então o rei observou a peça com mais atenção e percebeu uma inscrição gravada em seu interior, que dizia: **"Isso também passará."**

Essa inscrição no anel sufista vai além da simples transitoriedade das coisas; ela nos alerta sobre a necessidade de mantermos nosso controle emocional. Tal controle pode ser imaginado como um local – um espaço físico ou psicológico – dentro do qual podemos encarar nossos medos e nossas ansiedades, acalmar nossas emoções e dar um passo atrás para que possamos nos recuperar.

Ao lidar com times em que existem membros mais complicados, o *coach* de grupo, enquanto catalisador de mudanças, deverá se mostrar apoiador e atuar de maneira ativa no sentido de neutralizar a propensão desses indivíduos de se sentirem não aceitos, rejeitados e até mesmo perseguidos pelos demais. O ato de responder de modo enfático e demonstrar interesse por essas pessoas irá desativar tais tendências, mas também é crucial que o profissional estabeleça uma aliança com os demais membros do time. O reenquadramento positivo de *feedbacks* desconfortáveis é uma tarefa criativa. O *coach* deverá atentar para similaridades entre os membros do time e promover atitudes afetuosas. Isso ajudará a facilitar o desenvolvimento da coesão, garantirá um senso de pertencimento e reduzirá sentimentos de alienação. Ao longo do processo, o *coach* de grupo poderá se transformarem um modelo de identificação para o time de trabalho.

Membros mais complexos do time precisam ter a oportunidade de revelar os aspectos mais disruptivos e improdutivos de sua própria personalidade e também de trabalhar sobre eles. Talvez eles até mesmo demandem do *coach* a criação da ilusão de que, em caso de necessidade, uma entidade grupal protetora e poderosa (que, aliás, inclui a figura do próprio *coach*) irá "resgatá-los". Gradualmente, conforme tais aspectos complicados da personalidade são revelados, compreendidos e tolerados, assim como ocorre no caso das crianças, esses membros se tornam mais equilibrados e deixam de precisar dessa qualidade protetora do grupo-como-um-todo.

Certa vez, durante um exercício de grupo realizado com um time de alto desempenho, tornou-se claro que o processo não estava funcionando – o grupo parecia emperrado. Um dos participantes, nitidamente entediado, insistia em olhar pela janela; outro integrante, se mostrava alienado em relação ao que ocorria no recinto, e, disfarçadamente examinava seu *iPhone*. Tudo isso se desenrolava durante a discussão (bastante superficial, diga-se de passagem) dos resultados do questionário de *feedback* em 360 graus de um terceiro integrante do grupo. Naquele momento ficou óbvio que uma interpretação geral do time-como-um-todo se fazia necessária.

Um dia antes da intervenção, tive a oportunidade de me reunir informalmente com John, o CEO da empresa. Durante o jantar ele me informou que, na semana anterior, estivera discutindo a possível venda da empresa. Na ocasião, também esclareceu que os demais membros do time executivo já haviam sido informados sobre tais discussões, mas que ainda desconheciam o resultado dos diálogos. Os integrantes do grupo sabiam que, se a venda se concretizasse, John provavelmente sairia da empresa e investiria a maior parte de seu tempo em ensinar para uma universidade local, algo que ele adorava fazer.

Mantendo em mente tal informação, eu tentava imaginar se toda a ansiedade provocada pela ideia de ser abandonado por aquele líder

ATUANDO COMO UM EFICIENTE AGENTE DE MUDANÇAS 229

poderoso e carismático poderia de algum modo prejudicar o progresso daquele grupo. Será que aquelas pessoas estavam preocupadas em saber quem atenderia às suas necessidades caso John já não estivesse mais no comando? Estariam os membros do time temerosos com a ideia de serem abandonados? Considerando a paralisia em que o processo se encontrava, percebi que havia chegado a hora para uma observação "em nuvem."

Então eu disse a todos os membros do grupo: "Por alguma razão sinto que estamos emperrados. Há algum tempo temos andado em círculos. Não acho que estejamos realmente ajudando Lionel (o integrante que ocupava a 'cadeira da verdade'). Pergunto-me a razão de tudo isso? Talvez devêssemos parar por um momento e pensar no que está acontecendo nesta sala, nesse exato momento. Imagino que alguns de vocês estejam pensando em algo mais amplo, como a possibilidade de a empresa ser vendida – e no que isso poderia significar para cada um de vocês. É possível que estejam se perguntando como cada um de vocês enfrentaria a saída de John.

Tal comentário provocou uma nova energia dentro do recinto. Vários membros do grupo comentaram de maneira inequívoca que consideravam a venda da empresa uma péssima ideia – um erro. Um deles chegou a dizer várias vezes que aquilo seria uma traição com os funcionários. Perguntei-me então a quem ele se referia. Outro participante criticou o fato de John deixar o comando da companhia. Segundo essa pessoa, tal atitude simplesmente implodiria o time executivo. Como afinal o grupo conseguiria seguir em frente sem a presença de John? Seguiu-se então uma interessante discussão sobre essa questão (que acabou provocando mais debates depois da sessão), e somente depois disso retornamos à avaliação do questionário de Lionel.

Como ilustra este exemplo, quando as dinâmicas do grupo-como-um-todo parecem operar contra o processo, o *coach* do grupo – na figura do agente de mudanças – pode auxiliar os integrantes do time a verbalizarem aquilo o que os está incomodando. No exemplo anterior, discuti a questão do "elefante no recinto", o que, no caso, era a ideia de o CEO da empresa abandoná-los e também a ansiedade do time sobre o fato de ela ser capaz de seguir adiante sem ele. A possível saída do CEO resultou em uma explosão de associações de dependência entre os membros daquele grupo – um processo que, aliás, acabou repercutindo sobre todos. Eu simplesmente coloquei em palavras o que já estava pairando em uma nuvem.

Verbalização

A linguagem é um meio social de traduzir as dinâmicas de um time e de dar significado àquilo que está ocorrendo. Sem a verbalização consciente, os integrantes do time tendem a se deixar levar por forças inconscientes e bizarras que poderão contribuir para a adoção de comportamentos inadequados. A necessidade de *act out* (agir de maneira impulsiva e extravasar), e de se engajar em atitudes contestadoras pode, com frequência, ser atribuída ao fracasso do *coach* em seu trabalho interpretativo, ou à dificuldade de um ou mais membros do time em assimilar a interpretação feita pelo próprio profissional de *coaching*. Algumas pessoas preferem **"agir impulsivamente"** que se lembrar de refletir.

> **"A linguagem é um meio social de traduzir as dinâmicas de uma equipe e de dar significado àquilo que está ocorrendo."**

A verbalização é, portanto, uma ferramenta potente. O objetivo da linguagem é construir uma ponte entre o que é visível e o que é invisível, entre o consciente e o inconsciente. Ao lidar com questões que envolvem o grupo-como-um-todo, a atitude de dar nome aos fenômenos conforme eles se evidenciam é o primeiro passo no processo de desmistificação e neutralização das inúmeras forças que estão em operação.

Entretanto, não é fácil determinar com segurança a natureza dos conflitos existentes entre membros específicos de um time, pois, como seres humanos, somos mestres na arte da imprecisão e do obscurecimento. Na verdade, defesas como a negação, a recusa e a evitação são intrínsecas à condição humana. Porém, apesar dos truques e das ilusões que acompanham as dinâmicas do grupo-como-um-todo, os *coaches* precisam estar preparados para monitorar o nível de ansiedade do time e, se necessário, confrontar de maneira inequívoca os principais receios e as principais aflições que surgirem. Tudo isso precisará ser devidamente abordado, definido e esclarecido.

"Defesas como a negação e a evitação são intrínsecas à condição humana."

Haverá momentos em que os *coaches* terão de agir como verdadeiros guardiões do processo e, por conta do comportamento impulsivo de alguns participantes, estabelecer limites claros. O papel desses profissionais será guiar o processo e ajudar a formatar as normas que tornarão a intervenção proposta mais eficiente e eficaz. Eles deverão monitorar o grau de civilidade dos comportamentos apresentados pelos participantes. Se o grupo for constituído por integrantes de uma mesma organização, os *coaches* também deverão compreender profundamente a cultura da empresa, as subculturas relacionadas e o contexto geral do empreendimento.

Por fim, os *coaches* de grupo precisarão controlar a atmosfera do time, minimizando atitudes disruptivas, promovendo coesão e criando um espaço transicional que facilite a confiança interpessoal. *Coaches* de grupo eficientes trabalharão no sentido de encorajar a expressão de conflitos intrapsíquicos (e o comportamento emocional dos participantes) e sua verbalização (em oposição a atitudes impulsivas de extravasamento). Eles criarão uma maior tolerância pela Tempestade e Paixão[4] existentes nos conflitos intragrupais, reassegurando aos participantes de que os conflitos não precisam necessariamente ser destrutivos e podem ser resolvidos de maneira tranquila.

---

[4] Referência ao movimento literário romântico alemão (*Sturm und Drang*), cujo ápice ocorreu entra as décadas de 60 e 90 no século XVIII. O objetivo era exaltar a **natureza** e o **sentimento** e se contrapor ao desencanto trazido pelo Iluminismo, que enfatizava apenas a **ciência**, o **racionalismo**, a **tecnologia** e o **progresso**. (N.T.)

DIÁLOGOS CORAJOSOS

Uma das lições mais importantes que os participantes de uma sessão de *coaching* de grupo poderão levar consigo é a apreciação pelo poder daquilo que já descrevi anteriormente como **"diálogos corajosos"**. Esse tipo de conversação é tão rara que sempre faço questão de encerrar minhas intervenções de *coaching* de grupo (ou de times) com exemplos de diálogos corajosos que ocorreram durante a própria intervenção, e de encorajar os participantes a pensar como eles poderão realizar esses mesmos tipos de conversações na(s) empresa(s) em que trabalham.

Diálogos corajosos são aquelas trocas não tão agradáveis (embora tais conversas possam ser reenquadradas de uma maneira bastante positiva) que são necessárias para que as pessoas em uma organização consigam seguir adiante e se distanciar de comportamentos inadequados. Esses diálogos ocorrem quando as pessoas se sentem preparadas e não têm medo de dizer aquilo que realmente pensam e sentem para quem quer que precise escutá-lo, e conseguem fazê-lo de um modo positivo e construtivo de maneira que os outros possam não apenas ouvir a mensagem sem prejulgá-la, mas também responder ao que lhes foi dito de modo educado. Vale ressaltar que os diálogos corajosos devem ser construtivos e jamais ofensivos.

A habilidade de se comunicar de maneira mais aberta e honesta é um fator importantíssimo para a criação de times e culturas de alto desempenho. Nas melhores empresas para se trabalhar, os diálogos corajosos fazem parte do DNA da organização. Quanto mais complexa a estrutura corporativa, maiores as consequências negativas em não se manter esse tipo de conversação; vale lembrar que quando tensões se estabelecem as pessoas já não conseguem se mostrar produtivas ao trabalharem juntas.

A confiança é um ponto crucial na vida empresarial. Na verdade, ela atua como uma espécie de argamassa nos diálogos corajosos. Todavia, tal confiança não surge do nada – estabelecê-la exigirá um substancial investimento de tempo antes que os membros do time (de qualquer grupo) estejam preparados para realmente acreditar uns nos outros. De maneira irônica, a maioria das pessoas e dos times que dividem o mesmo espaço em uma sessão de intervenção de grupo sequer estaria ali se alguém na empresa tivesse mantido com esses indivíduos e grupos um diálogo corajoso, ou, pelo menos, demonstrado a coragem necessária para conversar com essas pessoas e/ou conjuntos de pessoas de maneira honesta e aberta. As intervenções de grupo se transformam, portanto, não apenas em espaços transicionais propícios para mudanças, mas também em lugares em que é possível aprender e experimentar o uso de diálogos corajosos.

Conversações corajosas exigem que nós nos engajemos em diálogos com indivíduos com os quais normalmente não falamos, sobre assuntos que raramente discutimos. Contudo, a ousadia em manter esse tipo de conversa certamente irá nos ajudar a solucionar conflitos relacionais. Se de fato quisermos que as pessoas com as quais interagimos operem em um nível aceitável, tais diálogos se farão necessários tanto no âmbito profissional como no pessoal . Entretanto, se não conseguirmos ou não estivermos dispostos a manter esse tipo de conversação, os efeitos disso certamente irão bem além das partes diretamente envolvidas.

Oferecer *feedback* sobre uma questão sensível pode se mostrar bastante desafiador. A maioria das pessoas se mostra relutante em lidar com áreas incômodas e problemáticas, e luta contra a ideia de confrontação. Nossa tendência natural é a evitação, embora (como talvez já tenhamos descoberto para nossa surpresa) a negação de um problema somente o "resolverá" temporariamente. Se questões complexas forem deixadas ao léu e, portanto, não devidamente encaradas, elas se tornarão parte da indústria de rumores organizacionais e acabarão eclodindo em um conflito prejudicial e doloroso.

De fato, a mera atitude de iniciar um diálogo com alguém com quem mantemos questões não resolvidas – sem qualquer pretensão de chegar a uma solução – é capaz de nos provocar uma sensação extremamente libertadora. Além disso, tal atitude pode significar um ponto de virada e promover o surgimento de um melhor relacionamento das pessoas dentro do ambiente profissional. Todavia, não devemos nos esquecer de que a qualidade de nossas conversações reflete não apenas a natureza de nossas relações, mas também nossa eficiência no trabalho. Manter diálogos corajosos é um modo bas-

> "Conversações corajosas exigem que nós nos engajemos em diálogos com indivíduos com os quais normalmente não falamos, sobre assuntos que raramente discutimos."

tante eficaz de transmitirmos a mensagem correta, para as pessoas certas e no momento mais apropriado.

Os diálogos corajosos também ajudam as partes envolvidas a verem as coisas a partir de uma perspectiva mais ampla. Eles oferecem às pessoas uma oportunidade de explorar como o futuro poderá se mostrar, caso nada mude e os padrões comportamentais permaneçam inalterados. Na verdade, se tais conversações forem conduzidas de uma maneira autêntica, sincera e construtiva, elas certamente irão contribuir para o desenvolvimento de um senso básico de confiança entre todos os que estiverem engajados no processo. Em geral, quando vemos uma situação pela ótica do outro, conseguimos compreender melhor a razão pela qual cada indivíduo age de uma determinada maneira. Parece que todo ser humano tem dificuldades em entender que as pessoas pensam de modos distintos. Contudo, se adotarmos uma posição enfática a esse respeito, conseguiremos aprender mais sobre questões complexas, e, ao mesmo tempo, abrir caminho para o próximo passo. Neste caso, seremos capazes de explorar juntamente com outras pessoas como seria um futuro mais desejável. Agindo assim acabaremos nos tornando mais confiantes e resistentes ao deparar situações desafiadoras.

É por meio de diálogos corajosos que um time consegue abordar questões aparentemente consideradas como **"inabordáveis"**, mas que, ao mesmo tempo, precisam ser verbalizadas. Demonstrar emoções ocultas e/ou conflitos através de ações e não de palavras pode criar sérios problemas. Se alguns temas profissionais continuam "não abertos" a discussão, o progresso do time será bastante prejudicado. Se forças psicológicas ocultas não forem devidamente encaradas e abordadas, o grupo provavelmente será dominado apenas pelas relações de poder existentes entre seus integrantes. Em contrapartida,

ATUANDO COMO UM EFICIENTE AGENTE DE MUDANÇAS

> **Você costuma se envolver em diálogos corajosos?**
>
> Responda SIM ou NÃO para as perguntas a seguir:
>
> | | SIM | NÃO |
> |---|---|---|
> | • Você se sente preparado para dizer o que honestamente pensa e/ou sente sobre outras pessoas na empresa (e não tem medo de fazê-lo)? | ☐ | ☐ |
> | • Você se dispõe a manter conversas duras e difíceis sobre o trabalho efetuado por outras pessoas? | ☐ | ☐ |
> | • Você se sente preparado para encarar os "elefantes no recinto" sem temer repercussões negativas? | ☐ | ☐ |
> | • Você costuma falar o que pensa sobre questões de desempenho que a maioria das outras pessoas se sente inclinada a evitar? | ☐ | ☐ |
> | • Você é psicologicamente forte o suficiente para enfrentar seu chefe em questões complicadas? | ☐ | ☐ |
> | • Você se sente preparado para manter diálogos corajosos para aprender mais sobre si mesmo? | ☐ | ☐ |
>
> **Se você respondeu SIM para a maioria dessas questões, você está preparado para manter diálogos corajosos.**

se os sentimentos que dominam o grupo-como-um-todo não forem identificados e enfrentados, a própria razão para a existência do grupo se dissipará. Esse efeito psicológico nebuloso poderá ser identificado durante uma sessão de *coaching* de grupo – uma ocasião em que maneiras eficientes de se manter diálogos corajosos no ambiente de trabalho também poderão ser discutidas.

AS VICISSITUDES DAS MUDANÇAS

A esperança é uma força poderosa e os *coaches* de grupo são capazes de encorajar expectativas positivas ao apontar o fato de que seus colegas têm se mostrado capazes de superar os mesmos problemas com os quais eles próprios deparam – afinal, observar outras pessoas se saindo bem em suas empreitadas é algo bastante inspirador. Ao ressaltar as realizações de alguns membros do time, e o quão bem o próprio grupo tem funcionado, os *coaches* serão capazes de auxiliá-lo e torná-lo ainda mais eficiente.

Por meio das intervenções realizadas no grupo os times propriamente ditos – e também cada um dos membros de modo isolado – percebem que não estão sozinhas em seus problemas. Todos logo se dão conta de que estão no mesmo barco e existe um grau de universalidade nas dificuldades que enfrentam. As experiências que encaram não são, afinal, tão diferentes daquelas dos outros indivíduos. E considerando nosso desejo de sermos únicos – até mesmo em nossos infortúnios – isso pode ser, ao mesmo tempo, desapontador e bastante confortante. Compartilhar nosso mundo interior e aceitar os mundos internos dos que nos rodeiam exerce um efeito muito positivo, pois cria um círculo virtuoso de confiança, autorrevelação, empatia e aceitação.

Sendo assim, a ideia de **"seja bem vindo à raça humana"** não apenas ajuda a colocar os problemas em perspectiva, mas também contribui para um senso de coesão dentro do time. Isso aprimora a experiência do indivíduo de sentir-se parte de algo maior, e eleva nossa sensação de pertencimento e aceitação. É bom saber que, a despeito de nossas fraquezas e imperfeições, ainda somos considerados bons o suficiente. O compartilhamento de nossas experiências pessoais também exerce uma influência positiva adicional, à medida que faz com que outros membros do time se sintam menos solitários. De modo previsível, considerando o investimento que fizeram uns nos outros, os componentes do grupo desejam manter esse senso de pertencimento – e farão o possível e o impossível para manter vivos esses contatos.

ATUANDO COMO UM EFICIENTE AGENTE DE MUDANÇAS 237

> *Coaching* de liderança de grupo: fatores facilitadores. Quantas dessas afirmações são VERDADEIRAS para você?
>
> **No papel de um *coach*:**
>
> - Concentro-me em criar esperança.
> - Deixo claro que muitos dos problemas enfrentados são universais.
> - De vez em quanto, ofereço orientações sobre questões pessoais e organizacionais.
> - Espero que exista um caráter altruísta dentro do time.
> - Às vezes, aponto origem de ordem familiar para padrões comportamentais aparentemente irracionais.
> - Tento cultivar o aprendizado interpessoal dentro do time.
> - Acredito firmemente no poder do espelhamento *(mirrowing)* e da identificação mútua.
> - Sei que a catarse pode se mostrar bastante benéfica, desde que ocorra no momento adequado.
> - Tento sempre estimular um senso de pertença dentro do time.
>
> **Se a maioria dessas afirmações se aplica em seu caso, enquanto *coach* de grupo você demonstra um bom entendimento das forças intrínsecas às mudanças pessoais.**

Fazer parte de um time nos oferece a oportunidade de disseminar informações sobre diferentes aspectos do funcionamento humano. Embora em um ambiente de *coaching* de grupo instruções de caráter didático somente devam ser fornecidas de maneira moderada (já que é melhor que os próprios clientes descubram os fatos por si mesmos), de vez em quando tal prática pode se mostrar benéfica. Na verdade, a explicação, a clarificação e até mesmo o oferecimento de conselhos diretos sobre certos incidentes dentro do time são atitudes que poderão reduzir a ansiedade e estabelecer um pouco de controle sobre problemas específicos.

Mas não são somente os *coaches* que podem oferecer sugestões sobre determinadas questões problemáticas; os próprios membros do time também farão o mesmo. Essas pessoas poderão sugerir diferentes abordagens para uma relação difícil na vida de um colega de time e explorar outras maneiras de encarar certas questões. Dentro do ambiente de grupo, informações sobre problemas de ordem psicológica ou a respeito de doenças, e até recomendações sobre como manter um equilíbrio mais saudável entre a vida pessoa e profissional, poderão ser compartilhadas. Todas essas dinâmicas de caráter instrutivo serão capazes de promover um melhor funcionamento do grupo.

O altruísmo, ou seja, o desejo de colocar as necessidades dos outros sobre as próprias, também se revela outro agente de mudanças positivo. Porém, embora a atitude de ajudar simplesmente por ajudar – o desejo genuíno de tornar as coisas melhores para os outros – possa parecer um ato de pura abnegação, de modo irônico ela também consegue causar alguns efeitos colaterais caracterizados pelo "egoísmo." A ação de dar aos outros pode garantir ao doador inúmeros benefícios pessoais – é ótimo se sentir importante na vida de outras pessoas. Todavia, mais do que isso, parece haver também uma ligação entre o fato de ser útil para outros indivíduos e, ao mesmo tempo, viver uma vida mais longa, mais saudável e mais feliz. Ajudar os outros – oferecendo-lhes apoio, confiança, sugestões e percepções – poderá promover um efeito terapêutico e contribuir para nosso senso de dignidade e bem-estar. Ter algo de valor e compartilhá-lo com outras pessoas é uma experiência encorajadora. A sensação inicial de "euforia" no indivíduo que ajuda o próximo talvez seja seguida de um período mais duradouro de contentamento, em que o primeiro experimentará uma melhor saúde emocional.

Por conta da ajuda que lhes foi oferecida, e que lhes permitiu lidar melhor com as adversidades da vida, o altruísmo também fará com que os membros de um time reconheçam publicamente seus colegas. O aprendizado obtido por intermédio da influência das relações interpessoais é essencial no sentido de tornar mais eficientes não somente os times, mas também cada um de seus integrantes. O desejo por parte dos membros de um grupo de manter diálogos corajosos pode se mostrar extremamente revelador. Os participantes de times se encontram em uma posição vantajosa para apontar padrões de caráter disfuncionais. Oferecer ajuda para resolver esses problemas juntamente com outros membros do time pode se mostrar um enorme incentivo para mudanças. Construir nosso respeito próprio através das avaliações positivas que recebemos dos outros é um importante componente do aprendizado.

Esse processo de aprendizagem interpessoal pode também se comprovar instrumental no sentido de detectar e corrigir distorções na autopercepção do indivíduo. Ele é capaz de facilitar a descoberta de novas soluções e promover certo grau de modificação comportamental. Sempre haverá alguns membros do time que serão admirados por conta da maneira como lidam com as adversidades da vida. Essas pessoas se tornarão modelos, ou seja, exemplos de como gostaríamos de ser. Imitar comportamentos – ou identificar-se com o outro – é uma parte importante do processo de aprendizado interpessoal, assim como uma poderosa energia no sentido de promover mudanças. A identificação implica na adoção de características, qualidades e visões de outras pessoas e também de um grupo. Desse modo poderemos assimilar um aspecto, um modo de agir ou um atributo de outro indivíduo e nos transformar – seja de maneira integral ou parcial – de acordo com o modelo que nos foi oferecido. Todavia, como um lembrete, devo acrescentar que tal identificação nem sempre é um processo consciente.

Participar de uma intervenção em um grupo ou time também nos oferece um escoadouro para experiências catárticas. Para alguns indivíduos, fazer parte de um grupo lhes garante a oportunidade de desabafar – o time é como um fórum para uma espécie de faxina emocional. Os integrantes do time podem encorajar tal processo ao ajudar a trazer à tona medos e sentimentos reprimidos. Expressar aquilo que nos incomoda, em vez de insistir em mantê-lo em absoluto segredo, pode ser uma atitude poderosa. A continência adequada de tais emoções pelo *coach* de grupo, e também por outros membros do time – quando os comentários são recebidos de um modo altamente respeitoso –, é essencial para transformar essa catarse em uma experiência significativa.

Engajar-se em uma experiência catártica é também um modo de praticar a expressão de sentimentos. Todavia, de maneira isolada, a catarse pode não provocar um efeito benéfico. Há situações em que ela se revelará inclusive contraproducente – em especial se o processo ocorrer no local ou no momento errado. Sob circunstâncias adequadas, ela oferecerá ao indivíduo uma oportunidade para que este reexperimente vivências repetitivas e profundamente problemáticas, e as transforme em algo melhor; ela também garantirá à pessoa uma chance de compreender melhor as razões pelas quais certas feridas psicológicas se mostram tão incômodas.

Como mencionado anteriormente, os tipos de dinâmicas que ocorrem no grupo-como-um-todo se parecem com aqueles que aconteceram nas famílias de seus membros. Considerando a durabilidade de alguns padrões, os participantes de um time simplesmente não conseguem evitar a reencenação de certos esquemas familiares no ambiente de time. Ao decifrar as atividades dentro do contexto do grupo-como-um-todo, o *coach* precisará estar ciente de que muitos dos "atores" estarão apenas reinterpretando velhos padrões comportamentais: sempre existirão ecos transferenciais das figuras (1) paterna e materna, que evocarão memórias relativas a autoridade; ou fraterna (entre irmãos), que reviverão questões de rivalidade, ciúmes e inveja.

As dinâmicas do grupo-como-um-todo oferecem aos participantes a oportunidade de compreenderem melhor os processos ocorridos dentro de suas famílias de origem. Os padrões que conseguirmos identificar no grupo-como-um-todo nos ajudarão a esclarecer as relações que mantivemos com nossos pais, irmãos e também com outras pessoas do nosso passado. Os membros do time terão a chance de explorar problemas emocionais enfrentados e jamais solucionados com seus familiares, e de reviver situações profundamente complexas de uma maneira mais adequada e corretiva (com a orientação dos outros integrantes do grupo) – agora esses participantes atuarão como membros mais compreensivos e tolerantes dessa "família." Juntamente com o *coach*, os integrantes do time poderão ajudar a (1º) apontar diferentes modos de se lidar com situações de conflito; e(2º) quebrar rígidos padrões do passado.

Por último, mas em hipótese alguma menos importantes, estão os efeitos benéficos do autoconhecimento e da percepção. Descobrir e aceitar características da nossa personalidade previamente desconhecidas, ou mal interpretadas, pode se revelar bastante esclarecedor. Talvez seja extremamente útil reconhecer que certos modos de agir – reações e expectativas (irrealistas) específicas – talvez tenham sido importantes estratégias de sobrevivência quando ainda éramos bem jovens, mas que estes já não se aplicam no presente. Alcançar tal clareza psicológica nos permitirá (1º) assumir mais controle sobre nossas vidas, (2º) parar de culpar os outros pelo que nos acontece e, finalmente, (3º) assumir toda a responsabilidade pelo que fazemos.

Superando os fantasmas do passado

Agentes de mudança como *coaches* de grupo deveriam se valer ao máximo desses catalisadores de transformação. Além disso, experiência do grupo-como-um-todo nos oferecem material para decifrar as várias reações de projeção e transferência entre cada membro de um time. O cenário do grupo-como-um-todo também dá aos *coaches* a oportunidade de reconhecerem suas próprias reações de contratransferência em relação ao time e aos seus membros [5, 6]. A necessidade de os *coaches*

"**As dinâmicas do grupo-como-um-todo oferecem aos participantes a oportunidade de compreenderem melhor os processos ocorridos dentro de suas famílias de origem.**"

operarem em inúmeros estágios ao mesmo tempo – enquanto usam a si mesmos como instrumento – pode tornar o *coaching* de grupo um processo complicado; vários aspectos têm de ser integrados. Contudo, os profissionais que estiverem dispostos a dar esse salto em suas carreiras certamente irão aprofundar suas experiências pessoais e também a de seus clientes.

Coaches de liderança com frequência se engajam em atividades que podem ser comparadas a um teatro de sombras. No *coaching* individual, relações difíceis com os vários *stakeholders* em uma organização serão exploradas. Já no *coaching* de grupo realizado dentro de uma empresa, não serão apenas os membros do time que estarão presentes, mas também muitos dos fantasmas do passado, incluindo as dinâmicas visíveis e veladas que os acompanham. De maneira metafórica, as pessoas que compõem um time estão associadas a marionetes *wayang* (palavra javanesa cujo significado é "sombra" ou "fantasma"). Como fantoches, elas reinterpretam de um jeito um tanto complexo seus próprios fantasmas do passado. Em ambientes de grupo – que, aliás, funcionam como microcosmos do mundo "real" – os membros de um grupo provavelmente trarão para a mesa de discussões suas próprias relações conflituosas. É preciso então que todos estejam cientes de que, a partir da interface de inúmeros roteiros pessoais, surgirá dentro do time de trabalho uma mente do grupo, o que permitirá que os membros do grupo atribuam sentido e atuem de forma coletiva (consciente ou inconscientemente)

O grupo-como-um-todo precisa ser visto como uma estrutura social criada por seus próprios integrantes, que, aliás, se encontra em constante evolução. Por meio da participação e da interação de seus membros, a referida estrutura continuará a sofrer modificações. Os participantes de um time possuem uma enorme capacidade de cocriar emoções compartilhadas e de se engajarem em um contágio emocional – projeções que serão encontradas no grupo-como-um-todo. Contudo, considerando sua complexidade, sempre haverá o risco de que seus membros não se mostrem conscientes de seus esforços no sentido de salvaguardar padrões interativos específicos, mesmo quando o teatro de sombras estiver sendo encenado bem diante de seus olhos. É aí que entram os agentes de mudança ou *coaches* de grupo. O objetivo desses indivíduos é esclarecer o que está ocorrendo. Ao fazê-lo, essas pessoas poderão criar experiências emocionais corretivas, ao expor os membros do time a situações emocionais com as quais eles não foram capazes de lidar no passado (e sob circunstâncias mais favoráveis). Comandado pelo *coach* de grupo, este novo cenário possibilitará a todos os membros experimentar ideias e sentimentos previamente vivenciados e avaliados como ameaçadores e proibidos. Quando as pessoas passam a compreender eventos do passado até então considerados desconcertantes, elas também aprendem a distinguir entre o pretérito e o presente, e entre aquilo o que era apropriado na ocasião e o que é adequado atualmente. Elas também deixam de se sentir desamparadas e alcançam o domínio da situação. O lado negativo desse processo é o fato de que a reencenação de experiências passadas poderá evocar emoções tão primitivas que alguns membros do grupo acabarão agindo de modo defensivo ou respondendo de uma maneira um tanto incongruente ou desnorteada.

Compreender as complexas dinâmicas dentro do grupo (e identificar as mais variadas pistas que surgirem) será bem mais fácil para pessoas que não fizerem parte do sistema, e que talvez se mostrem mais eficientes em esclarecer tudo o que está acontecendo ao seu redor. O fato é que os *coaches* de grupo não de deixam enraizar por sistemas organizacionais específicos – eles não fazem parte deles nem são definidos/constituídos a partir deles –, o que explica muito bem a razão pela qual esses profissionais conseguem exercer um papel tão vital na transformação de times e organizações.

ALGUNS DETALHES ADMINISTRATIVOS

Além de ser um observador sensível das questões psicológicas inerentes aos membros do grupo, e de prestar muita atenção às dinâmicas do grupo-como-um-todo, o *coach*, enquanto agente de mudanças, também terá de encarar algumas questões mais prosaicas. Acima de tudo, será preciso atentar para a tarefa primária do time – aquilo que o grupo terá de conquistar dentro do contexto organizacional.

Neste sentido, os *coaches* terão de se mostrar conhecedores dos assuntos e sistemas concernentes ao próprio empreendimento, ao seu funcionamento e a sua lucratividade. Não será, portanto, apenas o domínio dos processos psicológicos individuais e grupais que irá garantir a confiança das lideranças de uma empresa cliente no *coach*ing de grupo. Também será fundamental que este conheça não somente as atividades desempenhadas pelo time que estiver sofrendo a intervenção, como também a própria linguagem do negócio. Os *coaches* que não tiverem todas as informações sobre seu cliente – as condições do mercado no setor em que ele opera, a estrutura da organização, suas vantagens competitivas, seus desafios, suas circunstâncias organizacionais e empregatícias (e muito mais) – não terão condições de garantir o apoio e a credibilidade de que essas lideranças tanto precisam.

Considerando a complexidade e a intensidade do processo de *coaching* de grupo, acho bastante interessante e útil trabalhar em pares durante uma intervenção em time (pelo menos sempre que possível). O trabalho em duplas permite que o *coach* entre e saia dos inúmeros entrelaçamentos que caracterizam uma intervenção dessa natureza, assumindo uma postura mais ativa ou passiva (observadora), de acordo com a necessidade. Para que essa parceria funcione bem, é fundamental que ambos os profissionais tenham um bom relacionamento, respeitem profundamente um ao outro e possuam estilos complementares.

Antes que *coaches* de grupo decidam promover uma intervenção de time, é preciso que ambos avaliem o apoio que lhes será ofertado pela própria estrutura de poder da organização. Para que uma intervenção seja levada a sério, o suporte por parte do CEO é crucial – e será ainda mais se o CEO for também um grande acionista da empresa. Sem a ajuda desse profissional, é provável que a intervenção se mostre medíocre e desapontadora. Os CEOs funcionam como modelos a serem copiados, portanto, sem a sua aprovação, quaisquer intervenções se mostrarão uma grande perda de tempo e dinheiro.

Depois de tomada a decisão de promover uma intervenção de grupo, é provável que alguns membros do time sênior se revelem pouco entusiasmados com todo o processo. Todavia, tais resistências poderão ser enfrentadas. Se o CEO for um dos integrantes do time (algo que deve ser recomendado), é muito importante que ele ou ela sejam instruídos a desempenhar um papel relativamente discreto durante os procedimentos. Não é muito difícil que os demais participantes se sintam um pouco intimidados quando o CEO se mostrar muito contundente – algo que, aliás, veremos na história de M'bogo.

A HISTÓRIA DE M'BOGO E SYNCERUS

Era uma vez um rebanho de búfalos liderado por um animal bastante poderoso chamado M'bogo. Um dia, enquanto ruminava e repousava sobre a relva próxima de um riacho, o líder do grupo gritou para seus seguidores: "Como está a situação por aí?" E então ele esperou pelas boas notícias. Ao longe, o búfalo mais jovem ficou em dúvida quanto ao que deveria responder. Na verdade, as coisas não iam nada bem. O suprimento de capim verde estava acabando rapidamente e já não havia muito para os animais comerem.

Contudo, ninguém daquele rebanho tinha coragem suficiente para dar a M'bogo as más notícias – todos sabiam perfeitamente o que costumava acontecer quando aquele búfalo se irritava. Muitos ostentavam cicatrizes para provar isso, portanto, a última coisa que desejavam era provocá-lo de algum modo. "O que devo dizer a ele?" Syncerus, o segundo na linha de comando, perguntou aos companheiros. O último acesso de raiva de M'bogo, que ocorrera quando outro rebanho adentrara o melhor pasto da região, ainda estava bem vívido na memória de todos. Assim como a maioria, Syncerus também sabia que já estava na hora de todos seguirem em busca de novas pastagens. Ali, a maior parte dos alimentos já havia sido totalmente consumida, exceto pelo local onde o próprio M'bogo descansava. Então Syncerus perguntou a si mesmo se teria a coragem de dizer ao líder que todo o rebanho corria o risco de morrer de fome. No final, ele concluiu que aquele não era o caso.

Depois de algum tempo, Syncerus se aproximou de M'bogo e disse: "As coisas vão indo muito bem, chefe. Há grama suficiente para todos. É claro que a chuva seria providencial – mas aprendemos com nossos erros." Então M'bogo rosnou e disse: "Fico feliz em saber que tudo vai bem." Então ele fechou os olhos e continuou a ruminar.

O dia seguinte trouxe uma surpresa desagradável. Um novo rebanho de búfalos avançou sobre a única área verde que ainda restava no local. Essa chegada inesperada foi absolutamente catastrófica. Syncerus lentamente se aproximou de M'bogo e, depois de alguma conversa fiada, informou: "Oh, a propósito, chefe, um novo rebanho invadiu nosso território." Os olhos do líder ficaram imediatamente arregalados e o grande animal logo se preparou para dar uma bela chifrada em Syncerus. Porém, ao perceber o que aconteceria, Synceryus acrescentou rapidamente: "Mas isso não é um grande problema, pois, pelo que ouvi dizer, eles só estão de passagem." M'bogo se tranquilizou no mesmo instante e comentou: "Ótimo. Não há motivo para se irritar sem razão, não é mesmo?"

Entretanto, conforme os dias passavam a situação se tornava pior. Um dia, observando o morro lá de cima, M'bogo percebeu que haviam restado pouquíssimos búfalos em seu rebanho. Ele então convocou a presença de Syncerus e perguntou-lhe bastante irritado: "O que está acontecendo? Onde estão todos?" Syncerus não conseguiu dizer ao chefe que a maioria dos animais havia seguido o novo rebanho em busca de melhores pastagens. Com grande hesitação ele explicou: "Chefe, antes da chegada das chuvas, achei que seria interessante nos livrarmos dos animais mais velhos e inúteis. O senhor sabe, aqueles que já não conseguem defender os mais novos dos leões e das hienas." Então M'bogo o parabenizou pela ótima ideia e disse: "Brilhante! Livrar-nos dos imprestáveis nos garantirá uma melhor situação. Os búfalos precisam de uma liderança forte. Fico feliz em perceber que vocês está desempenhando bem suas funções."

Não demorou muito para que Syncerus e M'bogo se tornassem os únicos animais do local. O momento da verdade havia chegado, e já não havia mais como evitá-lo; ele teve de dizer a M'bogo o que de fato estava acontecendo. Então Syncerus aproximou-se do líder e disse: "Chefe, trago péssimas notícias. Somos os últimos restantes. Todos os demais búfalos desapareceram." M'bogo ficou tão surpreso com a afirmação que simplesmente se esqueceu de golpear Syncerus com seus enormes chifres. "Todos me abandonaram? Mas por quê? O que deu errado?", perguntou confuso. Então Syncerus olhou envergonhado para o solo. "Não consigo entender," disse M'Bogo. "Todos me abandonaram justamente quando tudo parecia estar indo tão bem.", completou M'Bogo.

Como bem ilustra essa narrativa, nem sempre é fácil oferecer *feedback*. Na verdade, o ato de transmitir informações complicadas sem preocupar as pessoas pode se revelar bem complicado. O *coach* de grupo é um dos únicos profissionais capazes de assumir essa tarefa e compartilhar com os M'bogos espalhados pelo planeta as verdades que precisam ser ouvidas – aquelas que poderão afetar a sobrevivência de uma organização – de maneira ao mesmo tempo firme e gentil. E, para não esquecermos, com a ajuda do time o *coach* de grupo poderá oferecer aos Syncerus de qualquer empresa a ajuda necessária para que estes descubram como poderão mudar seus comportamentos e se tornarem subchefes mais corajosos e donos e um pensamento mais estratégico.

REFERÊNCIAS BIBLIOGRÁFICAS

1. Campling, P. e Haigh, R. (Eds) (1999). *Therapeutic Communities Past, Present and Future (Passado, Presente e Futuro das Comunidades Terapêuticas).* Londres e Filadélfia, PA: Jessica Kingsley Publishers.
2. DeLeon, G. (2001). *A Comunidade Terapêutica: Teoria, Modelo e Método.* São Paulo: Loyola, 2003.
3. Winnicott, D. W. (1951). *Da Pediatria à Psicanálise: Obras Escolhidas.* Rio de Janeiro: Ímago, 2000.

4. Kris, E. (1952). *Psychoanalytic Explorations in Art (Explorações Psicanalíticas na Arte)*. Madison, CT: International Universities Press, 2000.
5. Etchegoyen, H. (2005). *Fundamentos da Técnica Psicanalítica*. Porto Alegre: Artmed, 2004.
6. Kets de Vries, M. F. R. (2009a). *Reflections on Leadership and Career Development (Reflexões Sobre Liderança e Desenvolvimento de Carreira)*. Nova York: John Wiley & Sons Inc.

CAPÍTULO 9

O ZEN DO *COACHING* DE GRUPO

Qual é o som de uma única mão?
– *Koan*[1] Zen

Não se pode ensinar nada a um homem. Somente somos capazes de ajudá-lo a descobrir as coisas por si mesmo.
– Galileu Galilei

Ganhamos a vida com aquilo que recebemos. Fazemos uma vida com aquilo que oferecemos.
– Winston Churchill

Liderança é a arte de fazer com que outra pessoa faça algo que você queira porque ela própria deseja fazê-lo.
– Dwight Eisenhower

Era uma vez um talhador de pedras que costumava se sentir muito insatisfeito com o que possuía e desejava se tornar mais poderoso. Um dia ele estava caminhando pela rua e passou pela casa de um rico

---

[1] Um *koan* é um ensinamento zen budista em que alguém apresenta uma proposição cuja solução não é alcançada por meio de um pensamento racional analítico. O objetivo neste caso é desafiar a mente do ser humano e abrir espaço para a experiência do conhecimento. Esta frase é atribuída a Hakuin Ekaku (N.T.).

comerciante. Como o portão estava entreaberto, ele pode observar os vários bens daquele homem, assim como alguns importantes visitantes que o rodeavam. "Esse comerciante deve ser muito poderoso," pensou consigo mesmo o talhador, de modo invejoso. "Gostaria de ser como ele, e não mais apenas um humilde talhador.", remendou o talhador.

Para sua grande surpresa, seu desejo foi atendido. De repente o talhador de pedras havia se transformado em um comerciante, e logo passou a viver com mais luxo e a deter mais poderes do que jamais imaginara. Com o tempo ele se tornou motivo de inveja e passou a ser detestado por todos aqueles que tinham menos que ele. Certo dia um ministro do governo passou pela região. O poderoso homem era transportado em uma liteira, estava acompanhado por vários servos e era escoltado por soldados que tocavam gongos. Todos os habitantes do local, independentemente do quão ricos, tiveram de se abaixar diante da procissão. "Esse oficial do governo deve ser muito poderoso!" comentou o talhador de pedras em voz alta. "Gostaria de ser um ministro do governo", disse ele

Tão repentinamente quanto ocorrera antes, o homem se transformou em um ministro e passou a ser carregado para todos os lados em sua própria liteira, sendo temido e odiado por todos que o cercavam e se viam obrigados a reverenciá-lo. Mas o talhador simplesmente adorava sua nova posição de destaque.

Em um verão bem quente, o ministro (ex-talhador) estava se sentindo muito desconfortável em sua abafada liteira. Ao olhar para cima ele pode ver um raio de sol refletindo sobre a terra. Ele percebeu então que a grande estrela era bem mais poderosa que um simples ministro – de fato, aquela deveria ser a coisa mais poderosa do mundo, pois brilhava sobre todo o resto. Tudo crescia por causa do sol que, aliás, possuía poderes mortíferos. Então ele pensou: "Gostaria de ser o sol." E, mais uma vez, seu desejo se concretizou.

Alguns dias mais tarde, enquanto ostentava seu poder sobre todos os habitantes da terra, uma enorme tempestade se formou abaixo dele, bloqueando seus raios. Frustrado, o talhador percebeu que o sol não era de fato a coisa mais poderosa da terra, já que uma simples tempestade era capaz de diminuir sua grandeza.

Daí ele desejou se transformar em uma nuvem negra e logo passou a despejar sobre a região não apenas uma pesada chuva, mas também assustadores raios e violentos trovões que ressoavam por todo o território, demonstrando assim seu enorme poder. Ele inundou os campos e os pequenos vilarejos e foi amaldiçoado por todos que ali viviam. Então ele reparou que estava sendo afastando do local por uma força gigantesca – o vento. "Como ele é poderoso!" disse o talhador, maravilhado. "Gostaria de ser o vento."

E então ele se tornou o vento, e logo começou a destruir os telhados das casas e a arrancar árvores inteiras pelas raízes, sendo odiado por todos os moradores. Então um dia ele deparou com algo que simplesmente não se movia, independentemente do quão forte ele soprasse – era uma rocha enorme e maciça. Ele disse: "Como essa rocha é poderosa!" pensou ele. "Gostaria de ser uma rocha."

Daí ele se transformou em uma rocha, tornando-se ainda mais poderoso que qualquer outra coisa na face da terra. Então um dia ele escutou o som de um martelo que golpeava um cinzel e, naquele momento, sentiu que sua própria forma estava sendo alterada. Ele indagou: "Mas o que poderia ser mais poderoso do que eu, uma rocha?" Foi aí que ele olhou para baixo e viu a figura de um talhador de pedras.

O desafio daquele escultor era descobrir sua própria força, sua beleza, sua criatividade e seu amor. Ele jamais se sentiria totalmente satisfeito enquanto não fosse feliz com a pessoa que de fato ele era. Teria aquele talhador alcançado seu desejo se algum sábio o tivesse guiado? Talvez, quem sabe. É possível que um bom companheiro o tivesse resgatado daquela longa e complicada jornada, oferecendo-lhe o conselho certo no momento adequado, ou simplesmente escutando seus pensamentos depois de cada transformação. Ao fazer perguntas abertas e oferecer um estímulo suave, alguém bem preparado e treinado talvez pudesse tê-lo ajudado a reconhecer que todos os seus objetivos poderiam ter sido alcançados de maneira bem mais direta.

De certas maneiras, o papel de um agente de mudanças – como um consultor ou *coach* de grupo – é acompanhar indivíduos em suas jornadas de descoberta. Imagine o que teria acontecido se um sábio instrutor tivesse sido capaz de reunir um grupo que incluísse um talhador de pedras, um comerciante, uma autoridade do governo e vários outros personagens. Cada uma dessas criaturas teria discorrido sobre sua própria realidade e logo o talhador teria compreendido a unicidade de sua própria posição no mundo.

"O papel de um agente de mudanças – como um consultor ou *coach* de grupo – é, portanto, acompanhar indivíduos em suas jornadas individuais de descoberta."

Nos capítulos anteriores deste livro, utilizei-me de histórias de várias partes do mundo para ilustrar o fato de que uma palavra certa, um **gesto adequado**, uma **ação correta** ou até mesmo um momento de silêncio na hora exata podem exercer um efeito poderosíssimo. Neste capítulo, gostaria de examinar em mais detalhes as ferramentas e as técnicas que um *coach* poderá usar durante suas sessões de grupo.

As tarefas de manter a neutralidade emocional e psicológica, e de refrear os poderosos sentimentos que possivelmente surgirão durante as discussões de grupo, serão bastante complicadas. Em geral, é bem difícil para um *coach* de grupo manter sua mente limpa quando esta é transformada em uma "lata de lixo" e passa a abrigar poderosas projeções, identificações projetivas, introjeções, reações transferenciais e de espelhamento, todos eles intrínsecos ao dia de trabalho desse profissional.

Como já mencionado anteriormente, o *coaching* de liderança de grupo já se comprovou uma técnica de intervenção altamente eficaz. Milhares de executivos já passaram por inúmeras formas de *coaching* de grupo (ou de time). Pessoalmente já trabalhei com um grande número de times executivos de nível sênior e conselhos diretivos, portanto, já vi de tudo, desde complexas histórias relacionadas às famílias dos participantes até odiosos conflitos territoriais internos e ferrenhas demonstrações de resistência a mudanças. Uma coisa é certa

– o processo funciona. Na próxima sessão, elaborando um pouco mais sobre a ilustração apresentada no Capítulo 2, descreverei uma intervenção de *coaching* de liderança de grupo. Conforme a narrativa sobre a jornada dos integrantes se desenrola, explicarei os procedimentos, os métodos, os conceitos definidores e as técnicas que oferecem sustentação a cada fase do processo de intervenção. Alguns elementos são essenciais para criar um espaço transicional seguro em que o grupo (ou o time) possa experimentar novas ideias. Outros elementos são helicoidais, uma vez que seu fluxo e refluxo ocorrem sob o controle do *coach* do grupo; por exemplo, o uso de uma intervenção paradoxal, ou a busca por padrões competitivos velados que possam reduzir a motivação pela mudança. Ao descrever todos esses componentes, espero conseguir ilustrar a estrutura geral dessa técnica transformativa, capturando o delicado equilíbrio entre ações e inações que possam provocar um poderoso evento transformativo em todos os participantes.

"É bem difícil para um *coach* de grupo manter sua mente limpa quando esta é transformada em uma "lata de lixo" e passa a abrigar poderosas projeções, identificações projetivas, introjeções, reações transferenciais e de espelhamento."

O AUTORRETRATO: CRIANDO O ESPAÇO TRANSICIONAL

Em geral, sempre inicio um processo de intervenção de *coaching* de grupo (como no exemplo oferecido no Capítulo 2) pedindo a cada um dos participantes que desenhe um autorretrato. Este é um exercício enganosamente singelo. A instrução é para que cada membro desenhe sete imagens simples que representem o modo como ele (ela) vê seu trabalho, seu *hobby*, seu passado, seu futuro, o que está em sua mente, em seu coração e no próprio estômago (ver Figura 9.1a e b). Embora a maioria das pessoas se mostre cética ao receber a tarefa, todos rapidamente se envolvem no exercício. Posteriormente, quando o grupo volta a se reunir, peço a cada um dos integrantes que descreva seu próprio desenho. Esse é um jeito divertido, mas, ao mesmo tempo, bastante eficiente de trazer os integrantes para dentro de um espaço transicional – e de fazer com que eles compartilhem importantes informações sobre si mesmos.

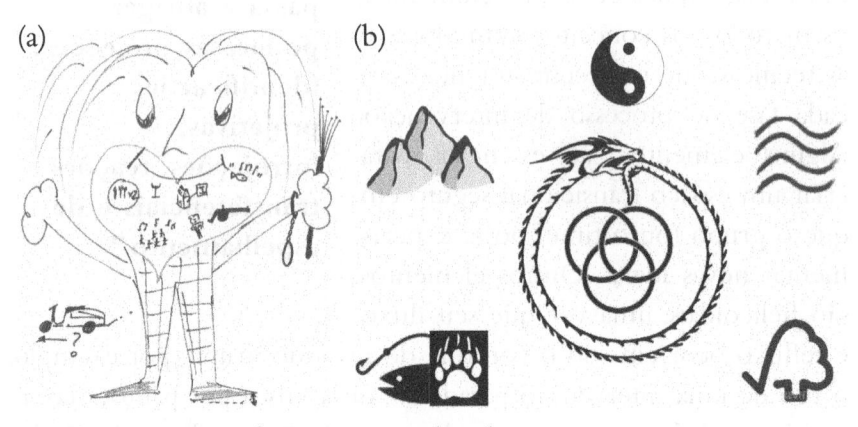

Figura 9.1a e b Dois exemplos de autorretrato

Se todos os membros do grupo (ou do time) conseguirem se sentir protegidos, ao descrever seus autorretratos, eles compartilharão dados pessoais muito relevantes. Mais uma vez, dependerá do *coach* de liderança construir limites seguros que permitam a ocorrência de confrontos construtivos e de esclarecimentos. Os integrantes do grupo (ou do time) precisam perceber que lhes será muito útil compartilhar suas reações sem se preocuparem demasiadamente em serem educados, racionais ou em se sentirem embaraçados. Nessa ocasião eles aprenderão a empregar mais o lado direito do cérebro – a porção imaginativa do órgão mais voltada para os sentimentos e as fantasias. De vez em quando, sérias reações afetivas (como as lágrimas) poderão surpreender o grupo (ou o time), porém, vale ressaltar que tais manifestações de profunda emoção poderão se mostrar extremamente úteis, pois elas colaboram para o prosseguimento da intervenção. Elas irão ajudar todos os integrantes a apreciarem mais claramente as forças e fraquezas uns dos outros.

NARRATIVAS SOBRE A VIDA PESSOAL: PERMITINDO A EXTERIORIZAÇÃO DE PROBLEMAS FOCAIS

Outra questão que precisa ser estabelecida desde o início do processo de intervenção é a identificação do(s) problema(s) focal(is) sobre o(s) qual(is) cada um dos membros gostaria de trabalhar. Para que sejam capazes de mudar alguma coisa, é fundamental que as pessoas saibam com clareza o que exatamente elas desejam que seja alterado. Por exemplo, um comportamento abrasivo, a evitação de conflitos, o narcisismo exacerbado ou quaisquer outras características problemáticas. É claro que se realmente quisermos nos aprofundar nisso, existem muitos outros tipos de manifestações, tais como baixa autoestima, rivalidades não resolvidas, entre muitas outras. Ajudados pelos demais participantes e também pelo próprio *coach*, os membros do grupo terão primeiramente de identificar seus principais problemas e, então, formular objetivos de aprimoramento que sejam explícitos e administráveis.

Em uma intervenção do tipo *coaching* de grupo, além do exercício do autorretrato, incluo também uma espécie de consolidação dos resultados obtidos por meio do formulário de *feedback* em 360 graus e também da análise dos *feedbacks* oferecidos por observadores de dentro do ambiente profissional e também externos (ver a descrição desses instrumentos no Apêndice deste livro). Descobri que tais avaliações comportamentais, organizacionais e de personalidade são ótimas ferramentas no sentido de colocar em andamento um processo de *coaching* de grupo. As informações proporcionadas por tais instrumentos servem perfeitamente como atividade introdutória e brindam os integrantes do time com uma melhor e mais profunda compreensão sobre si mesmos, sobre os demais participantes e também sobre o funcionamento da própria organização. Esses questionários também permitem que os executivos comparem suas autopercepções com as observações feitas por seus colegas, subordinados, chefes e demais pessoas que os conheçam bem. Com frequência, há uma grande lacuna entre aquilo que os executivos dizem (ou acreditam) que fazem e o que realmente ocorre. Tais discrepâncias nos oferecem importantes *insights* sobre o modo como seus próprios comportamentos impedem o bom funcionamento desses indivíduos dentro da organização. Essa nova compreensão ajuda essas pessoas a pensarem sobre como elas poderiam se relacionar umas com as outras de maneira mais efetiva e eficaz. Ao mesmo tempo, ela encoraja uma maior tolerância ao indicar que diferentes abordagens podem se revelar úteis em situações distintas. Além de disso, tal entendimento contribui para que tenhamos uma melhor percepção sobre a melhor maneira de gerenciar ou trabalhar para indivíduos portadores de certas características dominantes; ele nos esclarece que tipos de combinações de estilos funcionam melhor e quais devem ser evitados. A inclusão e a análise do material de desenvolvimento são extremamente úteis no sentido de criar maior consciência sobre as razões pelas quais os membros de um time agem de determinadas maneiras.

Mais uma vez, um catalisador de mudanças – como o *coach* de grupo – deveria se mostrar paciente e manter a mente aberta. Em vários casos, os participantes falarão sobre problemas sobre os quais já têm conhecimento. Todavia, embora eles estejam cientes do fato de atuarem como microgerentes, de evitarem conflitos ou de se mostrarem abrasivos em seu estilo de liderança, o problema é que, ao longo de vários anos, jamais fizeram absolutamente nada para alterar tais comportamentos. Neste caso, o desafio para o *coach* será o de ajudar a promover um ponto de virada (utilizando-se de várias técnicas) para que alguma coisa finalmente aconteça (algo que melhore o *status quo*, é claro). Já a tarefa do grupo, com o direcionamento do *coach*, será a de descobrir quais são, de fato, os verdadeiros problemas.

Acho importante ressaltar que, com o passar do tempo, percebi que promover uma intervenção de time de alto desempenho como base apenas nas informações ofertadas pelos questionários de *feedback* fornecidos pelas várias partes integrantes da atividade simplesmente não era suficiente. Tal iniciativa tornava o processo de intervenção bastante estéril. O estudo dos históricos individuais demonstrou que essas narrativas de caráter pessoal exercem um papel fundamental na estruturação dos processos de intervenção de grupo [1, 2, 3, 4, 5]. A menção das dúvidas e encruzilhadas vivenciadas por cada indivíduo, em especial em empresas multiculturais que operam de maneira global, poderá se revelar extremamente útil no sentido de permitir que todos realmente conheçam as pessoas por trás de cada mesa e de cada relatório. Qual foi o caminho que cada um desses indivíduos trilhou até chegar a essa empresa? Como cada um deles descreveria seu próprio estilo de liderança? Qual é a diferença em ter sido criado em Cingapura, na França, no Brasil ou em Abu Dhabi? Quais foram os melhores e piores momentos na vida dessas pessoas? Aquilo que elas dizem – as histórias que elas contam – sobre experiências e eventos significativos que as transformaram naquilo que são atualmente serão muito relevantes para todo o processo.

A narrativa que se inicia com o exercício do autorretrato geralmente abre caminho para novos *insights*. Quando as pessoas contam suas histórias pessoais (e ouvem os enredos dos demais participantes), elas com frequência conseguem identificar temas específicos que se estabeleceram no passado e continuam a se manter no presente. Seu desafio (que também se estende ao *coach* e aos demais integrantes) é o de identificar esses tópicos. Isso significa – durante a intervenção de *coaching* de grupo – não apenas alcançar um melhor entendimento de sua própria história de vida, mas também estar preparado para compreender as tramas alheias. Tal compreensão ajudará esses indivíduos a funcionarem como *coaches* eficientes para seus próprios colegas.

Também reparei que, com grande frequência, as histórias que as pessoas contam sobre suas vidas particulares em geral se concentram em dilemas aparentemente insolúveis baseados em percepções equivocadas do seu próprio mundo e/ou do mundo dos indivíduos que os rodeiam. Tais dilemas são, com frequência, associados aos desafios organizacionais. Todavia, problemas que podem parecer insolúveis

"Compartilhar vivências é um modo de enfrentar crises internas e desafios de desenvolvimento, tanto em casa como no ambiente profissional."

quando encarados individualmente, talvez se tornem perfeitamente solucionáveis com o apoio de um grupo ou de um time.

Contar histórias pessoais é, portanto, um modo de explorar o próprio ser. Isso poderá levá-lo a outras questões existenciais ainda mais profundas, do tipo: Quem sou eu? Aonde estou indo? Como chegarei lá? Compartilhar vivências é um modo de enfrentar crises internas e desafios de desenvolvimento, tanto em casa como no ambiente profissional. Além disso, o ato de fazê-lo poderá ainda ajudá-lo a alcançar uma significativa integração em sua própria vida.

METÁFORAS UTILIZANDO ANIMAIS

As metáforas são outro mecanismo narrativo que pode ser visto como um acomodamento entre as escolhas de expressar-se de maneira direta ou dissimular ideias e/ou sentimentos. Como parte do processo de *coaching* de grupo, o catalisador de mudanças – o *coach* – poderá criar e se utilizar de metáforas. Neste sentido, comunicações mais difíceis ou de caráter emocional poderão ser expressas mais facilmente por meio delas. Isso permitirá que significados ocultos sejam expostos e possibilitará uma investigação mais gradual do que for apresentado. As metáforas são capazes de inspirar novas perspectivas e alternativas para um mesmo problema. O uso de metáforas também exerce um efeito divertido e revigorante. Mas não são somente os *coaches* que deverão se utilizar dessa ferramenta para tornar mensagens difíceis mais palatáveis; os demais participantes do grupo também poderão fazer o mesmo. Se todos os integrantes conseguirem trabalhar com esse mecanismo, eles serão capazes de produzir novos e estimulantes pontos de vista. O processo de livre associação é, com frequência, bastante libertador para os membros de um time, para o *coach* e também para o indivíduo que ocupa a "cadeira da verdade".

Sendo assim, depois de lidar com informações de caráter mais factual, obtidos por intermédio dos vários instrumentos de *feedback* já mencionados, costumo utilizar metáforas para estimular os membros do grupo a dar início ao processo de *feedbacks* corajosos. Peço então ao grupo que responda a seguinte pergunta: "Que animal esse indivíduo o faz lembrar?", e em seguida proponho outra questão: "Por que você acha que esse indivíduo o faz lembrar esse animal específico?". Entre as respostas mais típicas para a primeira indagação, estão: o avestruz, o castor, o leopardo, o labrador entre outros. Considero o uso de narrativas com metáforas envolvendo animais – assim como as mensagens que elas transmitem – um método excelente não apenas para dar andamento a um processo de *coaching*, mas também para solidificar a mensagem que o grupo esteja tentando comunicar para um indivíduo específico.

Contudo, utilizar animais não é um processo neutro em termos de significação, uma vez que todos eles possuem inúmeras características antropomórficas – o uso de metáforas ao descrever indivíduos é uma ótima maneira de conferira atributos de liderança aos seres humanos. Por exemplo, os macacos são percebidos como animais espertos, ativos e, às vezes, malcomportados. Os tigres são considerados ferozes e perigosos. As tartarugas se retraem e se escondem dentro de seus cascos, portanto são vistas como animais tímidos e reservados. Dizer que alguém se parece com um burro poderia significar que o indivíduo é teimoso, e não suscetível à influência dos outros. Uma girafa poderia descrever a pessoa que vive com a cabeça nas nuvens. Os camaleões são conhecidos por mudanças comportamentais rápidas. Por último, um indivíduo chamado de touro poderia ser considerado como forte e entusiástico. Organizações inteiras podem ser mapeadas por meio dos animais. Certa vez, a revista *Rolling Stone* descreveu um famoso banco de investimentos norte-americano como uma "grande lula-vampira[2] que, agarrada à face da humanidade, suga impiedosamente todo o sangue que consegue encontrar"[3]– esta foi sem dúvida uma poderosa afirmação de caráter metafórico.

---

[2] Referência à espécie lula-vampira-do-inferno (*Vampyroteuthis infernalis*), que vive nas águas profundas dos oceanos Atlântico e Pacífico. (N.T.)

[3] Referência ao artigo publicado pela revista *Rolling Stone* sobre o banco de investimentos Goldman Sachs. Esta peça jornalística se transformou em uma das mais debatidas na mídia norte-americana sobre a crise financeira de 2008. (N.T.)

Caberá ao *coach* do grupo decifrar de maneira construtiva a linguagem metafórica utilizada pelo grupo e criar a oportunidade para que reflexões sobre os significados dessas comparações se estendam. Por exemplo, o *coach* poderia perguntar: "Como seria ter esse indivíduo como chefe?" ou "Se você fosse o chefe desse profissional, como você lidaria com ele?" ou ainda "Como um amigo, que tipo de conselho você daria a essa pessoa para que ela se tornasse ainda mais eficiente?"

INTERVENÇÃO PARADOXAL

Em seu livro seminal *Pragmática da Comunicação Humana* (Cultrix, 2011), Paul Watzlawick e seus coautores tentaram formalizar a teoria do duplo vínculo, de Bateson (descrita no Capítulo 4) [6, 7]. De acordo com Watzlawick, cada comunicação possui, além do próprio conteúdo, um aspecto relacional: o último classifica o primeiro, o que pode ser considerado como metacomunicação. Esses autores propõem a ideia de que todas as formas de comunicação incluem mais informações que o mero significado das palavras isoladas nelas utilizadas — dados sobre o modo como o comunicador deseja ser percebido e compreendido.

Ao enfatizar o papel da metacomunicação, Watzlawick expandiu a teoria do duplo vínculo transformando-a em uma teoria geral de paradoxos pragmáticos. Tal abordagem tornou-se mais operacional na área de terapia familiar estratégica e em técnicas de intervenções paradoxais. Assim como no caso de Bateson, os defensores desse ponto de vista observam situações patológicas como um produto de padrões de comunicação distorcidos. Para lidar com eles, esses indivíduos se utilizam de meios paradoxais de intervenção, tentando assim, interromper padrões familiares não produtivos, altamente isolados e bem-estabelecidos. Esse tipo de intervenção também pode ser eficiente em situações de *coaching* de grupo.

Paradoxo é um termo usado para descrever uma diretriz que qualifica outra de maneira conflitante, seja simultaneamente ou em momentos distintos. Como célebre exemplo, temos a afirmação

Exemplos de intervenção paradoxal

Exemplo número 1 – Dois de seus subordinados estão sempre discutindo. Nada que você diga para interromper o conflito parece funcionar. Então, em vez de usar a mesma receita, você os chama até a sua sala e diz a ambos que os dois serão colocados ali todos os dias por 20 minutos, somente para brigar. Todavia, algumas regras deverão ser seguidas: ambos poderão gritar um com o outro, mas não serão permitidas agressões físicas nem atirar objetos no colega.

Exemplo número 2 – Durante reuniões do time, um colega sempre monopoliza as discussões. O líder do grupo já não sabe mais como agir para fazê-lo perceber que os demais funcionários também gostariam de ter a oportunidade de participar. Então, quando o próximo encontro tem início, o responsável pelo grupo diz: "Então John, já que você sempre tem ótimas ideias, será que poderia iniciar a reunião dessa vez? Gostaríamos que você nos dissesse tudo o que tem em mente. Por favor, leve o tempo que for necessário. Temos todo o tempo do mundo para ouvi-lo. Diga tudo o que considerar importante."

Exemplo número 3 – Um valoroso membro do time diz relutantemente ao chefe que, após receber uma excelente proposta de um concorrente, decidiu deixar a empresa. Então o chefe diz ao empregado que ele está sendo esperto em agir assim, e que teria feito o mesmo se estivesse em seu lugar. Era óbvio que o concorrente estava oferecendo melhores oportunidades de carreira, aliás, a partir do que lhe estava sendo dito, o novo emprego parecia bem melhor que o atual. Então o chefe continua discutindo a questão – talvez ele pudesse ajudar seu funcionário a fazer um excelente negócio ao entrar na outra empresa – e explorando os dados relativos ao concorrente. Pouco a pouco ele avalia todos os pontos fortes e fracos da nova empresa e, finalmente, faz com que seu empregado perceba que seria bem mais vantajoso para ele permanecer onde está.

Reflita sobre essas teorias e descubra o que de fato está acontecendo aqui. Se for possível, discuta-as com um colega.

> "A intervenção paradoxal envolve a prescrição do mesmo comportamento que o cliente deseja erradicar."

imortal do famoso poeta e filósofo grego Epimenides, que disse: "Todos os cretenses são mentirosos." Afinal, considerando que o próprio Epimenides era cretense, ao dizer essa frase ele estaria mentindo ou dizendo a verdade? Se a afirmação for falsa, ela é verdadeira. Porém, se for verdadeira, ela será ao mesmo tempo falsa, de modo que poderíamos discutir esse assunto eternamente sem chegarmos a uma conclusão definitiva. Sendo assim, um paradoxo não é apenas uma contradição; ele também nos oferece diferentes níveis de mensagens que, de algum modo, desqualificam umas as outras.

A intervenção paradoxal envolve a prescrição do mesmo sintoma (comportamento involuntário) que o cliente deseja erradicar. Trata-se de um conceito complexo geralmente comparado à psicologia reversa. Por exemplo: um cliente teme o fracasso, então o *coach* pede a ele que fracasse em alguma coisa; um determinado indivíduo tem problemas com a procrastinação, então o *coach* sugere a ele que programe uma hora por dia para procrastinar. E assim por diante. O princípio por trás de tudo isso é o de que sempre adotamos comportamentos específicos por alguma razão – tipicamente, a de atender a uma necessidade pessoal (de protestar, de obter atenção, de ser ajudado etc). Se um comportamento é involuntário, a obrigação de adotá-lo significa que ele passará a ser controlado e, portanto, passará a ser voluntário. Ao prescrever sintomas específicos, o *coach* ajuda seus clientes não somente a compreenderem essas "necessidades", mas também a determinar o grau de controle que eles detêm sobre esses modos de agir (se é que exercem algum controle). Ao optar por tornar alguns sintomas manifestos, talvez os participantes consigam reconhecer que possuem a capacidade de recriá-los e, portanto, de interrompê-los ou simplesmente alterá-los.

O objetivo primário das intervenções paradoxais é assumir algum tipo de controle sobre as relações, portanto, essa técnica é particularmente útil no sentido de promover mudanças em relacionamentos mais rígidos. A organização vigente – que exerce o controle sobre a maneira como as relações presentes são definidas – opera justamente contra as mudanças. Em contrapartida, a intervenção paradoxal remove o lócus ou centro de controle sobre o indivíduo. A meta principal é colocar sob controle voluntário aquilo que, até então, estivera sob algum tipo de controle involuntário – e, sendo assim, fora de controle [8, 9].

Ao lidar com resistências, todos as intervenções ocorridas na forma de *coaching* (seja ele grupal ou individual) poderão incorporar estratégias paradoxais. Esse tipo de intervenção também poderá ser usado como parte integrante de um processo interventivo mais abrangente e complexo. Em relações de confiança, é possível lidar com comportamentos sintomáticos por meio de um intercâmbio paradoxal e divertido. Porém, pelo menos de acordo com minha própria experiência, a intervenção paradoxal é geralmente utilizada como um último recurso depois que outras formas mais tradicionais já fracassaram. O sucesso da hipótese de duplo vínculo e, de modo mais específico, a seleção de um determinado tipo de intervenção paradoxal, dependerá do quão o indivíduo se mostrar resistente ou preparado para mudar.

Lembro-me de um CEO que era também o proprietário de um empreendimento familiar. Quando perguntei a ele o que gostaria de ver no futuro da empresa, ele me respondeu que gostaria que seus três filhos trabalhassem em total harmonia na organização. Entretanto, seus filhos se mostravam cada vez mais frustrados por conta da recusa do pai em pensar em um plano sucessório e em outorgar mais responsabilidades a cada um deles. Na verdade, o CEO havia sabotado todos os esforços dos herdeiros diretos no sentido de mudar aquela situação. Então, quando indaguei sobre o motivo pelo qual aquele cliente se recusava a dar aos filhos mais responsabilidades, ele respondeu que não achava que os três já estivessem suficientemente preparados. "Eles ainda precisam aprender muito. Fazê-lo agora seria muito arriscado para a empresa."

Eu concordei com ele e disse: "Talvez você esteja certo. Talvez seus filhos sejam de fato incompetentes. Aliás, fico imaginando a razão pela qual você já dá a eles tanta responsabilidade. Esta seria a última coisa que eu faria em seu lugar. Afinal, eles já estão aqui há tanto tempo; com certeza já deveriam saber mais sobre o negócio. Mas, pelo que esta me confidenciando, acho que a empresa estaria bem melhor sem eles. Talvez você devesse pensar nisso. Quem sabe não seria melhor deixar que cada um deles fizesse aquilo em que é realmente bom? Talvez a competência dos rapazes esteja fora dessa companhia. É possível que eles nem queiram permanecer nesta empresa." Esses comentários irritaram o CEO, que imediatamente os refutou, dizendo que seus filhos adoravam o empreendimento. Ele afirmou que eu estava errado e que se sentia profundamente desapontado comigo, ao ponto de estar considerando a possibilidade de cancelar meu contrato com sua empresa.

Entretanto, meus comentários logo fizeram com que o CEO começasse a pensar sobre a situação. Duas semanas depois dessa conversa ele me chamou para que continuássemos discutindo a questão. Na ocasião aproveitei para dizer a ele que sua demora em estabelecer um plano de sucessão havia envolvido toda a empresa em uma nuvem negra. Nenhum de nós é imortal. Não seria fantástico para aquele homem ter a oportunidade de ver os próprios filhos realizando um ótimo trabalho na companhia? Não seria perfeito receber toda a gratidão de seus herdeiros em vez de permitir que aquela dúvida pairasse sobre todos como um constante fator de irritação? Um mês depois, durante um *workshop*, ele tomou a decisão de se afastar da presidência da empresa e apontar sua filha mais velha como nova CEO, permanecendo como *chairman* não executivo.

ENTREVISTA MOTIVACIONAL

A entrevista motivacional é outra técnica bastante eficiente no repertório dos agentes de mudança, como os *coaches* de liderança. A entrevista motivacional é uma abordagem consultiva e semidiretiva, centrada especificamente no cliente, e cujo intuito é produzir mudanças comportamentais [10]. Em outras palavras, a entrevista motivacional visa ajudar

O ZEN DO *COACHING* DE GRUPO 265

os clientes a explorar e resolver ambivalências em relação a mudanças comportamentais. Ela combina elementos de estilo (calor humano e empatia) com técnica (por exemplo, ouvindo de maneira reflexiva e concentrada e apontando discrepância nas atitudes apresentadas).

Como você lida com o seu pessoal?

Examine as perguntas a seguir e responda SIM ou NÃO

		SIM	NÃO
1.	Quando escuta outras pessoas, costuma respeitar o que elas estão dizendo?	☐	☐
2.	Você costuma fazer perguntas abertas?	☐	☐
3.	Você costuma demonstrar empatia quando discute questões difíceis?	☐	☐
4.	Você costuma discutir sentimentos de ambivalência sobre questões específicas?	☐	☐
5.	Você se esforça para permitir que todos lutem por mudanças, não somente você?	☐	☐
6.	Quando seu pessoal se torna defensivo sobre uma determinada questão, você muda de posição e tenta adotar um novo rumo?	☐	☐
7.	Você costuma dizer ao seu time o quanto eles são capazes, seja qual for a atividade que estiver sendo executada?	☐	☐

Se você respondeu SIM para a maioria das questões, você já pratica a entrevista motivacional (seja de maneira consciente, ou não).

Na entrevista motivacional, a concepção operacional é de que a ambivalência, ou a falta de decisão, é um dos principais obstáculos a serem superados para que se consiga colocar em andamento um processo de mudança. A estratégia principal da entrevista motivacional é ajudar os clientes a examinarem sua própria ambivalência em relação às mudanças. O objetivo dessa avaliação é aumentar nas empresas: (1º) o desejo para que as mudanças ocorram; (2º) o grau reconhecimento da importância dessas transformações; e (3º) a crença na habilidade de todos os participantes para implementá-las. As premissas por trás da entrevista motivacional são:

- A motivação para mudar precisa ser extraída do cliente, portanto, não pode ser imposta por ninguém de fora.
- É tarefa do cliente, não do *coach*, articular e solucionar as ambivalências existentes na empresa.
- A persuasão direta não é um método eficiente para solucionar ambivalências.
- O estilo de *coaching* é geralmente tranquilo e voltado para a extração de informações.
- O *coach* tende a direcionar os clientes para que eles consigam examinar e resolver suas próprias ambivalências.
- O *coach* explora discrepâncias entre o comportamento atual, os valores e os objetivos de longo prazo do cliente.
- O *coach* não desafia as resistências apresentadas; ele não vê a relutância do cliente em relação às mudanças como algo disfuncional, mas natural.
- O objetivo do *coach* é apoiar a autoeficiência e ajudar o cliente a seguir rumo às mudanças de maneira confiante e bem-sucedida.
- A relação entre o *coach* e o cliente é mais de parceria e/ou coleguismo; não se trata, portanto, de uma ligação entre especialista e receptor.

A entrevista motivacional tenta não funcionar de maneira crítica, ardilosa ou antagônica. Como técnica de intervenção, ela deve ser utilizada para aprimorar a consciência do cliente em relação às causas dos problemas, às suas consequências e aos potenciais riscos intrínsecos a comportamentos inalterados. Durante a conexão entre *coach* e cliente, a ambivalência em relação ao curso de ação que deverá ser adotado precisará ser discutida de maneira sutil, com ambas as partes explorando os custos e os benefícios por eles percebidos que estejam associados aos diferentes cenários previstos.

Pode ser útil explorar os elementos pessoais geralmente únicos, confusos e contraditórios de um conflito focal. Como costumam enfatizar os profissionais mais especializados na técnica de entrevista motivacional, em geral, uma abordagem confrontadora irá apenas colaborar para exacerbar a resistência do cliente e, assim, reduzir a probabilidade de mudanças. Os agentes de mudança – os *coaches* – precisam ser capazes de extrair as ideias do cliente, e não tentar impor suas próprias; eles precisam saber lidar com as resistências. O mais importante, porém, é que o cliente precisa estar pronto para mudar – cabe a ele apresentar os argumentos para a mudança. De maneira não surpreendente, a técnica de entrevista motivacional pode se revelar frustrante para os profissionais de *coaching* mais acostumados a se engajarem em vigorosos confrontos e a oferecer aconselhamento direto.

No processo de entrevista motivacional, o *coach* precisa estar bastante atento e se mostrar extremamente responsivo aos sinais de motivação apresentados pelo cliente. Demonstrações de resistência ou de negação não devem ser interpretadas como problemas de personalidade do cliente, mas como *feedback* de uma abordagem exageradamente impositiva por parte do *coach*. Espera-se que o profissional sempre respeite a opção do cliente de fazer suas próprias escolhas comportamentais. Uma atmosfera colaborativa é essencial para que se consiga construir uma forte aliança entre o *coach* e o cliente. Isso permitirá que o último desenvolva confiança no primeiro. Às vezes é difícil alcançar tal objetivo em um ambiente caracterizado por uma atmosfera de confrontação. Independentemente do quanto os *coaches* desejem que seus clientes alterem seu comportamento, a transformação somente ocorrera se o próprio cliente assim o quiser. O uso de perguntas abertas, da escuta refletiva, da afirmação e da sumarização são partes fundamentais e características do *modus operandi* entre cliente e *coach*.

Em um cenário de grupo, a entrevista motivacional em que os integrantes de um time discutem as vantagens e as desvantagens intrínsecas em diferentes escolhas e ações irá ajudá-los a se decidir sobre o melhor caminho a percorrer. Nessa atmosfera colaborativa e marcada pela confiança, todos os participantes serão capazes de desenvolver estratégias baseadas não apenas em suas próprias necessidades e forças, mas também em seus próprios desejos, objetivos e valores.

COMPROMISSOS QUE COMPETEM ENTRE SI

Outra maneira de ajudar as pessoas a mudarem é por meio daquilo que se tornou conhecido como exercício das quatro colunas. Trata-se de um modo de ajudar as pessoas a reconhecerem a tensão existente entre aquilo o que gostariam de fazer e os compromissos que competem entre si e que os impedem de fazê-lo. Esses indivíduos buscam ajuda porque se sentem imobilizados. A despeito de suas boas intenções, eles simplesmente não conseguem chegar a lugar algum. Considerando esse tipo de paralisia, a questão agora é: **será que existem outras forças que impedem essas pessoas de prosseguirem rumo ao seu objetivo?**

O termo **"ganho secundário"** foi cunhado por Sigmund Freud (1926) para descrever o processo por meio do qual vantagens externas e incidentais derivadas de uma doença – o descanso, os presentes recebidos, a atenção oferecida e a suspensão das responsabilidades individuais – impedem que esforços de mudança bem projetados e bem intencionados alcancem sucesso. Freud sugere que esses ganhos secundários deveriam ser vistos como um processo inconsciente e, portanto, extrínseco ao conhecimento do indivíduo. Ainda segundo ele, tal ocorrência bloqueia o alcance de metas. Desse modo, até que reconheçam a existência desses ganhos secundários – e a despeito de insistirem no fato de que desejam mudar –, essas pessoas com frequência se sentirão frustradas e fracassarão em suas tentativas de seguir adiante rumo aos seus objetivos.

Para ajudar indivíduos e grupos a enfrentarem os desafios associados aos ganhos secundários, os psicólogos na área de desenvolvimento, Robert Kegan e Lisa Laskow Lahey [11, 12] reordenaram o pensamento estabelecido por Freud e desenvolveram a teoria de **"compromissos que competem entre si"**, que permite que as pessoas lidem com tais desafios. Esses profissionais argumentam que as dificuldades experimentadas no trabalho, e na vida, geralmente resultam de compromissos subjacentes que operam de maneira contrária às mudanças pelas quais as pessoas tentam passar. De acordo com Kegan e Laskow Lahey, para cada situação de mudança, sempre haverá resistências – forças que nos impedem de mudar, tanto em termos individuais como organizacionais. Tais forças podem ser observadas como "compromissos que competem entre si."

Kegan e Laskow Lahey argumentam que ajudar alguém a realizar algum progresso inicial rumo a um novo objetivo ou desafio pode, com frequência, ser visto como a parte mais fácil do processo. Contudo, auxiliar esse indivíduo a incorporar novos comportamentos e novas práticas em sua maneira normal de agir costuma ser bem mais complicado. É aí que "compromissos que competem entre si" ocultos, geralmente pouco articulados e inconscientes, surgem de repente. Muitos deles se baseiam em crenças arraigadas, estabelecidas há muito tempo, que se tornaram parte integrante do indivíduo e, portanto, são difíceis de mudar.

Ao contrário de Freud, Kegan e Laskow Lahey nos oferecem uma abordagem mais cognitiva e orientada ao comportamento para superar aquilo que denominam **"imunidade pessoal à mudança."** Quando as pessoas se engajam em comportamentos que reduzem suas habilidades para atingir os resultados que realmente desejam alcançar, a causa disso poderiam ser crenças profundamente arraigadas que atuam de maneira oposta aos desejos conscientes. Em outras palavras, quando as pessoas não conseguem visualizar suas boas intenções se transformarem em realidade, é bem possível que outras forças estejam atuando, de modo velado. Neste caso, independentemente do quanto se esforcem, o progresso desses indivíduos continuará a ser postergado.

Os compromissos que competem entre si não deveriam ser observados como fraquezas, mas como uma forma de autoproteção oriunda de crenças profundamente enraizadas que as pessoas mantêm sobre si mesmas e o mundo ao seu redor. Em geral, tais convicções têm como base algumas importantes concepções do indivíduo a respeito do universo. E, uma vez que tais concepções fazem parte de nossa própria constituição, raramente nos damos conta de sua existência – simplesmente as tomamos como parte de nossa realidade. Sendo assim, somente quando as expomos de maneira clara, conseguimos desafiá-las e agir no sentido de sobrepujar essa "imunidade à mudança." Quando essas crenças são reveladas, a transformação se torna possível. Para enfrentar essas várias forças, Kegan e Laskow Lahey desenvolveram o exercício das quatro colunas. O objetivo é ajudar as pessoas a lidarem com os "compromissos que competem entre si."

Para que tal exercício funcione, a pessoa que participa da atividade terá de fazer a si mesma várias perguntas. A primeira visa identificar um compromisso que seja importante para o indivíduo, mas esteja insuficientemente realizado. Por exemplo: "Que mudança gostaria de ver em seu trabalho para que você se tornasse mais eficiente ou para que seus resultados se mostrassem mais satisfatórios?" É importante que a pessoa mencione algo com o que esteja bastante comprometida. Em geral, respostas desse tipo serão expressas na forma de reclamação. O resultado desse compromisso deve então ser escrito na primeira coluna. A segunda pergunta é: "O que você está 'fazendo ou deixando de fazer' e, dessa maneira, impedindo que seu compromisso se realize por completo?" Que compromissos você fez consigo mesmo que o estejam obrigando a operar desse modo?". Então o indivíduo lista tudo aquilo que estiver fazendo/deixando de fazer e, desse modo, funcionando contra seus próprios compromissos. Os medos que surgirem nesse momento irão colocá-lo na direção de um "compromisso que compete com outro." É preciso então reconhecer os comportamentos contraprodutivos e inseri-los na segunda coluna. O próximo passo (coluna três) é refletir sobre o que a ação ou inação está sugerindo, já que isso demonstra que a pessoa pode estar mais comprometida com algo bem diferente do que imagina (o compromisso que compete com outro). Nessa terceira coluna o indivíduo deverá escrever quais poderiam ser esses compromissos que competem entre si – esses medos. Por último, na coluna quatro, a pessoa escreverá as suposições importantes (os medos) que estão por trás dos compromissos que competem entre si. A partir daí o indivíduo poderá observar as várias maneiras pelas quais suas próprias suposições o estão impedindo de obter os resultados desejados. As pessoas poderão viver toda a sua vida sob falsas suposições cujas origens estão na infância. Pode levar bastante tempo para se identificar compromissos que competem entre si e suposições subjacentes, porém, depois de completar o processo aqui descrito, terá início o verdadeiro trabalho – alterar tais suposições arraigadas. Isso demandará persistência e, com frequência, o auxílio de um *coach* ou outro agente catalisador.

Na tabela 9.1 tem-se um exemplo do exercício das quatro colunas. Ele se refere a uma pessoa que experimenta dificuldades em fazer parte de um time. O exercício lista todos os passos do processo.

O exercício das quatro colunas criado por Kegan e Laskow Lahey é um método bastante útil para trazer à tona alguns dos compromissos ocultos que competem entre si e que bloqueiam mudanças. Passar por esse processo com cada membro de um time poderá se revelar um grande passo no sentido de promover transformações significativas e duradouras. Mudar o comportamento significa ser honesto consigo mesmo ou estar disposto a manter diálogos honestos com as pessoas que nos rodeiam. Por meio desse processo de revelação de compromissos que competem entre si, conseguimos dar nome a sentimentos bastante pessoais que, com frequência, relutamos em manifestar, como inseguranças profundas ou visões altamente simplistas da natureza humana. Essencialmente, a revelação de compromissos que competem entre si faz todo o sentido.

O MÉTODO ZEN

Também considero que a abordagem Zen, gentil e não confrontadora, pode se mostrar bastante útil em um esforço de mudança realizado na forma de *coaching* de grupo. O método Zen não se baseia em dizer às pessoas os que elas devem fazer; é importante que as pessoas assumam

Objetivo de aprimoramento/ compromisso	Fazer/não fazer	Compromissos que competem entre si ocultos (Qual a razão para essa imunidade à mudança?)	Acredito que se eu... então...(algo terrível) irá acontecer: (um cenário terrível!)
Tornar-me melhor como membro de um time.	• Temo que se me tornar um membro do time perderei muito tempo e dinheiro – já me sinto bastante estressado no momento. • Além disso, é possível que me envolva em conflitos com outros participantes – desentendimentos estes nos quais talvez eu saia perdendo. • Outra questão é que sempre me sinto inseguro em falar para um grupo. Temo parecer um idiota na frente dos outros. • Todavia, ao não me tornar um membro do grupo acabo irritando as outras pessoas. Todos me veem como uma prima-dona.	Medo de perder tempo. Medo de perder oportunidades. Medo de me envolver em conflitos e perder. Medo de parecer estúpido. Medo de ser humilhado. Medo de me sentir inferiorizado. Medo de me sentir indefeso.	Se eu aceitar me tornar um membro do time, jamais desenvolverei todo o meu potencial como indivíduo. Talvez eu perca meu senso de identidade pessoal. É possível até que eu perca meu respeito próprio.

Tabela 9.1 Exercício das quatro colunas

responsabilidade por suas próprias jornadas e descobertas. Permita-me, então, ilustrar o **método Zen** por meio de uma **interessante história.**

Todos conheciam e glorificavam Hakuin, um mestre Zen, pela vida pura que ele levava. Próximo de sua casa, vivia uma bela jovem japonesa cujos pais eram donos de uma loja. Certo dia, os pais da moça ficaram absolutamente furiosos ao descobrirem que a garota esperava um filho. No início, a jovem se recusara a dizer o nome do pai, mas, depois de muita insistência, ela finalmente revelou que o pai era Hakuin. Indignados, os pais foram até a casa do mestre e o confrontaram. Na ocasião, a única reação do homem foi dizer: "Não me diga."

Depois que a criança nasceu, os avós trouxeram o bebê para a casa do mestre para que ele o criasse. Nessa época, a boa reputação de Hakuin já estava destruída, porém, isso não o afetou. Ele cuidou da criança muito bem. Dos vizinhos ele recebia o leite e tudo mais que o bebê necessitava.

Um dia, sem mais suportar a situação, a mãe da criança finalmente contou aos pais que o verdadeiro pai do infante era um jovem que trabalhava no mercado de peixes. Os avós foram imediatamente até a casa de Hakuin para se desculpar, pedir seu perdão e pegar a criança de volta. Quando o mestre lhes entregou o menino, as únicas palavras pronunciadas foram: "Não me diga."

Que lições um *coach* poderia aprender com essa história? Em primeiro lugar, o verdadeiro caráter de uma pessoa está na maneira como ela responde aos desafios que aparecem a sua frente. Hakuin encarou a situação adversa com a qual deparou com tranquilidade e paz de espírito. Ele não permitiu que um evento inesperado prejudicasse sua felicidade e sua calma. Ele manteve sua cabeça fria diante das circunstâncias negativas que enfrentava e se mostrou indiferente às opiniões alheias.

Em segundo lugar, esta narrativa ilustra muito bem o fato de que não devemos nos apressar em julgar o caráter de outra pessoa. Além disso, devemos sempre ser cuidadosos ao oferecer conselhos a alguém.

MANTENDO-SE NO CURSO CERTO, RUMO A UM RESULTADO POSITIVO

Catalisadores de mudança – como os *coaches* de grupo – também são responsáveis por assegurar que os times se mantenham no caminho correto. Esclarecimentos contínuos sobre questões relativas tanto ao grupo quanto à cada indivíduo que dele participa serão vitais. O *coach* de grupo deverá atender às necessidades do grupo-como-um-todo e também de seus integrantes para evitar que atitudes negativistas, pessimistas, paranoicas ou depressivas inibam de algum modo o processo de intervenção.

Para algumas pessoas, confrontar certas questões pode se revelar traumático. O membro que estiver nessa situação poderá se sentir exposto, se tornar defensivo ou até mesmo bater em retirada. É crucial que o integrante do grupo que estiver ocupando a "cadeira da verdade" receba, em todos os momentos, todo o apoio necessário. Quando tal auxílio não for oferecido pelos demais membros do grupo, o *coach* terá de intervir. Confrontações mais sérias entre o *coach* e os participantes deverão ser evitadas. Vale ressaltar que o *coach*, mais que qualquer outra pessoa envolvida no processo, é o indivíduo que detém mais poder de fazer com que os membros do time se sintam expostos, atacados e/ou envergonhados.

Todavia, de vez em quando confrontações leves e gentis podem se mostrar necessárias não apenas para impedir que alguém se transforme em um bode expiatório, mas também para contra-atacar resistências refratárias, em especial aquelas que envolvem todo o grupo. Elementos de apoio e de confrontação precisam ser incluídos no processo de intervenção para torná-lo mais eficiente. Toda e qualquer interpretação deve ser feita dentro do contexto de apoio, de modo que sirvam como um tipo de experiência emocional corretiva.

Para encorajar um senso de confiança e apoio mútuo (além dos tipos de intervenção já mencionados), utilizo-me de várias técnicas, que incluem: reenquadramento positivo, encorajamento e a antecipação de (ou o ensaio para) situações complexas. O reenquadramento é uma técnica cognitiva usada para ajudar as pessoas a neutralizarem situações dolorosas ou simplesmente a afastar-se delas. Uma parte essencial do reenquadramento é avaliar as capacidades de um indivíduo – observando não apenas o que saiu errado, mas também tudo o que já deu certo em sua vida. [13, 14] Os participantes poderão então se basear em suas capacidades psicológicas para lidar com áreas de conflito.

O encorajamento, que está intimamente relacionado ao reenquadramento, engloba o uso de comentários que visem restaurar a confiança, tecer elogios (que, para serem realmente úteis, devem reafirmar algo que o receptor de fato considere digno de ser elogiado) e que demonstrem empatia. Tais observações contribuem para um senso de autoeficiência. A antecipação permite que as pessoas enfrentem situações novas de maneira hipotética e considerem diferentes maneiras de responder a elas. Permitir que alguém conheça melhor uma situação reduz a ansiedade antecipada. O ensaio possibilita que as pessoas pratiquem métodos mais adequados de se engajarem em eventos futuros, expandindo seu repertório adaptativo. O objetivo de todas essas intervenções é ajudar indivíduos a adquirir um senso de autoeficiência e a crença de que todos são capazes de agir [15].

PLANEJANDO A AÇÃO

Embora o princípio filosófico por trás de um esforço de mudança – como o *coaching* de grupo – seja oferecer um espaço e um tempo para exploração, sem buscar o fechamento precipitadamente, também é igualmente importante consolidar alguns pontos de ação para cada indivíduo quando a intervenção chegar ao fim. Geralmente peço a cada integrante que identifique duas ou três (ou mais) ações relacionadas à mudança no nível individual ou organizacional. Então, o grupo (ou time) ajuda cada um dos integrantes a ajustar o momento adequado e também os recursos e o nível de apoio que serão necessários para que a mudança desejada seja implementada. Dentro do ambiente de acolhimento em que ocorre uma intervenção de grupo, tanto o time quanto seus integrantes poderão apontar melhores maneiras de se fazer as coisas, a partir de tudo o que aprenderam escutando as histórias compartilhadas pelos colegas.

Depois de testar novos modos de pensar dentro desse espaço transicional durante o processo de intervenção, as pessoas se sentirão mais confortáveis em assumir um compromisso público com os demais integrantes do grupo (ou do time) em relação às mudanças que desejam realizar. Esse tipo de compromisso ajuda a acelerar o processo de transformação pessoal, pois redobra o ímpeto do indivíduo: o comprometimento não apenas influencia aquele que assume o compromisso (consolidando o desejo de enfrentar uma situação complicada), mas também alicia a cooperação de outros participantes para que estes ofereçam ajuda para que o indivíduo em questão assuma responsabilidades pela mudança. Tudo isso representará uma grande contribuição para todo o processo. Ao assumir publicamente uma posição, o declarante estabelece sobre si mesmo um ultimato: dê prosseguimento à mudança ou fique desacreditado – e deixe de ser levado a sério em suas decisões. As chances de sucesso se tornarão ainda maiores se contarem com o apoio dos demais participantes do grupo. Assegurar que cada membro do grupo tenha participação no plano de ação do colega é um modo bastante eficiente de ajudar o time a alcançar seus propósitos.

"Assegurar que cada membro do grupo tenha participação no plano de ação do colega é um modo bastante eficiente de ajudar o time a alcançar seus propósitos."

Se o grupo já é um time que trabalha em conjunto, cada um dos membros se sentirá responsável pelos demais, e ajudará o próximo a cumprir seus compromissos depois da intervenção do *coach*. Para reforçar essas boas intenções, uma ou mais sessões de *follow-up* deveriam ser agendadas para avaliar o progresso individual. Afinal, muitas pessoas são ótimas para fazer promessas de Ano Novo, contudo, a maioria delas é simplesmente esquecida antes mesmo do mês de janeiro chegar ao fim. Um senso de responsabilidade mútua também irá facilitar os diálogos francos sobre outras questões ainda mais amplas, tais como valores organizacionais, cultura corporativa e rumos que serão seguidos no futuro – uma perspectiva bem mais aberta. Com um toque de humor, costumo dizer que alguns de nossos maiores aliados no processo de mudança são a **vergonha**, a **culpa** e a **esperança**. Os dois primeiros se encarregarão de manter os membros do time firmes em suas promessas, enquanto o último ajudará a canalizar o desejo de cada participante de alcançar mais eficiência pessoal, do time e da organização.

O papel de um catalisador de mudanças – do *coach* de grupo – é ajudar cada integrante a realizar todo o seu potencial

Permita-me encerrar este capítulo com uma velha história Zen sobre um filhote de leão que se perdeu na savana. Depois de vários dias, quando já estava prestes a morrer de fome e sede, a pequena leoa foi encontrada por uma ovelha. Esta, com pena do filhotinho, decidiu cuidar dele.

Conforme o animal crescia, todas as ovelhas do bando percebiam que ele era diferente. A leoa era maior que a principal reprodutora do grupo. Sua pele era da cor do por do sol no verão, bastante viva, e nada se parecia com o branco das nuvens. Seu rosto era grande e seus dentes afiadíssimos. Apesar das diferenças, a leoa se alimentava dos mesmos pastos e bebia da mesma água que as demais ovelhas, e sua presença era tolerada pelo grupo.

Embora fosse uma leoa, o fato de viver praticamente toda a sua vida entre as ovelhas fez com que o felino somente conhecesse ovelhas. Já as ovelhas, por jamais terem deparado com outro leão, nunca se deram conta de que a enorme companheira era uma leoa. Todos viviam juntos, movendo-se pelas pradarias, comendo, dormindo e se movendo como um verdadeiro rebanho. A leoa se tornou excelente na arte de localizar animais perigosos, então ela era responsável por manter a segurança do bando durante a noite e, durante o dia, caminhava na frente do grupo.

Certo dia, um velho leão se aproximou do bando de ovelhas. Todas elas correram, mas a leoa permaneceu firme onde estava e apenas o olhou fixamente. O leão atraiu a leoa para uma pequena lagoa e ambos se inclinaram para beber água. Quando a leoa viu sua imagem refletida sobre a água, ela soltou um poderoso rugido e, naquele momento, se transformou. Contudo, havia no grande felino a tentação de permanecer ao lado daqueles que ela tão bem conhecia, em um lugar onde ela se sentia segura e confortável.

Então o velho leão olhou para ela e disse: "Não fuja daquilo que você é. Você pode até ter crescido em meio a esse bando de ovelhas, mas se transformou em uma belíssima leoa. Os leões são fortes, independentes e corajosos. Aliás, existem inúmeras outras coisas que os leões podem fazer, e muitos outros lugares para visitar; nenhum leão precisa permanecer em um prado verde e seguro."

Depois que o velho leão seguiu seu caminho o bando de ovelhas retornou. Então a mesma ovelha que resgatara a leoa no passado, disse: "Há muitos anos, encontrei você praticamente morta sob um arbusto. Eu não podia deixá-la morrer de fome, então, cuidei de você e a mantive aquecida e segura. Agora chegou a hora de você seguir seu caminho. Assuma o controle de sua própria vida; faça suas próprias escolhas, não aquelas das ovelhas." Em gratidão, a leoa acariciou a cabeça de sua mãe-ovelha pela última vez e então abandonou o bando.

Como nesta história sobre mudança, a questão crucial permanece: o que nossos clientes desejam se tornar, ovelhas ou leões? Cada um de nós precisa olhar para seu próprio reflexo na água e descobrir quem realmente é. Talvez já esteja mais do que na hora de refletirmos aquilo que de fato somos e de nos livrarmos de qualquer imagem à qual fomos condicionados no passado. Talvez sejamos leões, mas tenhamos sido forçados a acreditar que somos ovelhas. Lembre-se: o tempo é curto, e os ponteiros do relógio jamais param de se mover. **Já está na hora de agir!**

"Talvez sejamos leões, mas tenhamos sido forçados a acreditar que somos ovelhas."

REFERÊNCIAS BIBLIOGRÁFICAS

1. Loewenberg, P. (1982). *Decoding the Past: The Psychohistorical Approach (Decodificando o Passado: A Abordagem Psicohistórica).* Nova York: Alfred A. Knopf.
2. Spence, D. P. (1982). *Narrative Truth and Historical Truth (Verdade Narrativa e Verdade Histórica).* Nova York: Norton.
3. McAdams, D. P. (1993). *Stories We Live By: Personal Myths and the Making of The Self (Histórias que Vivemos: Mitos Pessoais e a Construção Íntima).* Nova York: William Morrow and Company.

4. Rennie, D. L. (1994). *Storytelling in Psychotherapy: The Client's Subjective Experience (Contação de História em Psicoterapia: A Experiência Subjetiva do Cliente)*. Psychotherapy, 31, 234-43.
5. McLeod, J. (1997). *Narrative and Psychotherapy (Narrativa e Psicoterapia)*. Londres: Sage.
6. Watzlawick, P.; Jackson, D. D. e Bavelas, J. B. (1968). *Pragmática da Comunicação Humana*. São Paulo: Cultrix, 2011.
7. Watzlawick, P. (1976). *How Real is Real? Confusion, Disinformation, Communication (De Que Maneira o Real é Real? Confusão, Desinformação, Comunicação)*. Nova York: Random House.
8. Weeks, G. R. e L'Abate, L. (1982). *Paradoxical Psychotherapy: Theory and Practice with Individuals, Couples and Families (Psicoterapia Paradoxal: Teoria e Prática com Indivíduos, Casais e Famílias)*. Londres: Routledge.
9. Ballou, M. (Ed.) (1995). *Psychological Interventions: A Guide to Strategies (Intervenções Psicológicas: Um Guia Para as Estratégias)*. Nova York: Praeger Publishers.
10. Miller, W. R. e Rollnick, S. (2002). *Motivational Interviewing: Preparing People to Change (Entrevista Motivacional: Preparando as Pessoas Para a Mudança)*. Nova York: Guilford Press.
11. Kegan, R. e Laskow Lahey, L. (2009). *Immunity to Change (Imunidade à Mudança)*. Boston, MA: Harvard Business Press.
12. Kegan, R. e Laskow Lahey, L. (2002). *How the Way We Talk Can Change the Way We Work: Seven Languages for Transformation (Como a Maneira que Falamos Pode Alterar o Modo como Trabalhamos: Sete Linguagens para a Transformação)*. São Francisco: Jossey-Bass.
13. Seligman, M. E. P. e Csikszentmihalyi, M. (2000). *Positive Psychology: An Introduction (Psicologia Positiva: Introdução)*. American Psychologist, 55 (1), 5-14.
14. Cooperrider, D. L. e Srivastva, S. (1987). *Appreciative Inquiry in Organizational Life (Investigação Compreensiva na Vida Organizacional)*. W. A. Pasmore e R. W. Woodman (Eds), *Research*

in Organizational Change and Development (Pesquisa sobre Mudança e Desenvolvimento Organizacional), Vol. 1, Greenwich, CT: JAI Press, pp. 129-69.
15. Bandura, A. (1997). *Self-Efficacy: The Exercise of Control (Autoeficiência: o Exercício do Controle).* Nova York: W. H. Freeman.

CAPÍTULO 10

UM *DESIGN* HOLÍSTICO PARA INTERVENÇÕES ORGANIZACIONAIS

Confie nos homens e eles serão honestos com você; trate-os grandiosamente e eles se revelarão grandiosos.
— Ralph Waldo Emerson

A submissão a um grupo é algo que me aterroriza, pois com frequência é apenas um prelúdio para atos de crueldade contra qualquer um que não queira – ou não possa – ser unir à Grande Parada[1].
— Bette Midler

É impressionante o que as pessoas conseguem alcançar quando ninguém se preocupa em saber quem ficará com o crédito.
— Robert Yates

Havia uma mulher que costumava rezar para ter a oportunidade de ver como seria a vida no paraíso e no inferno. Certa noite ela acabou sonhando que estava no Inferno. Lá ela vislumbrou uma enorme

---

[1] Trata-se de um evento que ocorre anualmente em Los Angeles, na Califórnia (EUA). Um grande número de pessoas se reúne para fazer uma longa caminhada (de dois dias) que começa no centro da cidade e termina nas proximidades da famosa placa Hollywood, nas montanhas. (N.T.)

mesa repleta de deliciosas guloseimas. Sentadas ao redor da mesa havia pessoas famintas com longos garfos amarrados aos braços. Todas elas conseguiam perfeitamente alcançar e pegar a comida, porém, os garfos eram tão longos que era impossível para aqueles indivíduos levarem o alimento até a própria boca. Conforme tentavam de maneira inútil aplacar sua fome, todos resmungavam e choravam por conta da frustração.

Na noite seguinte, a mulher sonhou novamente, só que dessa vez ela estava no Paraíso. Para sua surpresa o local era absolutamente idêntico – a mesma mesa repleta de delícias cercada por indivíduos cujos braços ostentavam longos garfos –, mas inexistia reclamação ou choro; na verdade, todos estavam sorrindo e apreciando a comida. Com seus longos braços, aqueles homens e mulheres haviam aprendido a alimentar uns aos outros, em vez de a si mesmos. Essa parábola nos mostra a essência do trabalho realizado em um time e nos oferece uma imagem gráfica daquilo que se poderia considerar como trabalho em grupo de boa ou má qualidade.

ENGAJANDO AS PESSOAS EM UM PROCESSO DE MUDANÇA

A melhor maneira de implementar um grande esforço de mudança organizacional é fazendo várias coisas ao mesmo tempo – e a administração sênior possui uma série de ferramentas que poderá utilizar neste caso. Para começar, o alto escalão executivo precisará estabelecer um foco claro daquilo que deseja alcançar, e então adotar uma visão compartilhada do futuro. Em segundo lugar, a Internet e outras formas de TI (tecnologia de informação) poderão exercer um papel importantíssimo ao influenciar a cultura corporativa, resolvendo várias necessidades dos funcionários – e criando a oportunidade (em especial nas empresas extremamente grandes) para que esses indivíduos expressem suas opiniões. Em terceiro, uma reorganização estrutural (incluindo um sistema de recompensa pelo bom desempenho) precisará oferecer sinais claros sobre a direção que a empresa deseja

UM *DESIGN* HOLÍSTICO PARA INTERVENÇÕES ORGANIZACIONAIS 283

tomar. Os sistemas de recompensa terão de estar perfeitamente alinhados aos valores organizacionais. Avaliações comportamentais também precisarão ser estabelecidas.

Essas três mudanças são relativamente fáceis de implantar. Porém, existe uma quarta tarefa a ser realizada – a mais complicada: alterar a mentalidade das pessoas que terão de promover as mudanças. Neste sentido, a liderança sênior da empresa terá de inspirar a imaginação coletiva das pessoas, para que todos compartilhem uma mesma visão. É aí que técnicas de mudança como o *coaching* de grupo entram em ação. (Para ter uma visão geral do processo de mudança de cultura organizacional, veja a Figura 10.1).

O maior problema é que, assim como os indivíduos que nela trabalham, as empresas são criaturas de hábito. Uma vez que as regras e os padrões comportamentais tenham sido estabelecidos (seja de modo consciente ou inconsciente), os novos funcionários (como demonstrado no exemplo sobre os macacos e as bananas) são geralmente doutrinados pelos veteranos. Desse modo, os times organizacionais perpetuam o *status quo*. Essa é uma das razões que explicam porque pode ser tão difícil para as empresas se desenvolverem, mesmo quando é óbvio que a situação precisa ser alterada. No que diz res-

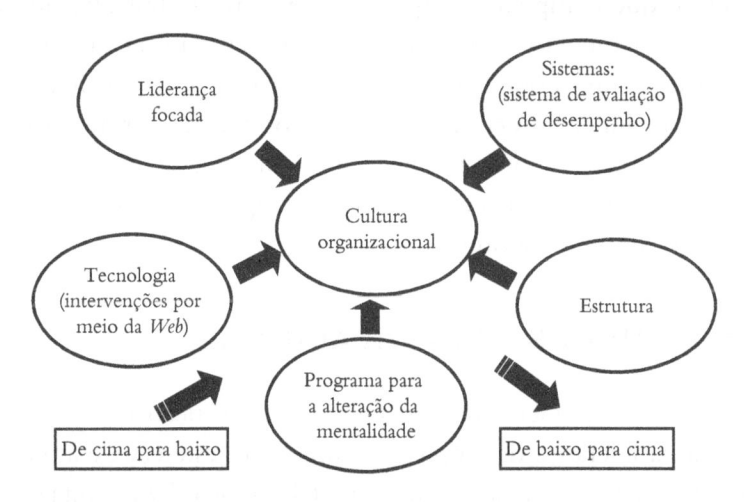

Figura 10.1

> "Compreender os padrões e temas que influenciam velhos comportamentos nas empresas, assim como a história por trás deles, pode se revelar crucial no sentido de neutralizar tais influências e manter canais abertos para novos inícios."

peito a indivíduos, compreender os padrões e temas que influenciam velhos comportamentos nas empresas, assim como a história por trás deles, pode se revelar crucial no sentido de neutralizar tais influências e manter canais abertos para novos inícios. Membros corporativos precisam se mostrar corajosos e questionar sempre que algo não parecer fazer nenhum sentido para eles.

Dizer que o aprimoramento do desempenho leva tempo é uma verdade incontestável; porém, talvez o ato de melhorar a *performance* organizacional envolva mais do que meramente alterar os processos dos times. É possível que os próprios sistemas corporativos – como os de recompensa e reconhecimento, de gestão de desempenho e treinamento – tenham de ser verificados. Uma reorientação estratégica talvez se faça necessária. Todavia, para ter condições de realizar essas alterações estratégicas ou estruturais, times e grupos de indivíduos que compõem a organização precisarão trabalhar juntos.

Como já mencionei várias vezes, é justamente aí que as intervenções de grupo podem se mostrar muito úteis. O resultado esperado de qualquer intervenção de grupo deveria ser um time de pessoas compartilhando um propósito comum, seguindo em uma direção clara e demonstrando mútua compreensão dos papéis, das dependências e dos valores individuais.

INTERVENÇÕES ORGANIZACIONAIS

Em geral, sempre inicio um processo de intervenção realizando uma auditoria na liderança da empresa. O objetivo, neste caso, é avaliar se a organização está realmente pronta para tal jornada. Essa auditagem me permitirá: (1º) julgar o grau de comprometimento do time sênior com todo o processo; (2º) avaliar os problemas existentes entre os integrantes desse grupo de indivíduos (sejam eles de ordem estrutural ou interpessoal); e (3º) determinar a maturidade psicológica de todos os participantes. O nível de *insight* psicológico do grupo também é fundamental. Será que todos estão não somente prontos para uma intervenção de grupo, mas também dispostos a se engajar no processo?

Nessa empreitada, uma das minhas primeiras ações (e também uma das mais diretas) é observar as dependências físicas da empresa – a região, a arquitetura, o *layout* do escritório, a mobília etc. –, já que todos esses detalhes irão revelar algo importante sobre a cultura organizacional. O tecido corporativo – a linguagem adotada, a disposição e o conteúdo das mensagens nos quadros de aviso, o código de vestimenta instituído e outras políticas organizacionais – também nos oferece outras pistas sobre a vida profissional de cada funcionário.

Uma visão exploratória da administração sênior nos acrescenta ainda outra dimensão para o retrato organizacional. Há várias questões que costumo fazer a mim mesmo sobre a empresa em que ocorrerá a intervenção: que tipo de impressão causam os executivos dessa empresa? Eles parecem formar um conjunto homogêneo ou cada membro difere um do outro? As minhas conversas individuais com diversos executivos revelam um consenso sobre a tarefa primária da organização? Todos os executivos se mostram claros em relação aos critérios que determinam o modo como o poder e o status serão alocados? Que tipos de pessoas são identificados como de alto potencial? Como os empregados percebem os principais detentores de poder e o CEO da organização? Que tipos de aliança eu consigo identificar? Que "suposições básicas" prevalecem (se é que existem)? Outras perguntas de caráter mais profundo e cauteloso sobre os empregados, o relacionamento entre eles e os executivos, os protocolos, os costumes e as rotinas oferecerão um quadro bastante cristalino da cultura organizacional.

Ao levantar tais questões, sempre me utilizo de lentes clínicas/sistêmicas. É importante ir além das narrativas oficiais (que poderiam representar apenas *slogans*) e ouvir cuidadosamente o que está sendo dito, já que isso com frequência revela vários valores culturais implícitos. Também é fundamental escutar aquilo que não está sendo dito para se ter uma boa ideia dos assuntos que "não são discutíveis" na empresa (tabus). Tais esforços também podem se revelar úteis no sentido de identificar defesas sociais recorrentes.

Para criar um ambiente de *coaching* seguro em que as pessoas possam "experimentar" suas ideias, suas emoções e seus comportamentos, os participantes terão de estar preparados para se engajar em uma espécie de processo de autoexploração e autoexperimentação. Considerando o nível de estresse que esses tipos de intervenção de grupo poderão gerar nos integrantes do time, somente indivíduos relativamente bem ajustados demonstrarão força psico-

---

Avalie o quanto cada integrante do time poderá ser treinado

Verifique as perguntas a seguir e responda SIM ou NÃO

	SIM	NÃO
• Ele/ela se sente motivado?	☐	☐
• Ele/ela possui capacidade autorrefletiva?	☐	☐
• Ele/ela demonstra empatia/conectividade interpessoal?	☐	☐
• Ele/ela possui habilidade na área de gestão emocional?	☐	☐
• Ele/ela demonstra algum grau de auto--reflexão psicológica?	☐	☐
• Ele/ela ostenta um grau suficiente de flexibilidade mental?	☐	☐
• Ele/ela apresenta capacidade de conectar problemas atuais com os do passado?	☐	☐
• Ele/ela demonstra um alto grau de tolerância à frustração?	☐	☐

Se você conseguir responder SIM para a maioria dessas perguntas, será mais fácil treinar esses indivíduos..

lógica para participar do processo. Mais do que isso, apenas os mais bem equilibrados se mostrarão capazes de ajudar a si mesmos e aos outros. Portanto, ao comandar uma intervenção organizacional, costumo sempre avaliar de modo atento e cuidadoso a capacidade de cada um dos executivos de lucrar com esse tipo de operação. Em minha análise, procuro averiguar vários itens: (1º) o nível de motivação para o aprendizado e a mudança; (2º) a capacidade de cada um em termos de abertura e responsividade; (3º) a conectividade interpessoal; (4º) as habilidades na área de gestão emocional; (5º) o grau de auto-reflexão psicológica; (6º) a capacidade de introspecção; (7º) a receptividade em relação a observações feitas por outras pessoas; (8º) a capacidade para tolerar a depressão; e (9º) a flexibilidade. Todos esses itens precisam ser sutilmente avaliados antes do início de uma intervenção que vise mudanças.

Os processos de realização de entrevista fornecem aos clientes uma rápida visão de como será a intervenção à qual todos serão submetidos, assim como uma ótima oportunidade para que os responsáveis avaliem o quanto os membros de um time estão preparados para encarar esse tipo de interferência. Por meio das entrevistas, consigo verificar não apenas se os participantes terão condições de lidar com as exigências psicológicas intrínsecas em um processo interventivo, mas também se todos eles se encaixarão nos esforços realizados durante o treinamento. Esse trabalho de entrevistas realizado antes da intervenção propriamente dita é o primeiro passo no processo de mudança, pois traz à tona várias questões psicológicas, dentre as quais está toda a ansiedade gerada durante o período que antecede a própria intervenção.

Como já mencionado anteriormente, para continuar reunindo informações fundamentais, utilizo-me de uma combinação de várias ferramentas: questionários para a obtenção de *feedback* em 360 graus; grupos de focalização; entrevistas individuais; pesquisas escritas; e observações comportamentais. Uma maneira para oferecer a todos a oportunidade de darem suas próprias opiniões, de criar um cenário em que prevaleça uma mentalidade compartilhada e de coletar informações sobre o sistema organizacional é conduzindo uma auditoria na cultura da companhia. Um dos instrumentos que desenvolvi enquanto trabalhava com empresas engajadas em esforços de mudança foi a Auditoria de Cultura Organizacional (Organization Culture Audit – OCA), um questionário psicométrico simples e fácil de utilizar, capaz de extrair dos funcionários respostas a respeito de 12 dimensões da cultura organizacional e de produzir uma análise qualitativa desses dados (para obter uma rápida descrição desse instrumento, veja o Apêndice deste livro).

Essa auditoria cultural permite que os membros da empresa mapeiem e avaliem os princípios, os valores e as práticas organizacionais. Além disso, ela também pode ser utilizada para mensurar o quão próximo – ou distante – o comportamento corporativo está dos objetivos estabelecidos. Em outras palavras, essa auditoria serve para averiguar se executivos e empregados realmente praticam aquilo que apregoam. A partir desse mais profundo conhecimento dos estados vigente e desejado da empresa, o *coach* do grupo será então capaz de trabalhar com o conselho diretivo e os executivos seniores da corporação no sentido de determinar manobras estratégicas, ações competitivas, investimentos, alterações, mudanças organizacionais e outras ações que se farão necessárias para recolocar a empresa no rumo correto. De modo mais específico, esse tipo de avaliação cultural desempenha um papel importantíssimo, pois alinha comportamentos e indicadores de desempenho com uma visão futura da empresa.

Como fonte de informações sobre a lógica por traz de um processo de mudança, os resultados de uma auditoria cultural organizacional se revelarão inestimáveis tanto para o catalisador de mudanças – o *coach* de liderança, por exemplo – como para a administração sênior da companhia, principalmente se combinados a outros dados qualitativos obtidos por meio de observações, de grupos de focalização, de interações realizadas pela web e de entrevistas [1, 2]. Uma vez que as características da cultura organizacional já tiverem sido devidamente mapeadas e reveladas pela auditoria, os executivos seniores poderão então comparar os valores prevalentes com os comportamentos que considerarem não somente adequados, mas necessários para a implementação eficiente de novas estratégias corporativas – e começar a mapear as mudanças fundamentais no sentido de aprimorar a própria arquitetura empresarial (estrutura e sistemas).

Em geral, depois de compartilhar as informações obtidas com o alto escalão, costumo deixar que os executivos tirem suas próprias conclusões. É bastante útil que todos eles tenham a oportunidade de discutir a cultura atual e de identificar não apenas tudo o que já funciona bem – e, portanto, precisa ser apoiado –, mas também as práticas que estão impedindo o bom desenvolvimento da companhia. Com base nesta profunda e completa avaliação da empresa, e também nos resultados da análise qualitativa, é possível finalmente estabelecer uma cultura organizacional mais efetiva e eficaz. Várias medidas poderão ser tomadas no sentido de desenvolver um conjunto de valores compartilhados que será cuidadosamente alinhado aos rumos que os executivos quiserem estabelecer para a organização. Para iniciar o processo de mudança e criar um plano de ação, os executivos seniores terão de concordar sobre as áreas que necessitam de mais atenção. Eles terão de lidar com as lacunas culturais que exercem efeitos mais dramáticos sobre a habilidade da própria empresa de implantar um modelo estratégico bem-sucedido.

Os dados obtidos na auditoria cultural também deverão ser divulgados para a organização como um todo. O objetivo dessa medida é ajudar todos os funcionários a visualizarem o verdadeiro abismo existente entre a situação vigente da empresa e os objetivos almejados. Os *workshops* culturais exploratórios (facilitados por *coaches* de grupo) oferecem uma ótima oportunidade para que todos os participantes compreendam melhor os temas mais importantes da cultura organizacional. A própria interface inicial e prevalente entre o agente de mudança e a empresa poderá ser utilizada para explorar alguns dos temas subjacentes mais cruciais para a companhia. A partir desse trabalho de *coaching* com o auto-escalão, outros *workshops* poderão então ser desenvolvidos para fazer com que as alterações desejadas se espalhem por toda a organização.

As informações reunidas durante a intervenção inicial, realizada no time sênior de liderança, poderão ser utilizadas em uma série de outros processos grupais. Isso criará um efeito cascata e colaborará para a divulgação das mudanças culturais na empresa como um todo. Se a participação for mesclada e incluir, ao mesmo tempo, executivos de diferentes departamentos, divisões e áreas geográficas da companhia, essas sessões de treinamento também se mostrarão instrumentais no sentido de diminuir a ocorrência de silos e fronteiras na organização, assim como o surgimento de eventuais sintomas da síndrome do **"não inventado aqui"**. Em vez de conflitos territoriais, potenciais sinergias entre as várias partes da empresa poderão ser discutidas. Tais atividades criarão um espaço para uma organização mais interligada em que prevalecerá uma cultura de aprendizado e treinamento.

A INSTITUCIONALIZAÇÃO DA MUDANÇA

Se todas as iniciativas de mudança forem adequadamente apoiadas e sustentadas, a organização alcançará um estágio em que haverá aceitação emocional e também o reconhecimento de que os novos comportamentos estão de fato funcionando e de que novos valores já estão sendo vivenciados. Conforme isso acontece, algumas pessoas talvez precisem de ajuda para lidar com o abandono de velhas práticas e de antigos modos de pensar. Porém, embora o alto-escalão possa sustentar esse novo padrão comportamental por meio da implantação de sistemas de recompensa, fazer com que todos realmente abracem emocionalmente essas mudanças é outra história. Nesse momento, a intervenção de grupo (ou de time) no nível de gerenciamento médio – utilizando os mesmos processos já descritos neste livro – poderá de mostrar bastante eficaz no sentido de ajudar as pessoas a lidarem com suas perdas e a partirem para novos recomeços. Amparados pelas interações em grupos paralelos, os outros funcionários também aceitarão a necessidade de agirem de maneira diferenciada. Eles reconhecerão não apenas as vantagens pessoais em fazê-lo, mas também os benefícios para a própria organização, e, assim, apoiarão a empresa e suas novas estratégias. Conforme o desempenho da empresa melhora, é mais provável que novos valores e novas crenças sejam internalizados por todos. O papel e também o futuro de cada participante se tornarão mais claros, reforçando o compromisso individual de longo prazo com a inovação e a renovação organizacional.

UM BOM EXEMPLO

Mas como é que tudo isso funciona na prática? Como um bom exemplo de tudo o que foi descrito anteriormente, gostaria de compartilhar uma história. Certa vez, como parte de uma intervenção de mudança organizacional mais ampla que ocorreria ao longo de vários anos, fui convidado a ajudar a alta gerência de uma instituição financeira global a desenvolver suas capacidades de liderança. Bem antes da grave crise financeira ocorrida em 2008, esse banco em particular já havia enfrentado graves turbulências em seu caminho; um conjunto de várias decisões equivocadas tomadas por alguns executivos seniores resultaram em grandes perdas que colocaram em risco a própria liquidez da instituição. O banco sempre fora comandado dentro de um estilo bastante autocrático, o que acabou estabelecendo uma cultura disfuncional de dependência. Com a explosão da crise financeira, o órgão regulatório imediatamente interveio e provocou a demissão da maioria dos antigos membros do conselho diretivo, que se tornou mais eficiente. Um novo CEO assumiu o comando – era um recém-aposentado executivo que trabalhara em outro banco e em outro país. Sua tarefa era bastante desestimulante. Além da frágil situação financeira em que a instituição se encontrava, outra ameaça no horizonte era a intenção de um dos concorrentes de assumir o controle do banco.

A prioridade número 1 do novo CEO era tranquilizar os funcionários da empresa. O primeiro passo no sentido de administrar sua própria ansiedade, e também a de seus empregados, ele convocou para uma reunião inicial um grupo formado pelos 200 mais importantes executivos da empresa. Durante o encontro ele se apresentou, compartilhou algumas informações sobre seu histórico pessoal e teceu alguns comentários sobre os desafios que aguardavam a todos. Todavia, ele cuidou de enfatizar que precisaria da ajuda e das ideias de todos para alcançar uma situação melhor e, neste sentido, solicitou que, após aquela reunião, cada participante lhe enviassem um *e-mail* informando: (1º) aquilo que ele/ela mais apreciava e também profissionalmente desgostava na instituição; (2º) como ele/ela poderia contribuir no grupo para resgatar o banco e garantir novamente o mesmo sucesso do passado; e (3º) o que ele/ela poderia fazer, em caráter individual, para tornar a instituição ainda melhor.

O CEO fez questão de responder a todos os *e-mails* recebidos e de manter um diálogo individual com os 75 executivos do mais alto-escalão do banco sobre as recomendações oferecidas. Durante outra reunião com os executivos seniores, ele informou ao grupo o que havia aprendido a partir daquele exercício e, com a ajuda de todos, estabeleceu prioridades. Ele então passou a se utilizar de *podcasts* para transmitir tendências sobre questões críticas e, de modo geral, para aprimorar a comunicação entre os funcionários. Além disso, ele teve o cuidado de viajar a todos os países em que o banco mantinha filiais e de manter encontros do tipo **"assembleia"** em todos esses lugares.

As informações reunidas o ajudaram a adquirir um senso mais claro de todas as ações que se fariam necessárias a partir daí. Em relação à alocação de recursos, inúmeras questões estratégicas complexas teriam de ser enfrentadas. Prioridades precisariam ser estabelecidas. A estrutura organizacional teria de ser novamente elucidada, principalmente no que diz respeito ao papel do escritório central do banco, considerando o espraiamento geográfico da empresa. Era óbvio que algo precisaria ser feito para erradicar a cultura de dependência que prevalecia naquela instituição, assim como os custosos silos que a caracterizavam. Porém, à medida que todo esse processo se desenrolava, a posição competitiva do banco se deteriorava cada vez mais e o risco de o controle do banco ser assumido por outra empresa se tornava cada vez maior. Tal processo também precisaria ser imediatamente interrompido.

UM *DESIGN* HOLÍSTICO PARA INTERVENÇÕES ORGANIZACIONAIS 293

Para dar conta de todas essas tarefas, o CEO teria de contar com um ótimo time de executivos que fosse capaz de ajudá-lo a estabilizar o banco e a repelir a ameaça de assunção do controle. O fato é que o estilo de pensamento independente não fazia parte dos padrões comportamentais da empresa naquela época. Porém, embora soubesse que a gestão de talentos jamais tivesse ocupado um papel importante no banco, o CEO esperava que com uma maior descentralização, um grande número de executivos potencialmente talentosos seria finalmente **"revelado"**. O CEO decidiu então contratar um profissional de RH, que imediatamente se tornou membro do comitê executivo – um sinal do importante papel que ele desempenharia na empresa. Depois disso, o CEO e o vice-presidente de Recursos Humanos/ Gestão de Talentos contrataram vários executivos dinâmicos (sendo que alguns deles já haviam trabalhado antes com o CEO). Eles também passaram a avaliar os talentos existentes dentro do banco.

Nesse momento, fui contratado para ajudar a criar uma cultura de time. O processo teve início com a criação de dois *workshops* modulares denominados "O líder dentro de você." Um intenso trabalho de *coaching* de grupo teve início com a convocação dos 24 principais executivos do alto-escalão da empresa, sempre em grupos de oito. Para dar conta da tarefa, contei com a ajuda de um segundo *coach* profissional. O primeiro módulo incluía: uma apresentação sobre empresas e times de alto desempenho e também observações sobre questões que, segundo os participantes, mereciam maior atenção no banco (sempre reavaliadas após cada *workshop*). Tal introdução era seguida por dois dias de *coaching* de grupo. Nesta ocasião, vários instrumentos para a obtenção de *feedback* eram utilizados para dar início ao processo.[2] O segundo *workshop* incluía outro questionário sobre *feedback* de liderança, o Questionário de Feedback 360 Graus Sobre Liderança, o Questionário do Arquétipo de Liderança

---

[2] Os instrumentos utilizados durante o processo foram o Inventário de Liderança Executiva Global (Global Executive Leadership Inventory) [3] e a Auditoria de Personalidade (PersonalityAudit) [4].

(Leadership Archetype Questionaire[3]), uma Auditoria da Cultura Organizacional[4] e um exercício sobre cultura empresarial, seguido por apresentações interativas dos times sobre o tipo de organização que gostariam de manter (que incluíam recomendações estratégicas e estruturais, cronograma e a determinação de responsabilidades).

Os seminários foram recebidos de maneira bastante calorosa. O fato de esse tipo de *workshop* de desenvolvimento de liderança – ou, de modo mais genérico, dessas sessões de **"sonhar com o futuro"** – serem totalmente desconhecidos pela empresa, ajudou bastante. As sessões não apenas contribuíram para dar aos executivos um plano de ação profissional e pessoal pragmático, mas também estabeleceram uma base sólida para o surgimento de uma cultura de time interligada. Todo esse processo ajudou a criar uma organização mais livre de fronteiras, a reduzir o número de conflitos territoriais e a fazer com que as informações trafegassem mais livremente. Contudo, o mais importante foi o fato de todos os participantes perceberem que suas opiniões e contribuições eram cruciais para a organização, o que, aliás, ajudou a colocar um fim na prevalente cultura de dependência.

Depois de cada série de *workshops*, meu colega e eu nos sentamos com o CEO e o vice-presidente de RH para discutir sobre importantes mudanças sistêmicas. Vale ressaltar que os limites dessa discussão já haviam sido bem esclarecidos antecipadamente, o que assegurava que nenhuma informação de caráter pessoal sobre os integrantes do processo seria revelada. Em alguns casos (algo acordado de antemão com os interessados) nós chegamos a assinalar a possível perda de executivos talentosos por conta de desajustes entre os profissionais e

---

[3] O Questionário do Arquétipo de Liderança (Leadership Archetype Questionaire) é outro questionário *on-line* projetado para ajudar os participantes a identificar seu comportamento mais manifesto em termos de liderança, por meio de oito arquétipos de liderança: o documento avalia o indivíduo como estrategista, catalisador de mudanças, negociador, construtor, inovador, processador, *coach* e comunicador [5, 6, 7].

[4] A Auditoria da Cultura Organizacional é outro questionário *on-line* usado durante a intervenção [8, 9].

UM *DESIGN* HOLÍSTICO PARA INTERVENÇÕES ORGANIZACIONAIS 295

as posições que ocupavam. Além disso (também após acordo preliminar), nós fizemos algumas recomendações sobre possíveis necessidades de desenvolvimento dos executivos. Na sequência, em busca de maior congruência entre suas próprias necessidades e aquelas da empresa, os 75 executivos do mais alto-escalão mantiveram conversações com o CEO e o vice-presidente de RH sobre planos de desenvolvimento de carreira. Já os funcionários que ocupavam cargos menos seniores na organização, tais diálogos reuniram esses profissionais e os membros mais seniores de cada parte específica da empresa. Com o intuído de maximizar os efeitos obtidos, os *workshops* foram então disseminados por toda a companhia.

As observações feitas pelos 75 executivos do mais alto-escalão da empresa sobre a organização para a qual todos gostariam de trabalhar, se transformaram em ações significativas. Os resultados das sessões se tornaram a base para importantes decisões estratégicas e estruturais, que incluíram o reposicionamento geográfico. Várias alterações estruturais ocorreram, incluindo a introdução de um sistema de avaliação de desempenho para promover um melhor alinhamento entre os funcionários e os valores do "novo" banco. Muitas pessoas que não estavam dispostas a adotar esses novos valores foram convidadas a deixar a empresa. Depois de três anos de intervenção o banco já ocupava posições cada vez mais competitivas e, de modo bastante interessante, se mostrava relativamente não afetado pela crise financeira global.

Expressões como **"transformacional"** ou **"mudança quântica"** são frequentemente utilizadas para discutir transformações organizacionais; todavia, muitas intervenções raramente alcançam tal nível de significação. O fato é que cada indivíduo somente consegue experimentar um determinado número de eventos transformacionais que realmente alteram o modo como ele interage com o mundo – quando um bebê começa a andar, uma mulher dá à luz a uma criança ou um adolescente dirige um automóvel sozinho pela primeira vez, tais experiências transformam de maneira indelével a autoimagem e as relações de cada uma dessas pessoas.

Se o alto-escalão de uma empresa quiser que um processo de mudança organizacional seja realmente transformacional, todos terão de fazer um exame de consciência sobre o modo como as pessoas lidam umas com as outras na empresa – como grupo, todos precisam agir de maneira diferente e transformar o próprio tecido que forma a empresa. Em especial, para que possam ver o que normalmente não veem, as pessoas que trabalham em uma organização precisam adotar uma nova maneira de olhar as coisas. Isso fica claro neste conto de Nasrudin, um personagem lendário da ficção sufista.

Certo dia, Nasrudin viu um homem sentado ao lado de uma estrada. Ele estava bastante desapontado, então Nasrudin se aproximou e perguntou o que tanto o incomodava. Então o homem respondeu: "Não há nada de interessante nesta vida, meu irmão. Tenho dinheiro suficiente, o que significa que não preciso trabalhar, mas estou nessa jornada em busca de algo mais interessante e divertido que a vida que levo em casa. Porém, até o momento, nada encontrei." Quando o viajante parou de falar, sem dizer uma única palavra Nasrudin agarrou a mochila do homem e fugiu pela estrada. Nasrudin conhecia bem a região e rapidamente conseguiu se afastar do viajante.

> "Cada indivíduo somente consegue experimentar um determinado número de eventos transformacionais que realmente alteram o modo como ele interage com o mundo."

A estrada apresentava várias curvas, mas, pelo fato de conhecer vários desvios e atalhos, Nasrudin conseguia sempre retornar à via principal bem mais a frente do homem cuja mochila havia roubado. Então ele a colocou no chão e esperou de pé ao seu lado até que o viajante aparecesse. Finalmente o homem surgiu, exausto depois de seguir pela estrada tortuosa e completamente enfurecido pela ação do "ladrão". Assim que vislumbrou sua mochila, correu em direção a ela com um ar de satisfação. "Aí está um modo de criar interesse e diversão," disse Nasrudin.

UM *DESIGN* HOLÍSTICO PARA INTERVENÇÕES ORGANIZACIONAIS

Para os executivos do banco anteriormente descrito, que durante muito tempo haviam vivenciado uma cultura disfuncional, o ato de quebrar os velhos padrões de interação – um hábito em que todos haviam investido bastante – se revelou bastante complicado. O desafio para o novo CEO e seu time era fazer com que seus funcionários recuperassem uma mente aberta e tentasse diferentes maneiras de olhar as coisas ao seu redor. Como Nasrudin mostrou ao viajante, **nunca é tarde demais para aprender novas lições e tornar nossa jornada mais excitante.**

REFERÊNCIAS BIBLIOGRÁFICAS

1. Kets de Vries, M. F. R. (2010d). *The Organizational Culture Audit: Participant Guide (A Auditoria da Cultura Organizacional: Guia do Participante)*. Fontainebleau, França: INSEAD.
2. Kets de Vries, M. F. R. (2010e). *The Organizational Culture Audit: Facilitator's Guide (A Auditoria da Cultura Organizacional: Guia do Instrutor)*. Fontainebleau, França: INSEAD.
3. Kets de Vries, M. F. R.; Vrignaud, P. e Florent-Treacy, E. (2004). *The Global Leadership Life Inventory: Development and Psychometric Properties of a 360o Instrument (Inventário da Liderança Global: Desenvolvimento e Propriedades Psicométricas de um Instrumento 360o)*. International Journal of Human Resource Management, 15 (3), 475-92.
4. Kets de Vries, M. F. R.; Vrignaud, P.; Korotov, K. e Florent-Treacy, E. (2006). *The Development of the Personaity Audit: A Psychodynamic Multiple Feedback Assessment Instrument (O Desenvolvimento da Auditoria de Personalidade: Instrumento Psicodinâmico de Avaliação de Feedback Múltiplo)*. International Journal of Human Resource Management, 17 (5), 898-917.
5. Kets de Vries, M. F. R. (2006b). *Leadership Archetype Questionnaire: Participant Guide (Questionário de Arquétipo de Liderança: Guia do Participante)*. Fontainebleau, França: INSEAD Global Leadership Centre.

6. Kets de Vries, M. F. R. (2006c). *Leadership Archetype Questionnaire: Facilitator Guide (Questionário de Arquétipo de Liderança: Guia do Instrutor)*. Fontainebleau, France: INSEAD Global Leadership Centre.
7. Kets de Vries, M. F. R. (2007). *Decoding The Team Conundrum: the Eight Roles Executives Play (Decodificando o Enigma da Equipe: os Oito Papéis Desempenhados pelos Executivos)*. Organizational Dynamics, 36(1), 28-44.
8. Kets de Vries, M. F. R. (2010d). *The Organizational Culture Audit: Participant Guide (A Auditoria da Cultura Organizacional: Guia do Participante)*. Fontainebleau, França: INSEAD.
9. Kets de Vries, M. F. R. (2010e). *The Organizational Culture Audit: Facilitator's Guide (A Auditoria da Cultura Organizacional: Guia do Instrutor)*. Fontainebleau, França: INSEAD.

CONCLUSÃO

É preciso bem pouco para viver uma vida feliz.
— Marco Aurelio, *Meditações* (Editora Kiron, 2009)

Feliz é aquele que encontra a paz em sua própria casa.
— Johann Wolfgang von Goethe

Nossa vida somente melhora quando assumimos riscos – e o primeiro e pior risco que um homem pode assumir é o de ser honesto consigo mesmo.
— Walter Anderson

Acredito que as pessoas possuam um amplo potencial. A maioria dos seres humanos é capaz de proezas extraordinárias se tiverem a confiança necessária ou se decidirem assumir riscos. Porém, poucos o fazem. As pessoas se sentam na frente da TV e tratam a vida como se ela fosse durar para sempre.
— Philip Adams

Certa vez, um monge partiu em uma longa peregrinação para tentar encontrar Buda. Depois de devotar muitos anos de sua vida a tal busca, ele finalmente deparou com o rio que, segundo a lenda, o separava das terras onde vivia o iluminado. Então o monge entrou em um pequeno barco para fazer a travessia. Conforme o barqueiro remava o passageiro observava atentamente o local e, depois de algum tempo, ele reparou em algo que parecia flutuar na direção deles. À medida que se aproximava, ele percebeu que o objeto flutuante era, na verdade, o corpo de um homem. Este, aliás, passou tão perto da embarcação que o monge quase pode tocá-lo. De fato, para sua enorme surpresa ele reconheceu o rosto do homem – tratava-se dele mesmo! O monge perdeu o controle e começou a chorar ao ver a si mesmo inerte e sem vida, sendo levado pelas correntes. Aquele momento foi o início de sua própria iluminação. Ele percebeu que havia dentro dele uma morte que precisava ser combatida.

Oferecer *insights*, facilitar mudanças e despertar indivíduos que se encontram presos em determinados padrão comportamentais são partes importantes de qualquer intervenção na área de liderança, e o *coaching* de grupo é apenas uma dessas intervenções. Na verdade, nesse mundo em constante transformação e cada vez mais interconectado, a técnica do *coaching* de grupo tem se mostrado mais importante que nunca.

Tudo nos leva a esperar que esse universo em constante encolhimento, esse planeta cada vez mais interligado pela informação e a própria persistência de questões complexas irão exigir que o trabalho realizado em um time não apenas continue, mas se torne ainda mais relevante. O trabalho em grupo é atualmente uma competência essencial em nossa sociedade de conhecimento, assim como já se revelava uma competência primordial na sociedade paleolítica. Por meio do *coaching* de grupo, pontes laterais são construídas, uma condição indispensável para que as organizações atuais e altamente complexas funcionem. Infelizmente, em um mundo industrializado e reducionista, o trabalho sobre o time foi suplantado pelo foco no indivíduo. Agora, no século XXI, entretanto, parece que completamos todo o ciclo, e percebemos mais uma vez a importância e o poder do trabalho no time.

"Em um mundo pós-industrializado e reducionista, o trabalho sobre o time foi suplantado pelo foco no indivíduo."

Quando uma organização apoia seus executivos no que diz respeito ao desenvolvimento de times de alto desempenho, utilizando-se de programas de *coaching* de liderança, todos se beneficiam – o indivíduo, o time e toda a organização. O *coaching* de liderança complementa programas de desenvolvimento já existentes nessa área e oferece uma contribuição essencial para qualquer iniciativa de mudança. Mais que isso, o *coaching* individual ou de time promove a ampliação do autoconhecimento e propicia uma melhor compreensão dos tipos de obstáculos com os quais as pessoas terão de lidar em suas jornadas ao longo da vida. Esses treinamentos fornecem às pessoas novas lentes através das quais elas conseguirão examinar os mais profundos problemas pessoais, de times e até organizacionais. Independentemente de esses dilemas ocorrerem de modo consciente ou inconsciente, o *coaching* de liderança poderá ajudar os executivos a criarem pontos de virada e torná-los mais bem-sucedidos ao: (1º) lidar com suas responsabilidades diárias; (2º) buscar e alcançar seus objetivos; (3º) reconhecer situações em que se encontram em encruzilhadas e, mais importante; (4º) criar uma vida mais gratificante.

APRENDENDO E DESAPRENDENDO

Uma das funções primárias ao embarcar em um processo de mudança utilizando um *coaching* de grupo é aprofundar as conexões entre os executivos e também entre os executivos e suas organizações. O objetivo da técnica de intervenção de *coaching* de grupo que descrevi neste livro é liberar as pessoas das forças intrapsíquicas ocultas que as impedem de mudar e também de assumir uma postura autêntica e significativa na empresa onde trabalham.

Já sugeri que a função básica dos agentes de mudança – como os *coaches* de liderança de grupo – não é apenas ajudar os membros de um time a ganharem uma compreensão mais profunda de seu próprio comportamento (e do modo como suas atitudes são percebidas pelos outros), mas também entender o que está ocorrendo no grupo como um todo, ou seja, os processos interpessoais e transpessoais que acontecem dentro do grupo. Se um *coach* de liderança desejar colocar em prática poderosos fatores terapêuticos de aprendizado interpessoal e grupal, os membros do grupo deverão aprender a reconhecer, a avaliar e a compreender tais processos. Eles terão de ser capazes de examinar a si mesmos, de estudar seus próprios diálogos e suas relações com os outros, de superar suas resistências pessoais às mudanças e aplicar e integrar seu aprendizado em alterações comportamentais concretas. Pressões similares também são colocadas sobre os ombros dos *coaches* de grupo. Esses profissionais precisam manter uma postura de capacidade negativa em meio ao emocional e inquietante trabalho de exploração de identidade profissional e ao verdadeiro exame de consciência que ocorrem nos grupos com os quais estão trabalhando, e guiar esses times rumo ao autoconhecimento e capacidade máxima.

Já enfatizei que os *coaches* de grupo têm de operar em conjunto com os times em vários diferentes níveis. Em primeiro lugar, esses profissionais precisam avaliar o que está ocorrendo e sendo comunicado dentro dos grupos. Eles precisam compreender as preocupações atuais dos integrantes desses times – sendo a maioria delas conscientes, mas, às vezes, inconscientes. Em segundo lugar, em um nível de metacomunicação ou até mesmo de comunicação oculta, esses profissionais têm de decifrar as de caráter inconsciente – o que de fato está acontecendo entre as pessoas, as "cobras escondidas sob o tapete" que geralmente não são mencionadas no discurso cotidiano. Os *coaches* de liderança também deverão utilizar a si mesmos como instrumentos ao levarem em conta seus relacionamentos e suas reações aos times e aos indivíduos que as compõem. Esse rápido intercâmbio em múltiplos níveis exigirá muito dos *coaches* de liderança de grupo, mas também tornará seu trabalho bastante excitante.

Todavia, ao usar a si mesmos como instrumentos, os agentes de mudança – como os *coaches* de grupo – também precisam lidar com seus próprios mistérios. Para que possamos de fato compreender o que ocorre externamente, todos nós temos de estudar a motivação humana de dentro para fora. Antes de nos tornarmos úteis para os outros, todos nós precisamos entender nossos pontos fortes e fracos. Neste sentido, ao acionarem suas lentes clínicas sob si mesmos, e explorarem as realidades presentes sob a luz de suas experiências passadas, os *coaches* são capazes de aprender a partir dos erros cometidos, e de um modo diferenciado.

Se os líderes organizacionais, consultores e/ou *coaches* observarem somente a lógica por trás da tarefa a ser realizada ou os objetivos psicológicos sociais da formação de times, mas, ao mesmo tempo, e deixarem de considerar os fatores psicodinâmicos subjacentes – defesas sociais, emoções ocultas, motivações internas, ansiedades compartilhadas, conflitos velados etc. –, as oportunidades para aprimorarem a eficiência dos grupos com os quais estiverem trabalhando serão perdidas. Ao incorporar as perspectivas do paradigma clínico, o "clínico" organizacional se afastará de uma mentalidade puramente avaliativa e prescritiva e adotará outra mais reflexiva e atenta às forças inconscientes em operação. Faço aqui um apelo aos *coaches*, e também aos seus clientes, para que todos examinem de maneira profunda e corajosa os rituais defensivos e as resistências que ocorrem dentro das organizações; peço também que esses profissionais transformem essas ocorrências em meios mais construtivos de conter as ansiedades e os riscos inevitavelmente associados à vida corporativa.

A criação de **times de alto desempenho** exigirá nossa total atenção não somente às estruturas e aos processos que facilitam o trabalho conjunto, mas também aos aspectos mais complexos do trabalho em grupo. Os *coaches* de liderança de grupo não precisam observar apenas o que ocorre superficialmente – a todo instante, eles tentam tornar os times e seus membros mais conscientes daquilo que está oculto; isso inclui a habilidade dos membros desses grupos de navegarem em seus próprios mundos inconscientes. Para que possam obter o máximo dos times com os quais trabalham, os *coaches* têm de se sentir confortáveis com os mundos de **fantasia** e **ilusão** que cada ser humano carrega dentro de si; esses profissionais devem se sentir bem dentro da **"zona do crepúsculo"** que se forma entre a **fantasia** e a **realidade**. Além disso, e como na história sufista a seguir, eles precisam manter sua capacidade de observar e refletir uma postura reflexiva.

O MESTRE E SEUS DISCÍPULOS

Era uma vez um renomado mestre sufista que, muito doente, se viu forçado a repousar em sua cama por um longo período. Certa noite, alguns discípulos vieram até o quarto onde ele estava e se sentaram ali por várias horas – embora nenhuma palavra fosse pronunciada, muitos pensamentos maravilhosos, aparentemente oriundos do interior de cada um, surgiram na consciência de todos os presentes. Em certo momento, o mestre pareceu exausto e indicou que estava pronto para relaxar. Então, sem qualquer aviso, ele se sentou na cama, de maneira ereta, e disse aos discípulos que quando ainda era uma criança ele teve um professor que sempre o encorajara a **"extrair o melhor de cada situação"**. Depois disso, ele voltou a se deitar. Naquele momento os discípulos compreenderam que o mestre desejava que o grupo continuasse com o seu esforço mental por mais algum tempo. Quando todos finalmente saíram dos aposentos – a despeito de praticamente nenhuma palavra ter sido dita, além daquelas proferidas pelo próprio mestre durante seu acesso repentino – o doente se voltou sorridente para seus alunos e disse: "Bem, acho que nós tivemos uma sessão bastante produtiva hoje, não concordam?"

A moral dessa história é que o intercâmbio pode ser um processo extremamente sutil. Na verdade, embora muitas vezes nada pareça estar acontecendo, é bem possível que muitas desavenças estejam de fato ocorrendo. Grupos e times são entidades bastante complexas e abstratas. Ambos somente se tornam reais por causa das pessoas que dão vida a eles. A experiência me ensinou que o método de *coaching* de grupo não é apenas muito eficiente no sentido de ampliar o autodesenvolvimento individual, mas também extremamente eficaz para criar **ótimos times** e **organizações altamente efetivas, sustentáveis e autentizóticas** – excelentes lugares para se trabalhar, onde as pessoas se sentem vivas. Correndo o risco de parecer bastante repetitivo, desprovido de referência ao impacto das dinâmicas inconscientes sobre o comportamento humano, os modelos organizacionais de trabalho conjunto oriundos de condições predominantemente estruturais/racionais se mostram "incompetentes". A apreciação da psicodinâmica e também dos elementos sistêmicos da vida de um grupo pode fornecer uma dimensão extra para a nossa compreensão de times em pleno funcionamento. A utilização de tais lentes em um contexto organizacional, ou de grupo, ajudará os executivos a lidarem com a mais complexa tarefa de liderança que enfrentarão em suas vidas: afinal, para serem capazes de mudar o mundo, eles terão primeiramente de mudar a si mesmos.

APÊNDICE: INSTRUMENTOS

A avaliação em 360 graus do INSEAD Global Leadership Center(IGLC) e também do Kets deVriesInstitute (KDVI) é composta por instrumentos distintos. Esse rico repertório inclui: o Questionário dos Arquétipos de Liderança (*LeadershipArchetypeQuestionaire*), a Auditoria de Personalidade (*PersonalityAudit*), o Inventário de Liderança Executiva Global (*Global ExecutiveLeadershipInventory*), o Inventário do Teatro Interno (*InternalTheaterInventory*) e a Auditoria de Cultura Organizacional (*OrganizationalCultureAudit*). Essas instrumentos de *assessment* (avaliação) individuais e orientadas para o trabalho em equipe nos ajudam a decifrar as várias competências de liderança, as dimensões de personalidade, os papéis dentro das equipes de trabalho, os impulsos internos e a avaliação das culturas organizacionais.

1. QUESTIONÁRIO DOS ARQUÉTIPOS DE LIDERANÇA

O Questionário dos Arquétipos de Liderança (LAQ) caracteriza o estilo pelo qual os líderes de uma empresa lidam internamente com funcionários e situações, ou seja, seu estilo específico de liderança. Ele também nos mostra as ações que terão de ser praticadas para criar uma equipe bem equilibrada [1, 2, 3, 4]. Um grupo de indivíduos cuidadosamente selecionados pode se transformar em uma equipe extremamente eficaz e capaz de proporcionar à empresa bem mais que seus componentes isolados.

Os oito arquétipos incluídos no LAQ são: **estrategista, catalisador de mudanças, negociador, construtor, inovador, processador,** *coach* **e comunicador.**

- **O estrategista** – Esse indivíduo é competente em lidar com ocorrências no ambiente organizacional. Esse tipo de profissional oferece visão, direcionamento estratégico e pensamento fora dos padrões convencionais para criar novas formas organizacionais e gerar crescimento futuro.
- **O catalisador de mudanças** – Esse profissional adora situações complexas. Ele é mestre na arte da reengenharia e também na criação de novos "planos" organizacionais.
- **O negociador** – Como o próprio nome já diz, esse indivíduo é excelente em fazer transações. Ele demonstra grande capacidade em identificar e lidar com novas oportunidades e se revela bem-sucedido em suas negociações.
- **O construtor** – esse tipo de profissional sonha em criar novas organizações; ele possui o talento e a determinação necessários para transformar esse sonho em realidade.
- **O inovador** – esse indivíduo se concentra no que é novo. Ele demonstra grande capacidade para resolver problemas extremamente complexos, e adora inovar.
- **O processador** – Esse indivíduo prefere que a empresa funcione suavemente, como uma máquina bem lubrificada. Ele se revela bastante eficiente em estabelecer as estruturas e os sistemas necessários para ajudar a companhia a atingir seus objetivos. Ele é capaz de fazer com que o "trem" saia no horário correto.
- **O** *coach* – Esse profissional é ótimo para desenvolver pessoas e extrair o melhor que elas podem oferecer. Ele é fundamental na criação de equipes e culturas de alto desempenho.
- **O comunicador** – Esse profissional é um grande influenciador e exerce impacto considerável no ambiente em que opera.

APÊNDICE: INSTRUMENTOS

O LAQ ajudará os líderes a (1º) compreenderem a melhor maneira de lidar com pessoas e situações no contexto organizacional; (2º) a identificarem situações em que um estilo específico de liderança se mostraria mais eficiente; e (3º) a pensarem em como é trabalhar ao lado de pessoas que demonstram certos comportamentos controladores (ver Figura A.1). Esse formulário também ajuda a equipe a determinar o melhor papel para cada um de seus membros, o melhor modo de administrar e trabalhar com indivíduos que apresentam certas características dominantes, que tipos de combinações funcionam

Perfil do arquétipo de liderança:
VP em *design* criativo da agência global de propaganda

Gráfico pessoal - escore percentual (%)

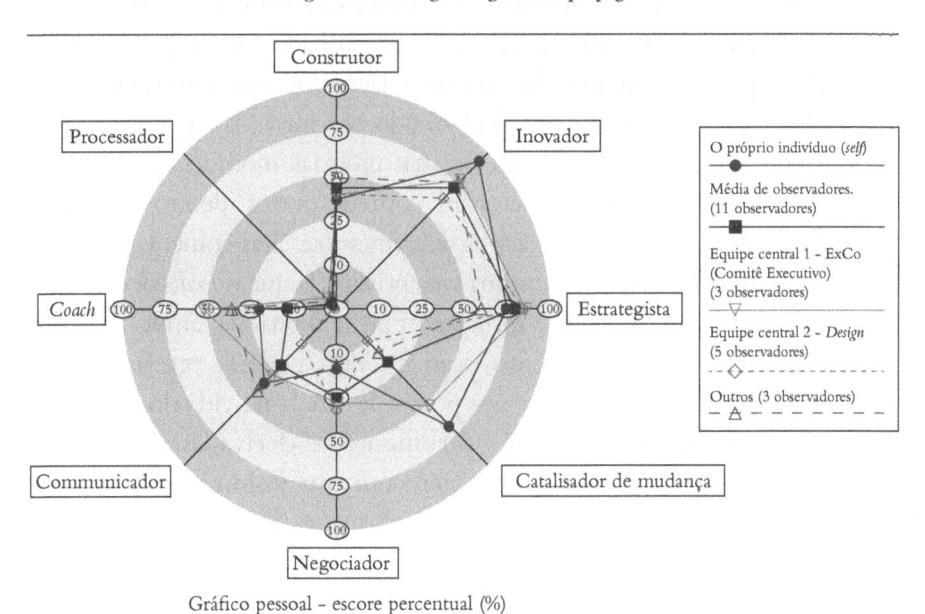

Figura A.1 – Amostra do gráfico pessoal LAQ

melhor e quais devem ser evitadas. Por último, ele também ajuda os líderes a criarem equipes executivas mais adequadas para encarar desafios específicos, como por exemplo, a **necessidade de integração** provocada por uma fusão, o desenvolvimento de um novo produto ou até mesmo um período de transição.

2. AUDITORIA DE PERSONALIDADE

Para que se revelem líderes eficientes, os executivos devem primeiramente compreender as razões para agirem de uma determinada maneira. Eles precisam avaliar sua motivação interna para realmente entenderem o que está acontecendo externamente. Isso exige que esses indivíduos levem em consideração seu próprio mundo relacional, atentando sempre para as forças do desenvolvimento humano e considerando sua gestão emocional. Tal abordagem cria uma apreciação mais tridimensional (um sistema de *feedback* em 720 graus) do comportamento humano e ajuda os executivos a garantirem mais acesso a suas próprias vidas emocionais – e também a compreendê-las melhor.

A Auditoria de Personalidade (AP) está voltada para traços de personalidade que se mostram influentes nas relações pessoais e organizacionais (ver Figura A.2) [5, 6, 7]. O *feedback* obtido por meio da AP ajuda os participantes a refletirem a respeito de suas próprias motivações e também sobre o modo como se relacionam com os outros, dentro e fora do ambiente de trabalho. Ela destaca as diferentes maneiras como as pessoas se comportam publicamente e em sua vida privada. Já que o *feedback* oferecido não é anônimo e, em geral, é fornecido por membros da família (cônjuge, pais e filhos) e amigos, a informação recebida pode se revelar bastante poderosa, pois é capaz de criar um ponto de virada na vida do indivíduo.

As sete dimensões desse instrumento – derivadas de aspectos básicos da personalidade – nos oferecem um vislumbre do mundo interno do executivo e podem ajudar as pessoas a compreenderem as complexidades no funcionamento da personalidade humana. Cada uma das sete dimensões avaliadas na AP ostenta dois pontos de sustentação – a elevada e a baixa autoestima, por exemplo.

[1] O "M" indica o número de vezes que o indivíduo se mantém em uma posição do meio. Um escore "M" acima de 9 pontos significa que a pessoa demonstra uma tendência a assumir uma posição de meio-termo em situações cotidianas. Isso poderá indicar indiferença emocional.
[2] O "E" indica o número de vezes que o indivíduo se mantém em uma posição extrema. Um escore "E" acima de 6 pontos poderá significar uma disposição mer-

APÊNDICE: INSTRUMENTOS

Avaliação de Personalidade

Autoestima negativa	Autoestima positiva
Alerta	Confiança
Laissez-faire (não-intervenção)	Consciência
Despretensão	Assertividade
Introversão	Extroversão
Desânimo	Euforia
Tradicional	Ousadia

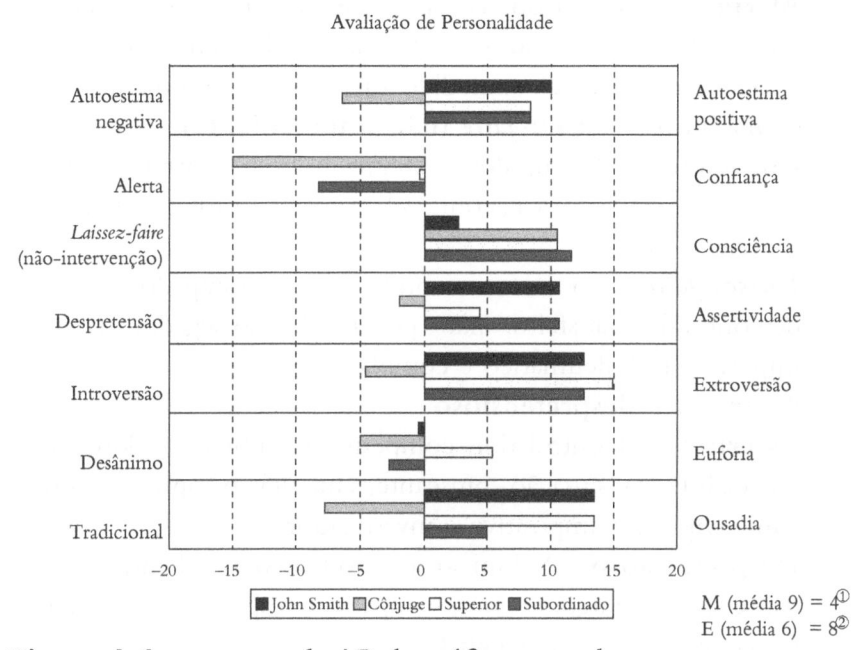

■ John Smith ▨ Cônjuge ☐ Superior ■ Subordinado

M (média 9) = 4①
E (média 6) = 8②

Figura A.2 – amostra de AP de gráfico pessoal

curial – uma tendência de abordar o mundo de maneiras extremas e/ou ansiedade, sentimento de desamparo e falta de autocontrole.

- **Autoestima: elevada – baixa**
  Elevada – O indivíduo se sente atraente, amado, respeitado, valorizado em suas atividades, confiante, seguro, autossuficiente e interessado em ostentar uma imagem positiva.
  Baixa – O indivíduo não se sente atraente; sente-se desprezado e desrespeitado; ele desdenha de si mesmo, se sente criticado por suas atitudes e duvida de si mesmo; ele se mostra autodepreciativo, ofende a si mesmo e não tem nenhum interesse em ostentar uma imagem positiva.
- **Confiante – alerta**
  Confiante – Caloroso, empático, dedicado, afetuoso, gentil, amigável, aberto, atencioso, agradável e crédulo.

Alerta – Desconfiado, vigilante; ele se sente constantemente incomodado por receios e sentimento de descrença; ele é cético, antagônico, prudente, comedido, dissonante e argumentador.
- **Consciente – *laissez-faire* (não interveniente)**
Consciente – Escrupuloso, íntegro, honesto, correto, aplicado, detalhista, dedicado, leal, confiável, criterioso, ordeiro, meticuloso e perfeccionista.
Laissez-faire (não interveniente) – Despreocupado, tranquilo, descontraído, satisfeito, não governado, sossegado, irrestrito, imperturbável, fleumático e complacente.
- **Assertivo – despretensioso**
Assertivo – Controlador, competitivo, ambicioso, dominador, especialista na situação, ofuscante, autoritário, opressor, governante, vigilante, impositivo e investigador.
Despretensioso – Submisso, acomodatício, obediente, concordante, aquiescente, inseguro, compatível, respeitador, acanhado.
- **Extrovertido – introvertido**
Extrovertido – Sociável, comunicativo, expansivo, simpático, amigável, orientado para atender às pessoas, acessível, gregário, franco e calmo.
Introvertido – Auto-observador, autocrítico, reservado, solitário, tímido, quieto, inacessível, distante, indiferente, afastado, inalcançável, não amigável, autossuficiente, confiante, isolado e retraído.
- **Eufórico – desanimado**
Eufórico – Otimista, exuberante, vivaz, animado, agitado, entusiástico, vigoroso, alegre, borbulhante, leve, despreocupado, dinâmico, viçoso, satisfeito e passional.
Desanimado – Pessimista, sombrio, infeliz, triste, melancólico, deprimido, pesado, abatido, mal-humorado, descontente, sério, desanimado, desconsolado, desencorajado e carente.
- **Ousado – ponderado**
Ousado – Curioso, investigador, arrojado, inquiridor, ávido por conhecimento, original, não conformista, criativo, explorador, audaz e impetuoso.

Ponderado – Convencional, conformista, conservador, rígido, prosaico, metódico, habitual, cuidadoso, ortodoxo, sem imaginação e cauteloso.

3. INVENTÁRIO DE LIDERANÇA EXECUTIVA GLOBAL

O Inventário de Liderança Executiva Global (GELI) investiga o que significa ser um líder de nível internacional. Os líderes realmente eficientes desempenham dois papéis – um carismático e outro arquitetônico. Dentro do papel carismático, os líderes visualizam um futuro melhor, outorgam poderes e energizam seus subordinados. Já dentro do papel arquitetônico, os líderes se concentram em questões relacionadas ao *design* organizacional e aos sistemas de controle e recompensa. Além disso, ambos os papéis podem ainda ser subdivididos em diferentes estilos de liderança – ou arquétipos.

Tanto o carisma quanto a capacidade arquitetural são necessários para uma liderança eficiente, mas é raro o líder que consegue desempenhar ambos os papéis simultaneamente. Em geral, o perfeito alinhamento somente é alcançado dentro de uma constelação formada por líderes individuais detentores de arquétipos complementares. Um grupo de indivíduos cuidadosamente selecionado pode se tornar uma equipe bastante eficiente e eficaz, capaz de fornecer à empresa bem mais que suas partes isoladas.

O GELI observa 12 dimensões de comportamento de liderança e encoraja os participantes a avaliarem sua própria eficiência em áreas críticas, tais como visão, outorga de poderes, capacidade de energização, inteligência emocional, equilíbrio, resistência ao estresse (ver Figura A.3) [8, 9, 10]. Esse inventário também oferece *feedback* de sua própria posição em comparação a um grupo de controle formado por ambiciosos e dedicados executivos globais (a normalização se baseia em um amplo grupo de participantes do Programa de Gerenciamento Avançado (PGA) espalhados por todo o mundo. As 12 dimensões cobertas pelo GELI são:

- **Visão** – Antevisão articulada e convincente, missão e estratégia com uma múltipla perspectiva em termos de países, ambientes, funções e gêneros, capaz de conectar funcionários, acionistas, fornecedores e clientes em uma escala global.
- **Outorga de poderes** – Capacidade de dar a todos os funcionários, dos mais diferentes níveis, a oportunidade de oferecerem suas opiniões, outorgando-lhes poderes para tomarem suas decisões por meio do compartilhamento de informações e da delegação de responsabilidades.
- **Energização** – Motivação dos funcionários para que estes coloquem em prática a visão específica da organização para o futuro.
- **Planejamento e alinhamento** – Criação do projeto organizacional e também dos sistemas de controle mais adequados para transformar a visão orientadora em uma realidade, e o uso desses sistemas para alinhar o comportamento dos funcionários aos valores e objetivos da companhia.
- *Rewarding and feedback* (**Recompensa e oferecimento de feedback**) – Criação de estruturas de recompensa apropriadas e oferecimento de *feedback* construtivo para encorajar o tipo de comportamento esperado pelos funcionários.
- *Team-building* (**formação de time**) – Formação de participantes para o grupo e focalização na eficácia e eficiência da equipe por meio: (1º) do estabelecimento de uma atmosfera de cooperação, (2º) da construção de uma interação colaborativa e (3º) do encorajamento de conflitos construtivos.
- *Outside orientation* (**orientação externa**) – Conscientização dos funcionários em relação ao público externo, enfatizando a necessidade de se responder às necessidades dos clientes, fornecedores, acionistas e de outros grupos de interesse, tais como as comunidades locais que são afetadas pela organização.
- *Global mindset* (**Mentalidade global**) – Introdução de uma mentalidade global em todos os níveis hierárquicos da empresa – instilação de valores que atuem como argamassa entre as culturas regionais e/ou nacionais representadas na organização.

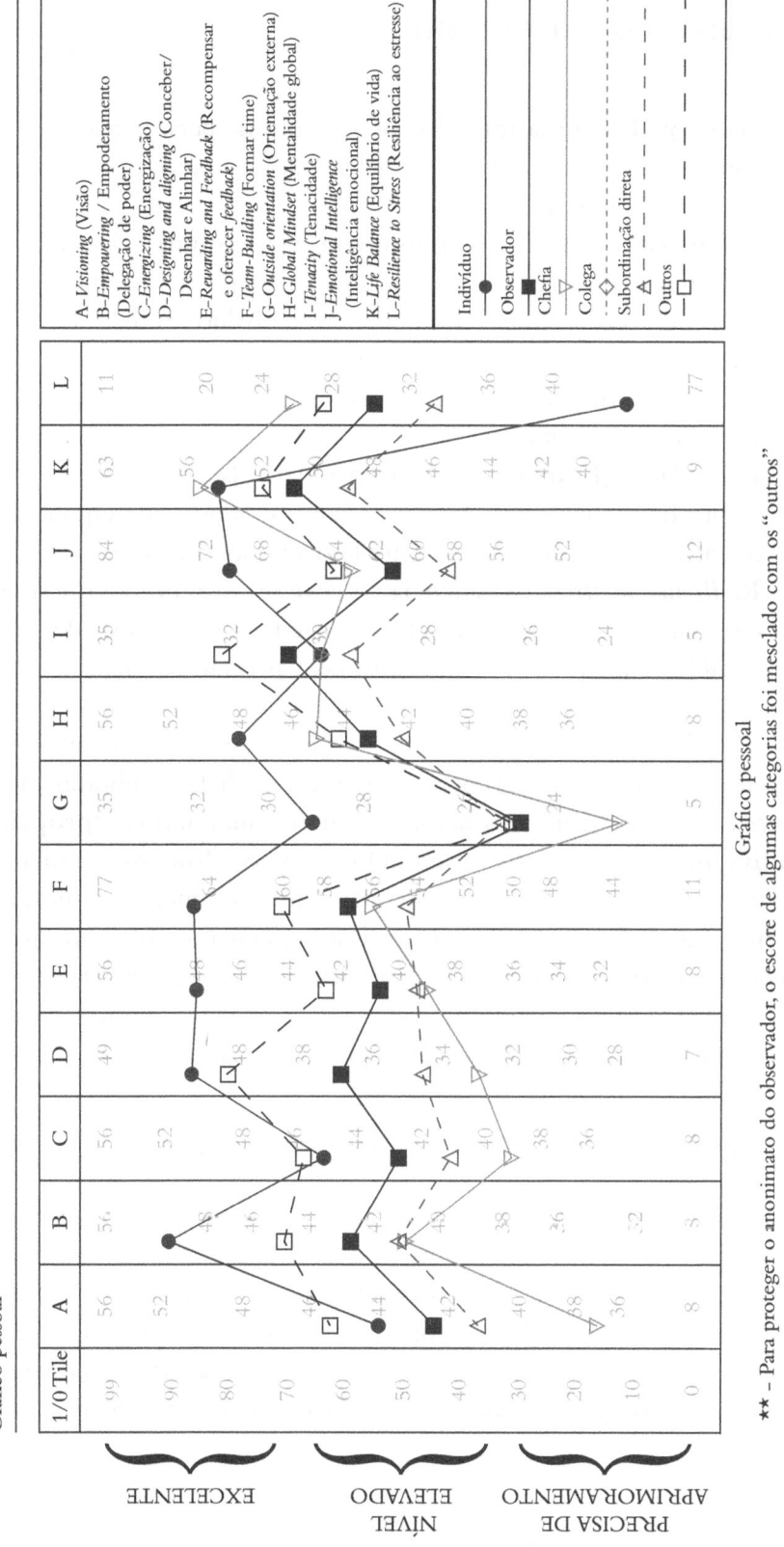

Figura A.3 – Amostra de gráfico pessoal do GELI (*Global Executive Leadership Inventory*)

** – Para proteger o anonimato do observador, o escore de algumas categorias foi mesclado com os "outros"

- *Tenacity* (**Tenacidade**) – Encorajamento da persistência e da coragem nos funcionários, estabelecendo exemplos pessoais de assunção de riscos.
- *Emotional intelligence* (**Inteligência emocional**) – Estímulo à confiança dentro da organização criando, primariamente por meio de bons exemplos, uma força de trabalho munida de inteligência emocional cujos membros conheçam uns aos outros e saibam como lidar de maneira respeitosa e compreensiva com os colegas.
- *Life balance* (**Equilíbrio de vida**) – Articulação e fornecimento de modelos que demonstrem a importância do equilíbrio de vida em prol do bem-estar prolongado dos funcionários.
- *Resilience to stress* (Resiliência ao estresse) – atenção a questões estressantes relativas ao trabalho, à carreira, à vida e à saúde, e equilíbrio adequado das várias pressões naturais da vida.

Tais dimensões são graficamente representadas em um relatório preenchido por vários grupos – superiores (chefes), subordinados, colegas e outros. Além disso, haverá um gráfico indicando o **"próprio indivíduo"** (*self*) e outro resumindo todos os **"outros"**. Embora todos os escores sejam anônimos, é óbvio que se o funcionário possuir apenas um chefe, este não se manterá no anonimato. Os escores para cada dimensão são representados, e informações de caráter qualitativo sobre o indivíduo são listadas. Este *feedback* em 360 graus é normatizado com um grupo de executivos orientados para o alto desempenho.

4. INVENTÁRIO DO TEATRO INTERNO

Por meio da **autoexploração** e da **autoanálise** podemos criar uma consciência mais profunda de nossos valores, nossas crenças e atitudes. O Inventário do Teatro Interno (ITI) avalia os mais importantes impulsionadores da vida do indivíduo [11, 12] e foi projetado para ajudar os executivos, e outras pessoas, em seu processo de crescimento e desenvolvimento pessoal – para auxiliá-los em sua jornada de autodescoberta (ver Figuras A.4 e A.5). os *insights* fornecidos pelo ITI permitem que os executivos compreendam os estimuladores existentes em seu teatro interno, assim como os valores, as crenças e as atitudes que norteiam seus comportamentos individuais.

Inventário do Teatro Interno (ITI)
Teste Inventário do Teatro Interno (IGLC)   28 a 28 de abril de 2009
Os três valores mais importantes

Indivíduo (*self*)	Outros
Afiliação	Qualidade de vida
Significado	Honra
Alimento/comer	Afiliação

Figura A.4 – Amostra de *feedback* por meio do ITI: visão geral dos valores mais importantes.

Considerando o quão complicada é nossa constituição individual, nem sempre as respostas para essas questões são facilmente encontradas. Aliás, tal complexidade é ainda exacerbada pelo fato de que nem sempre o que vemos é o que de fato está ocorrendo. Portanto, para que possamos identificar os estimuladores em nosso teatro interno, não basta observarmos comportamentos manifestos; é essencial que nossas avaliações levem em consideração forças motivacionais subjacentes. O ITI se fundamenta nas **22 âncoras** a seguir:

- **Estética** – Refere-se à apreciação da beleza. As pessoas para as quais a estética é uma âncora fundamental consideram a

Inventário do Teatro Interno (ITI)
Teste Inventário do Teatro Interno (IGLC)
Os cinco valores mais importantes – Indivíduo (*self*)

28 a 28 de abril de 2009

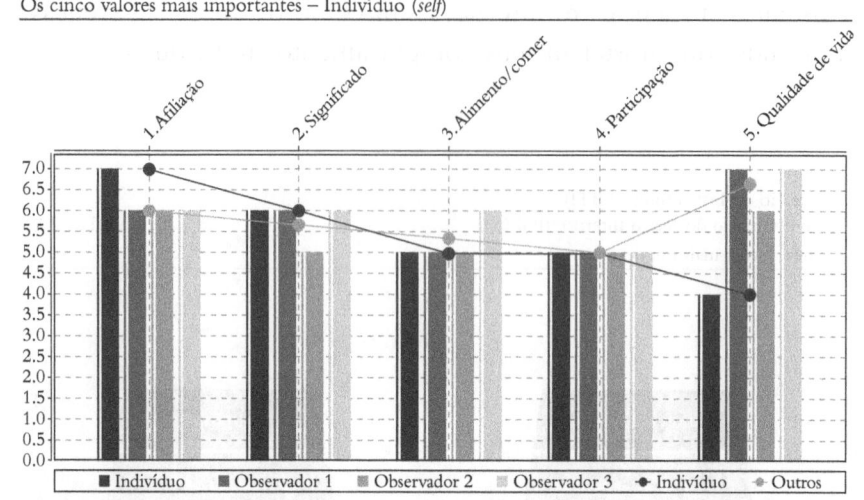

Figura A.5 – Amostra de *feedback* por meio do ITI: os cinco valores mais importantes.

música, o teatro, a arte ou a natureza como essenciais para o seu próprio bem-estar.
- **Realização** – Refere-se ao impulso de ser bem-sucedido em qualquer que seja o campo de atuação. Os indivíduos para os quais as realizações representam uma âncora fundamental são extremamente competitivos e trabalham muito para alcançar os objetivos que estabeleceram para si mesmos.
- **Afiliação** – Refere-se ao elevado valor que é dado aos relacionamentos mais próximos. As pessoas para as quais a afiliação é importante demonstrarão um forte desejo de estarem ao lado de outros indivíduos, e de serem apreciadas, amadas e aceitas por eles.
- **Autonomia** – Refere-se à necessidade de ser autossuficiente e independente. As pessoas para as quais a autonomia é uma âncora fundamental demonstram um senso individual fortemente desenvolvido. Elas não são facilmente influenciadas pelos outros e agem de acordo com suas próprias razões e seus próprios desejos.

- **Assistência** – Refere-se à necessidade de proteger e acalentar os outros. As pessoas para as quais a assistência é uma âncora essencial são compassivas e ostentam uma preocupação genuína pelo bem-estar e pela segurança alheia.
- **Aprendizado** – Refere-se à necessidade de descobrir novas coisas e adquirir cada vez mais informações. Os indivíduos para os quais o aprendizado é uma âncora fundamental se mantêm em uma constante e intensa busca pelo conhecimento e por novas experiências.
- **Qualidade de vida** – Refere-se à necessidade de manter um bom equilíbrio na vida. As pessoas para as quais a qualidade de vida é uma âncora fundamental buscam um equilíbrio satisfatório entre todas as suas prioridades – trabalho, família e amigos.
- **Alimento/comer** – Refere-se à preocupação que o indivíduo tem com o alimento, e também a todas as experiências relativas ao ato de comer. As pessoas para as quais o alimento é uma âncora fundamental consideram o ato de alimentar-se prazeroso, assim como um sinal de que o indivíduo sente satisfação em viver.
- **Saúde** – Esta é uma âncora fundamental para todos que se interessam pelo próprio bem-estar físico e se esforçam para adotar um estilo de vida saudável (realizando exercícios regulares, controlando o peso, dormindo bem, alimentando-se adequadamente etc).
- **Inclusão** – Refere-se à necessidade de o indivíduo estar envolvido nas decisões e nos eventos que afetam sua vida. As pessoas para as quais a inclusão é uma âncora fundamental desejam se manter envolvidas nos processos de tomada de decisão e possuem um senso de responsabilidade pelas decisões tomadas.
- **Integridade** – Refere-se à adesão a um conjunto de princípios morais e éticos. As pessoas para as quais a integridade é uma âncora fundamental se mantêm firmemente presas a um código de honra e lutam para fazer aquilo que consideram mais correto.
- **Significado** – Refere-se à necessidade do indivíduo de contribuir para a sociedade, indo além dos interesses pessoais. As pessoas para as quais o significado é uma âncora fundamental

precisam se manter conectadas a algo maior que elas próprias; elas têm de acreditar que estão fazendo alguma diferença e oferecendo algo de valor para o mundo.

- **Dinheiro** – Refere-se à preocupação do indivíduo com a aquisição de capital. As pessoas para as quais o dinheiro é uma âncora fundamental com frequência sentem que precisam se esforçar muito para alcançar segurança financeira.
- **Ordem** – Refere-se à necessidade de que tudo esteja em seu devido lugar. As pessoas para as quais a ordem é uma âncora fundamental gostam providenciar e organizar as coisas. Elas são meticulosamente precisas e se mantêm preocupadas com detalhes, regras, listas e organização.
- **Poder** – Refere-se ao exercício de poder e influência. Os indivíduos para os quais o poder é uma âncora fundamental gostam de tomar decisões, de controlar e comandar o comportamento alheio.
- **Orgulho** – Refere-se aos sentimentos de prazer e satisfação que o indivíduo sente em função de posses e realizações. As pessoas para as quais o orgulho é uma âncora fundamental ostentam uma forte opinião positiva em relação à própria dignidade, importância, superioridade e/ou ao próprio mérito. Elas consideram que se não forem capazes de fazer algo de maneira perfeita, elas simplesmente não devem fazê-lo.
- **Reconhecimento** – Refere-se à forte necessidade do indivíduo em ser publicamente aclamado, estimado e aprovado pela sociedade. As pessoas para as quais o reconhecimento é uma âncora fundamental lutam para se distinguirem na multidão e obter valorização e admiração por suas contribuições e seus esforços.
- **Segurança** – Refere-se à necessidade do indivíduo de proteger a si mesmo do perigo e/ou de riscos. As pessoas para as quais a segurança é uma âncora fundamental gostam de previsibilidade e estabilidade.
- **Sensualidade/sexualidade** – Refere-se à necessidade de gratificação de ordem sensitiva e/ou sexual. As pessoas para as quais a

sensualidade e/ou a sexualidade é (são) âncora(s) fundamental (is) extraem prazer dos sentidos: visão, tato, olfato e paladar.
- **Espiritualidade** – Refere-se à parte abstrata e incorpórea da vida humana. As pessoas para as quais a espiritualidade é uma âncora fundamental se concentram nos propósitos morais ou religiosos da vida e acreditam que sem a fé espiritual ela não nos oferece rumo, significado ou justificativa.
- *Status*/**posição hierárquica** – Refere-se à posição ocupada por um indivíduo em relação aos outros, em especial nos âmbitos profissional ou social. As pessoas para as quais o *status* ou a posição hierárquica representam âncoras fundamentais demonstram uma tendência a ranquear elas próprias, e os outros, de acordo com critérios como: beleza, intelecto, estrutura física, riqueza e poder.
- **Vingança** – Refere-se à necessidade de retaliação por conta de danos e/ou injustiças sofridas. As pessoas para as quais a vingança é uma âncora fundamental demonstram um forte desejo de infligir aos outros punições por eventuais prejuízos e/ou ofensas que lhes tenham sido impostas.

5. AUDITORIA DE CULTURA ORGANIZACIONAL

Pode haver uma enorme diferença entre a imagem que uma organização luta para impor e os executivos endossam *versus* as corretas crenças e os verdadeiros valores preservados na empresa. Portanto, é crucial descobrir quais são de fato esses valores e essas crenças antes de decidir o que gostaríamos que eles se tornassem.

A Auditoria de Cultura Organizacional (ACO) é projetada para oferecer à empresa: (1º) um diagnóstico abrangente sobre a cultura organizacional vigente e (2º) uma compreensão mais apurada da cultura que a companhia está buscando implantar. Para isso, o documento se baseia nas percepções dos funcionários em relação aos atuais valores da companhia e aqueles que esse mesmo grupo considera importantes (ver Figuras A.6 e A.7). A ACO adota uma abordagem macro para a análise organizacional, alterando o foco dos estimuladores de comportamentos individuais para aqueles da organização como um todo, e enfatizando as discrepâncias nos valores culturais [13, 14].

Pelo fato de reunir as percepções de indivíduos dentro da organização, mas não as de origem externa, de pessoas que estão apenas "dando uma olhada rápida na situação", a ACO não é, a rigor, um instrumento de avaliação em 360 graus. Todavia, também é considerado uma importante ferramenta de trabalho, uma vez que permite arealização de uma análise de hiato:[1] ele compara os valores sustentados pela organização com as percepções dos funcionários em relação ao modo como tais valores vêm sendo praticados dentro da empresa.

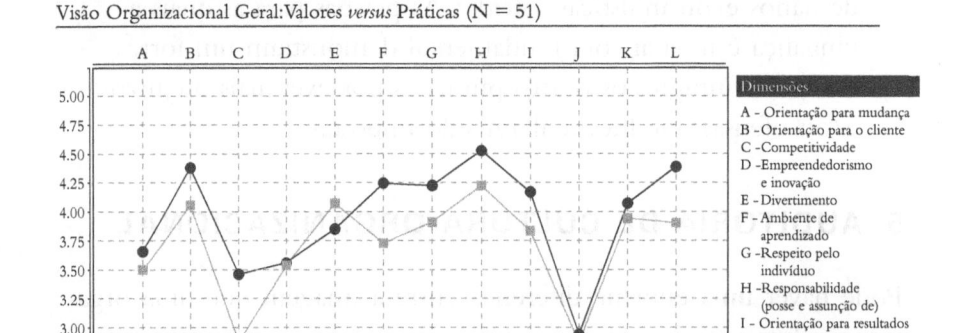

Auditoria de Cultura Organizacional (ACO)
Auditoria de Cultura Organizacional para (nome da empresa)   1 a 30 de junho de 2010
Visão Organizacional Geral: Valores *versus* Práticas (N = 51)

Dimensões
A - Orientação para mudança
B - Orientação para o cliente
C - Competitividade
D - Empreendedorismo e inovação
E - Divertimento
F - Ambiente de aprendizado
G - Respeito pelo indivíduo
H - Responsabilidade (posse e assunção de)
I - Orientação para resultados
J - Responsabilidade social
K - Trabalho em equipe
L - Confiança

— Valor
— Prática

Figura A.6 – Amostra de gráfico OCA: valores *versus* práticas vigentes

---

[1] Trata-se de uma técnica que determina a diferença entre o potencial de uma empresa e os resultados alcançados. Durante a execução de um projeto, o objetivo do gestor na liderança de uma equipe é suprimir todas as diferenças encontradas, até anulá-las. (Fonte: http://imasters.com.br/artigo/21704/agile/manutencao-de--sistemas-versus-projetos-novos-o-que-o-gestor-agil-deve-fazer-diferente-para--um-e-para-outro) (N.T.)

Ao fazê-lo, o documento oferece um valioso complemento para os instrumentos mais focados nas percepções do indivíduo.

A ACO cobre as 12 dimensões da cultura organizacional que, segundo pesquisas e entrevistas com um grande número de executivos seniores, são consideradas as mais cruciais em empresas globais de alto desempenho:

- **Orientação para mudança** – Demonstra o quão confortável os membros da organização se sentem em relação a mudanças e também o modo como eles administram tanto as demandas internas quanto externas por alterações.
- **Orientação para o cliente/acionista** – Define se a organização realmente compreende os problemas enfrentados por seus clientes e se ela é capaz de prever e/ou se adaptar às necessidades por eles apresentadas.
- **Competitividade** – Esclarece o quanto uma organização se esforça para superar seus concorrentes e também em que medida ela os considera com a devida seriedade.

Auditoria de Cultura Organizacional (ALO)
Auditoria de Cultura Organizacional para (nome da empresa)   1 a 30 de junho de 2010
Visão organizacional geral: análise de hiato (em ordem decrescente)

	Valor	Prática	Hiato
1. Competitividade	3,47	2,87	0,60
2. Ambiente de aprendizado	4,25	3,73	0,53
3. Confiança	4,39	3,91	0,49
4. Orientação para resultados	4,18	3,84	0,34
5. Orientação para o cliente	4,39	4,07	0,33
6. Respeito pelo indivíduo	4,24	3,92	0,32
7. Responsabilidade (posse e assunção de)	4,53	4,23	0,30
8. Divertimento	3,86	4,07	–0,21
9. Orientação para mudança	3,67	3,51	0,16
10. Trabalho em equipe	4,08	3,95	0,13
11. Responsabilidade social	2,94	2,89	0,05
12. Empreendedorismo e inovação	3,57	3,55	0,02

Um hiato negativo significa que, dentro da empresa avaliada, uma dimensão é praticada em nível mais elevado que o valor acordado

Figura A.7 – Análise de hiato dos valores versus práticas vigentes.

- **Empreendedorismo** – Define se a criatividade e a inovação são encorajadas em todos os níveis da empresa e também se os recursos são disponibilizados para promover um comportamento empreendedor.
- **Divertimento** – Demonstra se a organização encoraja as pessoas a serem divertidas no ambiente de trabalho e apreciam o que fazem.
- **Ambiente de aprendizado** – Apresenta o grau em que a empresa encoraja os funcionários a engajar-se em um processo de aprendizado contínuo, a obter novos conhecimentos e aprimorar suas habilidades e, finalmente, a atuar como mentores e/ou *coaches* dos próprios colegas.
- **Respeito pelo indivíduo** – Esclarece não apenas até que ponto cada membro da empresa tem o direito de se expressar livre e abertamente, desde que alcance as metas de desempenho preestabelecidas, mas também o quão flexível é a organização em atender às necessidades individuais.
- **Responsabilidade (posse e assunção de)** – Demonstra se as pessoas na empresa atuam como coproprietárias do negócio, no sentido de assumirem responsabilidades por seus projetos e, posteriormente, se manterem responsáveis pelos resultados de suas decisões e ações.
- **Orientação para resultados** – Demonstra se a organização: (1º) considera importantes os resultados obtidos, (2º) analisa os erros cometidos para aprender com eles e (3º) possui elevadas expectativas em relação ao desempenho de todos os membros da empresa.
- **Responsabilidade social** – Define o quanto a empresa se esforça para responder às necessidades do seu ambiente e atua como uma verdadeira cidadã.
- **Trabalho em equipe** – Esclarece o grau em que a empresa atinge o sucesso individual e organizacional por meio do trabalho em conjunto e da colaboração.
- **Confiança** – Demonstra quanta atenção a empresa dedica à construção de um ambiente de confiança, encorajando a comunicação em todos os níveis e criando um ambiente

caracterizado pela abertura, honestidade, integridade, justiça e também pelo respeito mútuo.

REFERÊNCIAS BIBLIOGRÁFICAS

1. Kets de Vries, M. F. R. (2006b). *Leadership Archetype Questionnaire: Participant Guide (Questionário do Arquétipo de Liderança: Guia do Participante)*. Fontainebleau, França: INSEAD Global Leadership Centre
2. Kets de Vries, M. F. R. (2006c). *Leadership Archetype Questionnaire: Facilitator Guide (Questionário do Arquétipo de Liderança: Guia do Facilitador)*. Fontainebleau, França: INSEAD Global Leadership Centre
3. Kets de Vries, M. F. R. (2007). *"Decoding the Team Conundrum: The Eight Roles Executives Play" (Decodificando o Enigma das Equipes: os Oito Papéis Desempenhados pelos Executivos)*. Organizational Dynamics, 36 (1), 28 – 44
4. Kets De Vries, M.F.R., Vrignaud, P., Agrawal, A. e Florent-Treacy, E. (2010). *Development and Application of the Leadership Archetype Questionnaire (Desenvolvimento e Aplicação do Questionário do Arquétipo de Liderança)*. International Journal of Human Resource Management, 21 (15), 2848 – 2863.
5. Kets de Vries, M. F. R. (2005b). *Personality Audit: Participant Guide (Auditoria de Personalidade: Guia do Participante)*. Fontainebleau, França: INSEAD Global Leadership Centre.
6. Kets de Vries, M. F. R. (2005c). *Personality Audit: Facilitator Guide (Auditoria de Personalidade: Guia do Facilitador)*. Fontainebleau, França: INSEAD Global Leadership Centre.
7. Kets de Vries, M.F.R, Vrignaud, P., Korotov, K. and Florent-Treacy, E. (2006). *The Development of the Personality Audit: A Psychodynamic Multiple Feedback Assessment Instrument (O Desenvolvimento da Auditoria de Personalidade: Um Instrumento de Avaliação Psicodinâmica de Múltiplos Feedbacks)*. Journal of Human Resource Management, 17 (5), 898 – 917.

8. Kets de Vries, M.F.R. (2005d). *The Global Executive Leadership Inventory Questionnaire: Participant's Guide (Questionário do Inventário de Liderança Executiva Global: Guia do Participante)*. São Francisco, CA: Pfeiffer.
9. Kets de Vries, M.F.R. (2005e). *The Global Executive Leadership Inventory Questionnaire: Facilitator's Guide (Questionário do Inventário de Liderança Executiva Global: Guia do Facilitador)*. São Francisco, CA: Pfeiffer.
10. Kets de Vries, M.F.R., Vrignaud, P. e Florent -Treacy, E. (2004). *The Global Leadership Life Inventory: Development and Psychometric Properties of a 360° Instrument (Inventário de Liderança Global: Desenvolvimento e Propriedades Psicométricas do Instrumento de Avaliação em 360 Graus)*. International Journal of Human Resource Management, 15 (3), 475 – 492.
11. Kets de Vries, M.F.R. (2010b). *Inner Theatre Inventory: Participant Guide (Inventário do Teatro Interno: Guia do Participante)*. Fontainebleau, France: INSEAD.
12. Kets de Vries, M.F.R. (2010c). *Inner Theatre Inventory: Facilitator's Guide (Inventário do Teatro Interno: Guia do Facilitador)*. Fontainebleau, França: INSEAD.
13. Kets de Vries, M.F.R. (2010d). *The Organizational Culture Audit: Participant Guide (Auditoria da Cultural Organizacional: Guia do Participante)*. Fontainebleau, France: INSEAD.
14. Kets de Vries, M.F.R. (2010e). *The Organizational Culture Audit: Facilitator's Guide (Auditoria da Cultural Organizacional: Guia do Facilitador)*. Fontainebleau, França: INSEAD.